白马湖 书系·教学采蓝

统编语文教材
与文本解读 高中卷

詹 丹 著

上海教育出版社
SHANGHAI EDUCATIONAL
PUBLISHING HOUSE

目录

1

前言："具体深入"地解读文本

一、引言

"整体把握""具体深入"和"主体建构"，是我近年来一直倡导的文本解读的"三体"理念。① 虽然这"三体"理念，对于各类文本的解读或者说各类阅读任务群的教学实施具有普遍适用性，但是具体到各类文本阅读，会涉及一些相应的特殊教学路径来加以落实。

此前，我曾以《红楼梦》整本书阅读教学为案例，谈了在落实"整体把握"理念方面一些有待商榷的问题。② 这里接着以"具体深入"这个理念，结合教学案例来谈相关的一些问题。

无论是《普通高中语文课程标准（2017 年版 2020 年修订）》，还是《义务教育语文课程标准（2022 年版）》（两者以下简称新课标），都提出了真实情境对语文课程落实学习任务的重要性。而新课标提出的四个核心素养，又把其中的语言建构与运用作为重中之重凸显出来，这正是温儒敏教授强调的"以一带三"。这样，在本文中，我尝试把真实情境和语言理解作为解读文本"具体深入"的两个抓手，或者说，借此考量文本的阅读教学是否深入，深入得是否到位，大概也就有了一定的依据。考虑到全国语文高考对于教学有实际的导向性，而在真实情境和语言运用方面则有不同程度的涉及，所以这里就以 2022 年高考语文试

---

① 詹丹.论整本书阅读理念的"整体""具体"与"主体"[J].语文学习,2022(09)：4-11.
② 詹丹.论《红楼梦》整本书阅读与教学的整体性问题[J].上海师范大学学报(哲学社会科学版),2021,50(04)：107-114.(此文已收入此集子中)

卷为例,作为讨论文本解读的一个立足点。

二、情境辨析

新课标提出的"真实情境",往往是针对学生而言的,有学者以此为对象,讨论了"真实"的具体内涵,或者"情境"的不同分类(当下的生活情境、学习情境以及未来可能面临的情境等),至于"情境"内部的要素解析,似乎还没有给予太多关注。而2022年高考语文全国甲卷的写作题,提供的有关《红楼梦》的材料,提及了贾宝玉题匾额的情境问题,正可以用来作为阅读教学分析情境的依据。为讨论方便,先把材料转引如下:

《红楼梦》写到"大观园试才题对额"时有一个情节,为元妃(贾元春)省亲修建的大观园竣工后,众人给园中桥上亭子的匾额题名。有人主张从欧阳修《醉翁亭记》"有亭翼然"一句中,取"翼然"二字;贾政认为"此亭压水而成",题名"还须偏于水",主张从"泻出于两峰之间"中拈出一个"泻"字,有人即附和题为"泻玉";贾宝玉则觉得用"沁芳"更为新雅,贾政点头默许。"沁芳"二字,点出了花木映水的佳境,不落俗套;也契合元妃省亲之事,蕴藉含蓄,思虑周全。

以上材料中,众人给匾额题名,或直接移用,或借鉴化用,或根据情境独创,产生了不同的艺术效果。这个现象也能在更广泛的领域给人以启示,引发深入思考。请你结合自己的学习和生活经验,写一篇文章。

整段材料分为两个层次,第一层是对《红楼梦》段落的概述,第二层是命题者的解读和提出的写作要求。而恰恰是命题者的解读,提出了"情境"这一关键术语,所谓"或根据情境独创"。不过,引入"情境",将"根据情境独创"与"直接移用""借鉴化用"并列,容易导致学生乃至部分教师误解,以为题名"翼然"的"移用"和化用的"泻玉"就无须根据情境,那就欠妥了。

题名"翼然",是因为有建在桥上的亭子;题名"泻玉",是因为桥下有水;而题名"沁芳",则是顾及了花木映水。所有的题名,都考虑到了大观园中自然景观的元素(尽管这种自然包括了人工的第二自然)。虽然"沁芳"的题名,把"花木"和"水"结合在一起,显示的自然元素要"多"一些,但是毕竟"翼然"和"泻玉",有《醉翁亭记》的文化记忆,这种文化传承的情境,似乎也显示了这两个题名内涵有特殊的"多"。

也许,从命题者角度看,正因为没有文化记忆因素的鲜明体现,所以贾宝玉题名的"沁芳",才显示了一种根据情境的独创性。这样看当然有道理,命题者似乎也有意从这方面去引导学生写作,但从阅读理解的角度看,这倒不是关键。关键在于,试卷中提供的材料,是远不能展示情境的复杂元素的。清客们之所以从欧阳修的《醉翁亭记》中选出词语来题名,是因为在前一次题名中,贾宝玉用了"曲径通幽处"来说明题名编新不如述古。就此而论,清客在接下来的题名中,套用《醉翁亭记》,其实是在迎合小主人贾宝玉之前的那种主张,折射出题名时的人际关系,是一种社会情境。而此时贾宝玉又提出应制体该有的蕴藉含蓄,提出贵妃省亲的特殊事件,是对社会情境的特殊性作了进一步分析。

想到贾宝玉作为传统的一个激烈叛逆者居然是以元妃省亲的应制作为他敢于反驳贾政的理由,这多少让人有些惊讶。但我们也必须看到,他固然强调了自己写作的应制策略以反驳贾政,有点狐假虎威的味道,但幸亏小说接下来还写了他对稻香村也就是浣葛山庄违背"天然图画"那种虚假性的激烈批判(后来又巧妙回避了咏叹稻香村的诗,免得写那样的应制诗自相矛盾),而这恰恰是贾政特别是元妃欣赏的地方,有了这样的批判,才让我们深切地感受到,情境多元因素与人物的互动关系,可以达到多么深入而复杂的境界。

此外,考虑到大观园的一大部分就是在宁国府的后花园"会芳园"基础上改建的,而贾宝玉又向来在意女孩子,乃至对女孩子身上散发的香气特别敏感,小说多次提及了这一点,那么,在情境的元素中理解题名的"沁芳",似乎也应该加入写作者贾宝玉的个人趣味。

就此而论,阅读理解提供的真实情境,是极为丰富和复杂的,引导学生具体深入这种理解,就是要梳理出这种情境因素的多元性,并在确立这种多元性的前提下,进一步揭示其间的主次关系,而不是用"根据情境"或者情境分析的阙如,来加以简单分类,尽管作为一种写作材料,因为用途不同,进行简化处理是不便加以诟病的。

三、语言理解

具体深入需要回到复杂的真实情境,而文本的真实情境,又必然是语言构成的。

2022年高考语文试卷中,语言文字运用的试题,选用了文学类文本,所以有学者提出了"考查文学阅读能力还是语言应用能力"的讨论,①但这种讨论,有时候很难在两者间划清界限,而认为语用考查侧重于语言形式,文学阅读考查侧重于思想感情,则又显得过于机械。倒是对语言的共同重视,把文本阅读深入过程中的语言理解问题彰显了出来,一方面表征了阅读教学中的薄弱环节,另一方面也反过来对教学起到了未必合理的导向作用,所以特别提出来予以讨论。

2022年新高考Ⅱ卷在语言文字运用部分,摘录了萧红名著《呼兰河传》的片段,并设计了3道阅读理解题。因为教育部教育考试院出版了《高考试题分析及解题精选 语文分册》,所以我就可以依据其提供的参考答案和解题思路,来加以讨论。为方便计,先把阅读材料及题目转引下来。

阅读下面的文字,完成20—22题。

这小城并不怎样繁华,只有两条大街,一条从南到北,一条从东到西,而最有名的算是十字街了。十字街口集中了全城的精华。十字街上有金银首饰店、布庄、油盐店、茶庄、药店,也有拔牙的洋医生。

这小城里面以前住着我的祖父,现在埋着我的祖父。

我生的时候,祖父已经六十多岁了。我长到四五岁,祖父就快七十了。我还没有长到二十岁,祖父就七八十岁了。祖父一过八十,祖父就死了。

---

① 鲁小冬,桑野.考查文学阅读能力还是语言应用能力——从2022年高考语文全国卷两道语用试题说起[J].中国考试,2022(11):30.

从前那后花园的主人,而今不见了。

那园里的蝴蝶、蚂蚱、蜻蜓,也许还是年年仍旧,也许现在完全荒凉了。

小黄瓜、大倭瓜,也许还是年年的种着,也许现在根本没有了。

那早晨的露珠是不是还落在花盆架上,那午间的太阳是不是还照着那大向日葵,那黄昏时候的红霞是不是还会一会儿工夫变出来一匹马来,一会儿工夫变出来一匹狗来,那么变着。

这一些不能想象了。

20. 文中写到自己的祖父,没有一处使用"他",这样写有什么好处?

21. 文中画横线的部分,突出了"祖父"的衰老死亡和"我"的成长是一个同时发生的逐渐变化的过程,这一表达效果是怎么取得的?

22. 文中画波浪线的部分,除了比拟以外还使用了哪种修辞手法?请结合原文分析其表达效果。①

这里的阅读材料,是在小说的第一章和尾声各截取了一部分组合起来的。那些没有读过整本书的考生,也能解答这几道阅读题。而从命题组提供的参考答案看,也没有把小说中的其他内容结合进来,这当然有其合理性,因为这毕竟不是在考整本书阅读。

先看第20题的参考答案:

① "他"通常指双方以外的第三方,文中用"祖父"而不用"他",体现了作者对祖父的尊重,也表现了二人关系非常亲近;② 反复说"祖父",给人心心念念的感觉,表达了作者对祖父的留恋。

虽然这样的回答从常理看似乎没问题,但是仅仅局限于这短小的片段材料,还是有瑕疵的。因为一方面,只是从称谓来比较"他"与"祖父"的区别,会

① 教育部教育考试院. 高考试题分析及解题精选 语文分册(2023年版)[M]. 北京:语文出版社,2022:103-104.

流于抽象。比如,假设将这位祖父替换成高尔基长篇小说《童年》中的外祖父,"我"的长大充满被外祖父痛打的记忆,那么,如果结尾反复念叨外祖父,就未必一定比称呼"他"有更多的尊敬和亲切,或许倒是记仇。另一方面,我们读此段文字能够产生尊敬与亲切的意味,很大程度上是因为读过《呼兰河传》的第三章,关于"我"和祖父的那段温暖相处的描写充溢在书中,到结尾处水到渠成形成了浓郁的感情,就如同黑格尔说的,当老人说出一句小孩也会说的格言时,已经把自己的全部人生经验灌注其中,这才达成了感人的力量。于是,分析这样写称呼的好处,与其说是分析这一称呼本身的好处,倒不如说是需要分析其对隐含在其他部分的描写的强化,和对这一称呼与"我"关系内涵及情感理解的深化。

如果说,第 20 题的题目及其参考答案因为阅读材料片段难以顾及整本书的其他内容而形成了缺憾,那么就第 21 题和第 22 题来说,其材料本身的片段分析乃至提出问题的方式,都是值得再斟酌的。

对第 21 题来说,因为题干已经揭示了表达效果,所以就需要考生从语言形式来寻找原因。命题组给出的参考答案是:

① 多个句子都把"祖父"和"我"相对叙说,突出了变化是同时发生的;② 用相似句式再三叙说"祖父"和"我"的年龄变化,凸显了变化的过程。

由于题目把画线内容概括为"突出了'祖父'的衰老死亡和'我'的成长是一个同时发生的逐渐变化的过程",这样,答案就从称呼词和句子两方面入手来答:词是称呼对举叙说,句式是多处相似。这样归结到内容的相同,似乎也没问题。但恰恰是命题者给出的这一表达效果,是可以有不同理解的。

有学者从文学阅读考查和语言运用考查区分的角度,提出一种看法:

文学阅读题可能还会更加注重最后一个句子,即:"祖父一过了八十,祖父就死了",为什么? 因为这个句子发生了变化,相应的所谓"文气"也就出现了变化,甚至可以说,前面3个"不变"的句式,都是为了这个"变"来做铺垫的:这个句子里只有"祖父",没有了"我",因为祖父死了,"我"的年龄增长再也无法同"祖父"对举并置了,"祖父"不在了,只留下"我"孤零零地在这世上,那是多么大的哀愁与寂寞。这时,时光的流逝就不再仅仅是时光流逝,而变成了生死相继。这里面蕴藏的感情,就在思念之情、苍凉之感之外,又增加了孤独与哀恸之感。①

对此结论,我既认同,又不认同。

认同的是指出小说这段话里有孤独和哀恸之感。不认同的是:其一,针对文学阅读考查需要分析的情感,考查语言运用同样需要,因为这是构成语言运用的基本内容。其二,这不变中的变不是在结尾句才出现的。变是被不变的表象遮掩了,这种变在句式开头就已经呈现。由于论者太注意句式形式上的呈现,而忽视了在开头句中,在相似的句式中,就有实质的差异。而这种差异,在情感意义方面倒是跟结尾紧密相关的。即当"我"刚来到世界时,祖父已经六十多岁了。当"我"长大成人时,祖父已经去世了。"我"和祖父同在这个世界的相处的幸福时光,何其之短!为了强调这一点,文中涉及祖父的词语,除开"已经"外,还连用了三个"就":"就快七十了""就七八十岁了""就死了"。如果说副词"就"涉及时间表达的一个功能就是以某个时间为参照点,以说明时间变化之快,那么这里是以"我"的成长为时间参照点,强调祖父的衰老和去世是何其之快!这才是以表面的两人变化同时的同步中,所要表现的深刻的不同步。如果理解了小说描写的这一点,那么题目中"表达效果"的概括连同参考答案,都需要重新思考了。而这种重新思考,也关联到下一题参考答案的拟制。

关于第22题,命题组提供的参考答案是:

修辞手法:排比(1分)。表达效果(4分):① 按顺序写了从早到晚三个时

① 鲁小冬,桑野.考查文学阅读能力还是语言应用能力——从2022年高考语文全国卷两道语用试题说起[J].中国考试,2022(11):35.

间的三种景色,在铺叙堆叠中突出作者对小城满满的回忆;② 通过细数露珠、向日葵、红霞等记忆深刻的事物,渲染了自己的怀念之情。

由于修辞手法的辨认被认为没有多少思考容量,所以命题组只给出了 1 分的赋分。但耐人寻味的是,怎么从大段语句中把排比句式离析出来,可以检验命题组对语言运用理解的精准度。恰好,考试院提供的解题思路提供了命题者的理解路径,他们所揭示的排比句式是"那……是不是……"。遗憾的是,我认为这样的揭示,似乎把一个很重要的词遗漏了,那就是"还",以此构成"那……是不是还……"的句式。添加这个"还",就表现出"我"不仅仅念叨这些景物,也把景物可能的失落或者即使还在而自己又回不去的悲凉充分凸显了。于是,说这里有"满满的回忆",有"怀念之情",都对。但失落的悲哀和回不去的伤感,也许是更为重要的一种情感,贯串小说始终,也是统一在试卷所选材料的整体中的。而小说结尾的落款"1940,12,20 香港完稿",就变得特别意味深长。那是作者作为主体所处当下的特定情境,也成为进入小说中"我"这一主体建构的心理动力(这是另一个话题,此不赘述)。

要之,文本解读的具体深入,经由情境辨析,最终都需要落实在语言运用的理解上。

在边上，也在中心

——重读郭沫若《立在地球边上放号》

就像诗人郭沫若设定的抒情主体立在地球边缘开始他的"放号"，我想从文本的边缘，从有关该诗的诗句边缘，从似乎无关紧要的一些词语辨析，开始这首诗的解读。尽管学习这首诗的最好方式是大声朗读，但解读，也许可以与朗读互补，让朗读变得更有味道。全诗很短，仅七行，为解读方便，先把这首短诗转引如下：

无数的白云正在空中怒涌，

啊啊！好幅壮丽的北冰洋的晴景哟！

无限的太平洋提起他全身的力量来要把地球推倒。

啊啊！我眼前来了的滚滚的洪涛哟！

啊啊！不断的毁坏，不断的创造，不断的努力哟！

啊啊！力哟！力哟！

力的绘画，力的舞蹈，力的音乐，力的诗歌，力的律吕哟！①

一、"放号""晴景"和"律吕"的推敲

首先是关于诗题中最后的词语"放号"，到底怎么理解？

有人把"号"作动词理解，读第二声，那么"放号"就是放开嗓门大喊大叫。

---

① 中华人民共和国教育部. 普通高中教科书　语文：必修上册［M］. 北京：人民教育出版社，2019：4.（关于此课文的引文均出于此版本，下不一一注明）

这样理解当然可以,因为从整首诗的风格看,激情澎湃,血脉偾张,抒情主人公应该就是在大喊大叫的。但我觉得,把"号"读第四声,作名词,理解为"号子",特别是"川江号子",作为一种流行于巴蜀之地的民俗文化记忆,与郭沫若川人的身份也是比较吻合的。而且,在川江号子中,抒情者反复咏叹时装饰音性质一类的"啊"和"哟",在诗中贯串始终,成为全诗中刻画抒情主人公形象的一个有力手段。尽管比较而言,"啊"以重叠的方式作为一种兼有惊讶、赞叹的感叹词,如同呼唤读者注意一样,出现在一行诗的开头,不同于"哟"附着于句尾,更有独立性,甚至在一定程度上提示了一个抒情者的在场,如西方学者卡勒认为的,"呼唤是诗歌仪式中的一个行为……为了使声音戏剧化:呈现出它的力量的形象,以此来建立它作为诗人和预言家的声音的属性"。但意象宏大、壮阔的横空出世,也并非绝无依傍,或者说,传统的、地域文化的特殊记忆,也可能让抒情主人公的站位,有了厚实的土壤。似乎是这最泛泛的"啊""哟"声,成了跟作者家乡的川江号子有机衔接的最具感性体验的依托。

其次,第二行的"晴景",也有作"情景"。比如,同样是人民文学出版社出版的《女神》诗集,收入《郭沫若全集·文学编》第一卷的用"情景",而"文学小丛书"单行本,用的是"晴景"。[①] 有教师还反复撰写文章,提出了这个问题,认为既然教材是以"全集"本为依据,就不应该把"情景"改为"晴景"。更何况,"情景"这一用法,是更为"明白晓畅""通俗易懂"的。[②] 其实,这里有两个问题需要澄清。一是版本。教材既然依据了"全集"本,又把"情景"改为"晴景",就需要加以说明,否则既不严谨,也会增加教材使用者的困惑。二是优劣比较。"明白晓畅""通俗易懂"倒未必好,因为诗歌的语言特点之一,就是对日常用语习惯的偏离,以凸显其刻画的形象。至少在第二行中,比较少见的"晴景"一词,比泛泛的"情景"一词更合理。"情景"虽然通俗,但是含义颇多,既

---

① 郭沫若. 郭沫若全集·文学编:第一卷[M]. 北京:人民文学出版社,1982:72.
　郭沫若. 文学小丛书·女神[M]. 北京:人民文学出版社,1958:65.
② 邵建新. 从"晴景"到"情景"的变化始末[J]. 语文学习,2021(05):42.

可指感情和景色,也可单指风景,或者某种情况等;而"晴景"则所指比较具体明确,着重强调晴天的景象,尤其有雨后转晴的动态感,这就跟前一行的白云涌动、跟这一行的壮丽,有肌理的关联。当然,"晴景"一词虽少见,也绝非诗人生造。唐代诗人王驾写《雨晴》(一作《晴景》)诗,因为王安石的改作而广为人知,并对其改作是否妥当引起过争议,如宋代胡仔诗话集《苕溪渔隐丛话》记录说:

> 王驾《晴景》云:"雨前初见花间蕊,雨后兼无叶底花。蛱蝶飞来过墙去,应疑春色在邻家。"此《唐百家诗选》中诗也。余因阅荆公《临川集》,亦有此诗,云:"雨来未见花间蕊,雨后全无叶底花。蜂蝶纷纷过墙去,却疑春色在邻家。"《百家诗选》是荆公所选,想爱此诗,因为改七字,使一篇语工而意足,了无镵斧之迹,真削鐻手也。[1]

明代学者胡震亨则对胡仔提出反驳意见,认为王安石恰恰是把它点成了铁块,是蠢而又蠢,因这和我们讨论的问题已没有直接关系,不赘述。

第三,要讨论结尾行的最后一词"律吕"。该诗最初发表时,用的是英文单词 Rhythm(节奏、韵律),后来才改为"律吕"。诗的这一行,共对"力"以五种赋形:绘画、舞蹈、音乐、诗歌和律吕。虽然《教师教学用书》把它归为三类:形态(绘画、舞蹈)、声响(音乐、诗歌)、韵律(律吕)。[2] 但细细推敲,"律吕"其实不是与前面四种概念处在并列状态,而是一种总括。作为一种生命运动中的节奏,贯串所有的作品、人的创造活动。多年前,陈永志老师就提出过这一看法,认为最后一行是对全诗的概括,而最后一行的最后一个短语,又是对前四个短语的概括,他说:

---

① 胡仔. 苕溪渔隐丛话后集[M]. 北京:人民文学出版社,1984:184.
② 人民教育出版社,课程教材研究所,中学语文课程教材研究开发中心. 普通高中教科书教师教学用书 语文:必修上册[M]. 北京:人民教育出版社,2019:6.(关于《教师教学用书》的分析均出于此版本,下不一一注明)

无论绘画、无论舞蹈、无论音乐与诗歌，其中都贯穿着、体现着"力的律吕"——力的节奏与音调，正如宇宙与人生都贯穿着、体现着"力"一样。①

正因为"律吕"与前四个短语不是并列关系而是从分到总的关系（前面分的并列关系中，诗歌比较特殊，下文再论），这样，采用英文单词的特殊性，显示了其含义的特殊性。不过，后来改换成汉语，虽然我们无法猜测作者的意图，但是从表达效果考虑，可能跟 Rhythm 发音是以弱化音收尾有一定关系。因为这首诗的基调，是以仄声词语的高亢激越贯串的，重复出现的"力""不断"等是仄声，出现的"毁坏""创造""努力"等以及最后一行中，除了"诗歌"以外的其他概念都以仄声收尾，所以把整首诗的发音提得特别高亢。

二、"力"与主线

学者、教师一般都认为，"力"是诗中的核心，或者说是全诗的"诗眼"。说它是核心也好，是诗眼也好，虽然凸显了"力"的重要性，但是似乎都把这"力"视为诗中的一个"点"的存在，而我认为，这不是"点"，而是一条线，是贯串全诗的主线。

在《教师教学用书》中，编者概括了全诗各部分内容，认为七行诗共分三部分，"第一、二行展示了海洋雄伟壮丽的景色；第三、四行抒写了对眼前景观的强烈主观感受；第五、六、七行是对力的讴歌和赞美"。这样的划分大致可以，但似乎没能显示"力"作为线索的前后贯串性。提出了最后一行是对全诗总结的陈永志老师，进而提出的一个具体看法是：

"力的绘画"正是指开头三行所描绘出的大海白云的壮丽景色，"力的舞蹈"则是对那洪涛滚滚的比喻，"力的音乐，力的诗歌"无疑是诗人对海涛汹涌发出的声浪及拍击海岸激起的呼啸，以及对海涛壮观与神奇的体验。

---

① 陈永志."力"是什么？它从哪里来？——读《立在地球边上放号》札记[J].郭沫若学刊，1999（03）：25.（关于陈永志论述的引文均出于此，不再注明）

这一说法,虽然注意到了前后联系,但是似觉欠妥,这是因为其对前后意义的关系分析,条分缕析,有机械之嫌。而且,当诗人恰恰是以诗歌来描写他的感受和他的想象时,那种当下现场带动读者一起进入的高歌状态,也就是诗人第一行写下的"正在",已经让这里的诗歌含义发生了分裂,即作为对象化的诗歌中的"诗歌"概念与作为正处在描写状态,也是读者诵读状态的诗歌实践发生了分裂。

那么,如果不是从这样的意义关系中来分析,应该怎么解读才比较合适呢?

我认为还是以词语为切入点,借助"力"的语言肌理,前后贯通起来,也许更为合理。在整首诗的七行中,涉及"力"字的,有四行,分别是第三行中的"力量",第五行的"努力",第六行的反复"力哟!力哟",以及最后第七行以"力"为限定的绘画、舞蹈等五个短语。梳理分别出现在四行中的"力",在核心意义不变的情况下,可以看到前后也有着细微差异,而这种差异,似乎有着内在的逻辑发展。

首次出现在第三行的"力量",作为一种实践活动,有特指的主体"太平洋"和特定的动作对象"地球",而第二次提及的"努力",既省略了实践主体,甚至也省略了行为对象。之所以如此,是因为第四行相对于第三行来说,已经从具体进入概括,是由推倒地球的力量引出更具概括意义的"毁坏",然后在同样的概括层面,引出与毁坏相对的"创造",而这行结尾出现的"努力"一词,则是对同一诗行中"毁坏"和"创造"两种力量的进一步概括。经过这两次概括,实践主体和客体都被扬弃,只呈现"力"自身,"力"本体的最概括、最抽象的一面,这是全诗中最短促的第六行,即"力哟"的简单重复。最后,从抽象折返具体,从"力"中并列展开为各种艺术。

简言之,"力"作为核心概念,串联起从具体到抽象又重返具体的过程,但这种重返,绝不是简单的回归。理解了这一点,也就触及了该诗的主题意义。

三、标题与整体结构的深化理解

许多论者从"力"的角度谈及主题时,都会认为这是"五四"时代"狂飙突进"精神的体现,是对毁灭旧世界、创造新世界的力量和勇气,对积极进取、不断更新的人生哲学的张扬。

如果说,诗歌的主旨紧扣了时代主题,为何写下的标题又刻意强调了抒情主人公是立在地球边上而不是中心的位置来放号呢?"边"的立位,到底意味着什么? 也许,这本来是一句不消说的废话。换一个角度说,人立在地面的任何一个位置,都可以视为处在地球的边上。但把这个"边"放在标题中加以强调时,就起码有了双重意味:

其一,抒情主人公是外在于地球,把地球作为一个客体,也是一个整体来看待的。这样,前几行描写的天空和白云、大洋与洪涛,都是大自然的一个客体化的对象,虽然这些都是抒情主人公的所见所感,但是主体自身似乎并不在景观中,这也是我前文论及的,用"晴景"比"情景"更合理的一个原因。

其二,正是预设了地球的客体化而不是让主体被客体简单包容,才让主体有了和客体对等的位置,于是,隐含的主体在地球边缘化的同时,也把主体"巨人化"了,似乎可以和地球平起平坐了。而体现出的这种对等性,就是让主体的感叹,那连用的"啊啊"声,沿着诗行边缘从高到低一路伸展,成了抒情主人公立位边上的一个有意味形式、一种表征。

在近日一个公开发表的教学案例中,师生课堂对话时,教师引导学生把抒情"口吻"和"意象"落实在标点、词语和句式方面,从而对诗歌特点进行了基本梳理和概括,其中学生提道:

四处句首连用"啊啊!",全诗有 10 个感叹号,直抒胸臆,感情激昂。[①]

这样的统计式梳理,虽然可以加深对诗歌的理解,但是关键在于"啊啊!"式叹词、惊叹号的出现,是怎样在诗中被具体使用的。

有一点值得注意,四处叹词的出现,都是在诗行的行首位置,并以惊叹号让

---

① 汤颖芳,张悦. 在"口吻"与"意象"中激扬青春——两首五四新诗的教学与评析[J].教育研究与评论,2021(11):67.

叹词独立成句,与同一诗行中描写实际内容的句子隔断。这样,四处出现的叹词"啊啊",几乎都让每一诗行出现了两句(第六行还出现了三句),这种并列提醒了读者,立在地球边上,也是诗歌边上放号的抒情主体与客体在形式意义的对应。

此外,全诗中,还有三行行首,没有"啊啊"的叹词,即第一行的"无数的白云正在空中怒涌"、第三行的"无限的太平洋提起他全身的力量来要把地球推倒",以及最后一行的"力的绘画"等五个短语。

一般来说,诗行中没有出现独立成句的叹词,是为了客观呈现对象,但具体到实际内容,第一行和第三行都是描写大自然,而第七行则主要表现人的创作。正是这种内容的差异,使得"力"的线索设计从具体到抽象又重返具体时,已经不是简单的回归,而是有着从自然客体向抒情主体的壮丽转身,是向抒情主人公自我的回归。也是从这个意义上说,让带有总结意味的最后一行与上文呼应,不仅仅是因为天空的壮丽像绘画,洪涛的滚滚像舞蹈、像音乐,而且是绘画、舞蹈、音乐等艺术,在把自然的伟力充分呈现时,也让人和抒情主体的创造力充分呈现了。最后一行的最后短语,加了叹词的"力的律吕哟",既是对各门艺术的贯串,也是自然客体与抒情主体的贯通,在力的无止息的运动中,表现了生命的节奏感、生命的创造力和生命的无穷魅力。

在这样的整体视野下,全诗中描写行动最具体的一行,最具有主体与客体紧张关系、最具戏剧冲突的一行,即"太平洋提起他全身的力量来要把地球推倒",不仅是用夸张手法表现一种宏大壮观的气势,而且具有深刻的哲学意义。因为太平洋就是内在于地球的,其推倒地球的壮举,实际就是一种自我较劲、自我搏斗、自我更新的无限伟力,正如不断"毁灭"和不断"创造"最后都要回归到自身的"不断的努力"。这样,标题中,抒情主体立在地球边上的设定,似乎认为制造了主体与客体的并列,其实是为了让主体更好地拥抱客体,也是让客体回归主体。因为当"一切的一"和"一的一切"都在诗人笔下呈现时,诗人所谓的"力的诗歌",既是对象化的客体,又是实践的主体,是拥抱了客体的"正在",是主体行动的现在进行时,并把一切朗读者、学习者裹挟进去,让所有人的生命节奏,与万物共振、与天地齐鸣。

谈《乡土中国》阅读中的"抓概念"问题
——以"乡土本色""文字下乡"为例

　　《乡土中国》作为整本书阅读内容列入统编高中语文教材必修上册后,许多教师都提供了一些阅读指导,最常见的,就是把这本论著中出现的不少概念,用思维导图梳理,有简图,有详图,那种八仙过海、各显神通的构架,让人有目不暇接之感。不过,建立概念框架的前提或者说基础,是对概念本身要下一番功夫去琢磨,以达成比较精准的理解,这正是温儒敏老师说的"要紧的是'抓概念'",①但就我所看到的一些相关论述,正是在关键的"抓概念"步骤,留下了较多的缺憾。

　　"抓概念"的重要性,也是作者费孝通提醒过读者的。他在《乡土中国》的重刊序言中写道:

　　搞清楚我所谓乡土社会这个概念,就可以帮助我们去理解具体的中国社会。概念在这个意义上,是我们认识事物的工具。

　　不过费孝通所谓的"乡土社会这个概念",是他论著的一个总概念。而论著分出的 14 章,也大多围绕着一些概念来展开,这大多在章的目录中就明确提示给读者。而这些章节中的概念,又并不是简单的并列关系,似乎也有主次之分。一般认为,"差序格局"是其中的核心概念,对此分析较多。相对而言,对同样重

---

① 费孝通. 乡土中国[M]. 北京: 人民文学出版社,2019: 5. (关于此书的引文均出自此版本,下不——注明)

要的"乡土本色"（包括"文字下乡"中的"乡下""乡村"）则讨论不多,而恰恰是对这些关键概念的理解,还有不少误会或者未能澄清的相关含义。这些概念内涵看似简单,实际不容易抓准,笔者特撰文予以讨论。

一、关于"乡土本色"

有关《乡土中国》的导读著作里,邓彤、王从华老师主编的《〈乡土中国〉整本书阅读》和浙江省教育厅教研室组织编写的《整本书阅读"学教评"·〈乡土中国〉》等,都给过笔者不少启发,最近商务印书馆出版了吴泓老师主编的《〈乡土中国〉整本书阅读与研讨》,我认真阅读了吴老师的导读文章,也有收获。但同时觉得,其对"乡土本色"这一基本概念以及关联的"文字下乡"内涵的理解或者表述,还存在一些值得推敲的余地。想到温老师所说的"抓概念"的重要性,所以笔者就想以吴老师导论中的一段论述为例,来开始有关《乡土中国》概念辨析的讨论,先将其论述转引如下:

> 第一篇《乡土本色》之"土",是它的环境和土壤;"本",是它的根本和根基;"色",是它的面貌和特色。这是一个"熟悉""没有陌生人的社会"。无怪乎人们读这一篇,都会以之为全书的总论或概述。接下来,为了进一步说明乡土社会的面貌和特色,作者竟以两个篇章,从"语言文字"切入,按空间和时间两个方面,论述了乡土社会因其是熟人社会而"无需文字"的特色。①

在这里,其以拆解文字的方式来辨析"乡土本色"概念的内涵,是欠妥的。

首先,从词语的构成上,把概念作进一步的拆解,固然可以,因为古汉语许多概念都依托了单音节字,但这也容易造成理解的歧义,所以现代汉语使用的一些概念是把不少单音节字加以双音节组合,方便了人际沟通。但在理解传统文化现象时,依然可以把单音节字积淀下的意义揭示出来,以达成辨析概念、丰

---

① 吴泓,南银妮,曾冠霖.《乡土中国》整本书阅读与研讨[M].北京:商务印书馆,2021:7.

富内涵的目的。费孝通本人就曾把"学习"拆解为"学"和"习"两方面含义，认为"学的方法是'习'。习是指反复地做，靠时间中的磨炼，使一个人惯于一种新的做法"。他又把"记忆"拆解开来解释说，"'记'带有在当前为了将来有用而加以认取的意思，'忆'为了当前有关而回想到过去经验"。但是，在对概念拆解辨析前，先要对术语有基本的判断，而不能生硬地、近乎粗暴地来逐字拆解。

就"乡土本色"这一术语来说，先要区分出概念和范畴两种成分。具体来说，在这里，"乡土"是反映作者特定认知的概念，"本色"是更基本的、具有普遍认识意义的概括性范畴，是给"乡土"这样的概念，从整体思维框架中给出一个基本的功能定位。这样，对"乡土"固然需要下功夫来辨析其内涵，而对"本色"这一范畴，则要将它放在这本书的其他范畴中来定位互相之间的关系，从而说明"本色"在整体认知框架中的价值和意义，而不必把"本"与"色"逐字加以解释，就如同不必逐字解释"差序格局"中的"格"与"局"一样。当然，像吴老师那样，觉得确有必要把"本色"拆解出来解释一番以方便读者理解，不是绝对不可以，但应该进一步说清这样的范畴与"乡土"概念的不同功能。如果仅仅把范畴和"乡土"概念放在同一层面来逐字解释，又不区分其思维的层级差异，这就很可能增加理解的混乱。

其次，把"土"解释为"它的环境和土壤"，特别是"土壤"，看似没有问题，其实还是流于表面的。尽管费孝通本人也开宗明义说，"土字的基本意义是泥土"，但这样的解释，只是构成整章的第一层意思，而且从上下文看，费孝通提出这样的基本意义，其实是在强调泥土对于人的种地谋生这一根本价值。这样，如果我们引用《说文解字》对"土"的解释，可能更容易抓住这一概念的根本，那就是：

土，地之吐生物者也。二象地之下、地之中，（｜）物出形也。①

---

① 汤可敬.说文解字今释[M].上海：上海古籍出版社，2018：1987.

也就是说,用地上出产物来解释"土",紧扣了农耕经济的基本特点,要比"泥土""土壤"这样的解释,更有整章把握的概括性。

二、关于"文字下乡"

与吴老师把作为范畴的"本色"也拆解出来解释形成鲜明对照的是,关键概念"乡土"中的"乡"却被略而不提,这是令人深感惊讶的。

虽然"乡土本色"这一章里主要围绕"土"而展开,但也有不少文字,已经触及"乡"的内容,这是指"熟人"社会中,人对人的熟悉,也是指人对物的熟悉。而在接下来的"文字下乡"两章,费孝通用了更多篇幅,来谈"乡"的问题。可惜的是,吴老师绕开"乡",却从"本色"范畴里找出"色"字,解释为"面貌和特色",并联系到后面两章而概括为"进一步说明乡土社会的面貌和特色"。笔者以为,他也许并没有弄明白"乡"这一个关键字的含义,无怪乎他只是把"土""本""色"来逐字解释了,并将"色"与第二、三章作了迂回而又生硬的勾连。

其实,追溯"乡"字的本义,是可以方便读者把握"乡土"概念的基本内涵的。

"乡"繁体字作"鄉",其甲骨文、金文,都是中间呈现一个象形的食器,两边各是一位跪坐的人,"象二人相向就食形"(林义光),是"用来指自己那些共同饮食的氏族聚落的"(杨宽)。[①] 两人相向也好,共同饮食也好,都是指向了对熟人社会的理解,是切近费孝通引用西方的"face to face group"(面对面的社群)这一社会学概念的。所以,在"乡土"这个概念中,如果"土"指的是农耕的经济本质,那么"乡"指的就是人与人之间熟悉的、共享的社会关系,并以共同面对的食器,说明了民以食为天的基本指向,使得谋生的"土"与相向而食的"乡",在词义肌理上,有了内在的逻辑关系。可以说,"乡土"这个概念具有的复杂内涵,其实是对"乡土社会"总概念特征的高度概括。正是由于这个概念对中国社会特征具有较为全面也是比较强大的解释力,所以费孝通才会在《乡土中国》重刊序言中,

---

① 汤可敬. 说文解字今释[M].上海:上海古籍出版社,2018:939.

强调搞清楚"乡土社会"这个概念对于理解中国社会的重要性。

那么,费孝通为何要从"文字下乡"角度,切入对"乡",也就是"熟人社会"的解释呢? 之所以如此,有其特殊的意义。

"文字"和"下乡"连接,一方面,确实当时就有这样的社会运动,作者就周边的社会情况来引出所要讨论的话题,是尽可能让社会研究与当下的现实问题结合。另一方面,用一"下"字,意在强调"文字"是来自乡下的外部世界,跟乡下本身的熟人世界形成一种对立关系。也就是费孝通在"再论文字下乡"结尾部分说的,文字发端于庙堂,是自上而下的,不是从乡土社会的基层生长出来的。(值得一提的是,在这两章中,作者经常以"乡下"这样的概念来替代"乡村",这也是人们日常用语的一个习惯,或多或少提示了读者,这是一种站位城市而外在于乡村的习惯性立场。)在这种情况下,按照费孝通的看法,推行文字下乡工作,在不改变乡土社会基础条件的前提下,意义是不大的。

虽然第二、三章谈语言文字问题也重要,因为人在依赖象征体系获得和维持社会经验时,"词"发挥了最为重要的作用,但是费孝通的根本目的既不是讨论语言文字的功能,甚至也不是要得出"乡土社会"无需文字的最终结论。他要从反例入题,来谈熟人社会的特点,同时也在确立一种不能就文字谈文字,而应该以综合的、整体的思维方式来分析社会结构、文化现象的观念和立场。这样,"文字下乡"专题,既是在"乡土本色"这一章概述的基础上,侧重于"乡"的社会特点的深入把握,也是对分析这一社会特点加以方法论的引导。

按照费孝通的看法,当人与人交流不受时空阻隔,可以穿越时空阻隔的文字没有了用武之地时,熟人社会的特点,也得以充分彰显。就此而论,邓彤等老师主编的书中,有关这两章学术观点的概括,同样值得斟酌。

关于第二章"文字下乡",该书以"学术观点"名目概括为"文字下乡受到空间阻隔";第三章"再论文字下乡"则被概括为"文字下乡受到时间阻隔"。① 这样的概括不但表达不清楚,而且似乎把话给说反了。因为就拿"文字下乡受到

---

① 邓彤,王从华.《乡土中国》整本书阅读[M].上海:上海教育出版社,2020:40.

空间阻隔"这句表述来说,带给读者最大的误会就是文字下乡被空间阻隔了,是无法下乡,是下乡发生了困难。费孝通的观点当然不是这样,笔者也用一句话来概括其文意,就是:空间不受阻隔的熟人社会无需文字下乡。这样的概括才是比较符合费孝通论述的主旨。但"整本书阅读"指导书中概括出的"学术观点"距此是如此遥远,简直是南辕北辙,也实在令人感叹。

三、余论

最后补充三点。

第一,从"乡土本色"到"文字下乡",其实是从分析乡土中国的经济特征延伸到社会关系特点,这对理解乡土社会的形成和发展基础,有着极为重要的意义。但《乡土中国》分析的重点毕竟不是讨论社会基础,而是侧重分析社会关系的组织结构,是讨论人伦关系。所以,通常认为第四章的"差序格局"才是整本书的核心概念,这样的理解也靠谱。温儒敏老师说,《乡土中国》并非一开篇就提出"差序格局"这个核心概念,而是先用三章的篇幅做许多"垫底"。对这个"底",不宜理解为铺垫,而是要理解为基础、根基。根基不牢,地动山摇,这也是作者要用三章篇幅来展开讨论的原因。社会基础,其小农经济和熟人社会的基本特点,在全书内容作为基础性的存在,对社会的整体结构,它的运作方式,发生着根本的制约作用。所以作者在讨论到社会组织关系、结构特点时,会不时地对此加以回顾,比如在谈到家族作为事业单位时,在谈到无为政治时,乃至后来在《中国社会变迁中的文化结症》演讲中谈到文化观念时,[1]都会分析小农经济的制约问题。

第二,谈人伦关系、组织结构、文化建设等,从乡土本色出发谈,这显示了作者的整体视野,是要把经济、政治、文化、习俗等各方面问题放在一个整体格局中来思考、分析。因为在作者看来,对现状的改变,不能只从局部入手,不能简单地自上而下,不能从外部来机械移植。如同"文字下乡"的章节中暗示读者

---

[1] 费孝通.乡土中国　生育制度　乡土重建[M].北京:商务印书馆,2011:343.

的,要从"乡土"的根基重建中入手,要从乡土社会自身培植起来、发展起来,要把经济问题和文化、政治问题整合在一起来推进。这也正是作者在《乡土重建》一书中,重点思考的问题。所以,在《乡土中国》中未充分展开的经济基础问题,在《乡土重建》中则得到了更深入的讨论。从综合的、整体的角度分析社会,这正是费孝通《乡土中国》后记里提到的,这是社会学研究的基本方法。因为社会学作为现代社会晚近发展起来的新学科,恰是学科分工过于细密,需要从整体角度来加以统合的结果。但学科的统合只有在对对象的统合中才能得到比较彻底的贯彻,而基层组织的综合性体现比较充分,在中、上层则容易被分解,这也是作者选取乡土中国的基层组织而不是"庙堂"作为分析对象的一个重要原因。

第三,与对象的整体化研究相联系的是,作者在后记中也强调了分析时比较方法的运用。这一点,读者在接触《乡土中国》全书时,会有深刻的印象。且不论著名的"差序格局"与"团体格局"的比较辨析,就是在"乡土本色"和"文字下乡"章节里,作者有关城里人和乡村孩子之间智与愚的比较,就给人留下过深刻印象。问题是,比较方法的运用,不仅仅是如吴泓老师说的,为了发现差异、解释差异,还跟费孝通确立的总问题意识密切相关,即传统中国如何走向现代的问题。提出"乡土中国"这个概念,是在比较差异中,蕴含着一种强烈的对话意识,即不是乡土城市化,中国西方化,就变成现代化了。乡土中国的现代化要根据自身的整体化特性,走一条自身有特色的发展道路。这种自身特色,也包括在参照西方理论工具的同时,用中国固有的语言文字,通过对其中积淀的意义剖析,汲取其合理内核,来创造出一套解释和诊断乡土社会有效的思维方式和概念工具。看不到这本书的总问题意识,或者停留在表面,仅仅把概念作差异性比较而不追究其背后的意义,或者在比较后,干脆照搬西方的概念来取代《乡土中国》的一些重要概念,对于指导《乡土中国》整本书的理解,都有可能带偏节奏,步入误区。

知识和情感新世界的曲折打开

——读王佐良的《上图书馆》

统编高中语文教材必修上册，阅读选文虽以传统篇章为主，但也选进了个别新篇目，王佐良的《上图书馆》即为一例。与之相关的单元各篇文章围绕着读书主题而组合，但不同于其他几篇以议论为主，王佐良的这篇是记叙性散文，回忆了他年轻时求学阶段上不同图书馆的体验。全文题旨相对集中，题材也较单一，但整个过程写得跌宕起伏，至于稍加点染的数笔描写，也有尺幅千里之致，值得我们来细细品读。这里提出几点分析，或有穿凿不当处，希望方家指正。

一、跌宕起伏的叙述线索

《上图书馆》一文是作者以法国作家西蒙娜·德·波伏瓦提及的法国国立图书馆为引言，主要叙述了他求学时代，给他留下深刻记忆的在 4 个图书馆的阅读体验。

首先是中学时代在武昌的文华图书科学校的"公书林"图书馆。在那里，他接触了许多英文小说，还养成了看英文杂志的习惯。

其次是大学时代，他所去的清华大学图书馆，特别是其中新建的第三阅览室，他和他的同学读了很多西方哲学、文学作品，"进入了一个知识上和情感上的新世界"。

再次是他研究生阶段留学英国牛津大学，常去的包德林图书馆中的一间古籍阅览室。

最后是他在英国留学时，常去的英国博物馆的圆形图书馆，就是马克思曾经常去的地方。

这样依次叙述他所前往的4个图书馆，又有什么跌宕起伏可言呢？

因为在这里，所叙述的图书馆变化，不仅是时间意义的发展，或者空间意义的转换，而且这里有作者所谓的他"知识上和情感上的新世界"的生成。他不是停留在对图书馆的外观和内部藏书的简单书写上，更重要的是，写出了在那样特定的社会动荡的年代，一个知识青年的心路历程。主体的知识追求、个人的成长，是和国家命运紧紧联系在一起的。

于是，在整体的线索中，我们可以看到，从最初进入"公书林"图书馆，仅仅是部分满足了作者对世界的好奇，到进入清华大学图书馆获得知识的长足进步，让他充满了兴奋感，再到进入牛津大学包德林图书馆和英国博物馆圆形图书馆，知识世界越来越开阔，情绪越来越高昂，从而在收尾处，恰到好处引出了《哈姆雷特》的一段台词，对人类所在的场所，对人类、对人类的理性发出的激情洋溢的赞美：

> 这个覆盖众生的苍穹，这一顶壮丽的帐幕，这个金黄色的火球点缀着的庄严的屋宇……人类是一件多么了不得的杰作！多么高贵的理性！多么伟大的力量！……

也就是说，其整体过程的叙述线索，那种知识渐开、情绪集聚，不是停留在水平面的，而是越来越上扬的。

但与此同时，在这整体的昂扬中，又有前后相继的两次波折。

第一次波折，是写到清华大学图书馆后，当他兴趣盎然徜徉在知识的海洋时，现实世界却露出了残酷的一面，发生了"七七事变"，国家遭受磨难，他进图书馆的乐趣也因此中断，这是从温情和宁静的读书氛围进入了一种不平静。

第二次波折，是从牛津大学包德林图书馆的古籍阅览室阅读的不平静心情开始的。其时，国内正在大战，他家没有了音讯，而他忙于苦读、忐忑不安地准备论文，心情也是压抑的。只是在牛津的最后两个月里，北平解放，他论文也通过，在等待回国的日子里毫无心事地自由畅读，压抑的气氛一扫而空，情绪也就完成了从低谷到上扬的转折。

因为文章整体的线索是上扬的,所以即使其中有两次波折,这两次波折也恰恰顺应着整体的上扬。既然先写到了一次情绪的下跌,就必然要再一次止跌回扬,让其情绪最终回归到整体中。这样,两次波折形成了贯串始末的基调中的一种变奏,增添了读者的阅读乐趣。就此而论,其结构的线索安排在看似不经意的娓娓道来中,却有着理性思考而来的一种经营效果。

二、阶段分明的选材特点

既然该文写的是上图书馆阅读的乐趣,那么写阅读得来的收获和乐趣是最自然不过的。不过,在不同学习阶段获得的阅读收获,使得其对阅读体验的回忆,在选材上有了斟酌取舍。这种取舍,形之于文字,固然是个人阅读经验的真实写照,又焉知不是对读者接受心理的一种揣摩?

把他在不同学习阶段去图书馆阅读书刊体验的直接书写梳理出来,是非常有意思的。

中学阶段在"公书林"图书馆:

我在那里翻阅了许多英文小说,当时我的英文程度很有限,多数原著是我看不懂的,但是仅仅摸着那些书,看看它们的封面、目录和插图之类也使我高兴。当时《中学生》杂志正在介绍斯蒂文生的小说《宝岛》,我读得有趣,对作者的其他小说也产生了好奇心,果然在"公书林"里找到了书架上一排斯蒂文生的书,拿下来翻了几本,虽然只记得了它们的书名,那个下午却是消磨得很愉快的。

"公书林"还都我养成了一个习惯,即看英文杂志。我就是在它的期刊室里第一次接触到一些美国杂志的,如《星期六晚邮刊》《全国地理》《美丽的屋子》等,当然也主要是翻着图画看看,这样也就部分地满足了我对外间世界的好奇心,也从旁学到了一些英文。

大学阶段在清华大学图书馆：

就是在这个"指定参考书阅览室"里，我和我的同学好友们读了柏拉图《对话》的英译本，西洋哲学史，古罗马史，希腊悲剧，英国16、17世纪诗剧，等等。

留学牛津大学阶段在包德林图书馆：

当时还有一些古本是用链子锁在书架上的，把它们拉下来摊在桌上看也看得吃力。

把这三个阶段对照一下，发现其关于中学阶段在"公书林"图书馆的阅读体验的直接记录是最详细的，不但具体到了书名、刊名，还把读斯蒂文生小说那样一个愉快的特定下午也记录下来。这样的具体细致，倒不是说以后的阅读体验不重要，而是它是作者研究英国文学的起步阶段，作者上图书馆的愉快体验，是在"公书林"打下基础、定下基调的。这里有着第一次经验的深刻印象，有着人生起点的重要意味。但这仅仅是就作者本人而言的。就读者来说，当阅读作为一种好奇心的满足时，这种阅读体验是有着广泛的相通经验的。随着作者研究的深入，越来越趋于阅读的专业化时，阅读的内容乃至书名，可能都是读者陌生的，甚至是未必感兴趣的。他的描写就变得简略，或者只记录一些直观的特殊印象，比如用链子锁着的古本书，至于这些古本到底是什么书，似乎没有必要向读者交代了。

除开写阅读的体验外，不同图书馆的空间结构，给阅读者营造的不同氛围，乃至图书馆所依托的国家命运，也始终是作者关注并诉诸笔端的。不过，他在处理这些材料时，不是把它当作一个无生命的物理空间来看待，而是把这些外部空间与个人的心情交织在一起，如刘勰《物色》篇中所谓的"随物以宛转""与心而徘徊"那样，是向外部世界与主体心灵双向取材的。这样，空间的明亮与昏暗，阅读时的洞明感悟与苦苦求索，与其心灵的宁静与不安是合拍的、相应的。

这一切,最终在作者写到的灯光中,得到了聚焦式呈现。

三、聚焦光亮的描写特色

本文最有特色的,应该是对光亮(也包括与之对比的暗淡、昏暗)的描写,虽着墨不多,却诗意盎然,耐人寻味。

最初写到灯光,是在清华大学图书馆的第三阅览室,由书本之光而引出:

其中各种精美的书刊闪着光,宽长的书桌上两端各立一个铜制的高台灯,它们在一个 19 岁青年的心上投下了温情和宁静的光,是后来任何日光灯、白炽灯所不能比的。

这里,既是写实的,有书本的光、台灯的光;也是隐喻的,这是知识之光,也是心灵渴慕知识的欲求之光。在这样的光亮中,才会让作者对这段描写以“一片灿烂”来归结。但作者笔锋一转,又把这种对光亮的描写引向一个更广大的世界:

真实的世界却在暗淡下来。“七七事变”一起,清华图书馆的灯光全灭了。

只寥寥几句,把图书馆营构的知识世界和外面的真实世界及文字背后若隐若现的心灵世界,全写出来了。

虽然作者是从中学阶段起笔写图书馆的,而且费了不少笔墨,但没有提及灯光,只写它环境幽雅,“馆外的一片绿色和馆内的幽静整洁”。这固然有材料均衡分配的考虑,但或许还有其他原因。因为中学阶段,消磨在图书馆的时间,大多在白天,一般似乎并不太在意黑夜读书时对灯光的需求性。更重要的是,中学阶段的读书,只是如作者写的,“部分地满足了我对外间世界的好奇心”。换言之,这个外间世界,虽然不等于内部世界,但是与其现实人生有一定延续,是内间世界向外间世界的一种自然延伸。但是,进入大学则不然,不但夜晚去图书馆读书已经习以为常,而且,种种的书本知识足以构成的一个新世界,让徜徉在这个世界里的人,产生了远离真实世界的一种幻觉。这也正是作者归结的:"进入了一个知识上和情感上的新世界,一片灿烂!"这样,灯光就成了构建这种幻觉的必不可少的具象之物,从而与真实世界构成对比。但幻觉的世界毕竟无法脱离真实世界,所以当作者说"真实的世界却在暗淡下来"时,图书馆的灯光也随之而灭了,幻觉也因此而消失。

紧接着这种灯光营造幻觉的消失,是作者在牛津大学昏暗的古籍阅览室读书。作者因此联想到"中古僧侣修习的遗风犹存,那种一灯如豆一心苦读的空气却与我当时的心情合拍"。只是当北平解放,他也顺利毕业可以返回祖国时,作者给了本来昏暗的阅览室相当深刻的一笔:"初夏的阳光给了馆内更多光亮,我的心境也豁然开朗了。"就是说,照明并不好的阅览室,因为外部真实世界里的阳光透入,才重新给了一个幻觉消失的世界以希望。

由此,水到渠成引用了《哈姆雷特》中的台词,不是幻觉般的灯光,而是太阳,是阳光,把人的世界和知识的世界统一起来了。但不可忽视的是,这样的台词,一般也是从阅读中得来的,从而在更深层次上,构成了一种书本知识与外部世界的包容关系。

复杂心理的精准表达

——重读《故都的秋》

统编高中语文教材必修上册的第七单元,选入五篇写景抒情散文,有着较新的组合方式,即将郁达夫《故都的秋》和朱自清《荷塘月色》编为一课,史铁生《我与地坛》在单元中独立为一课,而苏轼《赤壁赋》和姚鼐《登泰山记》又组合成一课。① 如何理解这样的组合,不是本文讨论的重点。这里主要解读《故都的秋》这篇作品,在此基础上,对于从特定角度切入课文的新的组合方式,简单提一些个人想法。

钱理群在《品一品"故都"的"秋味"》一文结尾强调,分析一篇作品要老老实实从文本开始,"一字一句地阅读、体验、琢磨、品味"②。我的解读,就从"一字一句"开始,结合教材中列于课文后的"学习提示"来具体展开。

一

"学习提示"第3段是:

学习时要关注两篇写景文章的语言艺术,可以从用词、句式等方面来细细品味。如《故都的秋》开头多用短句,句中多停顿,起到了舒缓节奏和营造氛围的作用;《荷塘月色》善用叠词,语言朴素典雅、准确传神、贮满诗意。阅读时应多加体会。

---

① 中华人民共和国教育部.普通高中教科书 语文:必修上册[M].北京:人民教育出版社,2019:105-124.(关于作品原文与"学习提示"均引自此版本,下不一一注明)
② 钱理群,孙绍振,王富仁.解读语文[M].福州:福建人民出版社,2010:220.

其中关于《故都的秋》语言举例分析,让人深感困惑。

虽然所说的文章"开头",指向并不具体明确,但把作品第1段归属开头,应该不成问题。但恰恰是这第1段,是不用短句的。为讨论方便,我先把第1段转引于下:

秋天,无论在什么地方的秋天,总是好的;可是啊,北国的秋,却特别地来得清,来得静,来得悲凉。我的不远千里,要从杭州赶上青岛,更要从青岛赶上北平来的理由,也不过想饱尝一尝这"秋",这故都的秋味。

整个段落,"句中多停顿"倒是事实,但恰恰因为作者写下的不是短句而是长句,才给句中多停顿提供了可能。具体说来,该段以两个句号为明显标志,前后分为两句。第一句中一个分号,形成前后转折关系的复句。后一句,是一个有明显长度的单句。

如果说,第一个复句,因为句中多停顿,在节奏上形成舒缓的感觉,那么,第二个单句,却是以一层"要"再加上一层"更要"的语段营造紧张感,使原先舒缓的节奏变得紧张起来。总体看,开头营造出的就不是简单的舒缓节奏,而是舒缓中有着紧张、急迫交织的复杂氛围。这种复杂氛围,其实可以在前后语意中得到解释。因为作者的生活起点或者说长住地不是北国而是南方,作者行文中也反复提到了这一点。这样,对秋的挂念,他不但会身处南方而心向北方,而且会以实际的行动来急急投身到北方。第二句用到的两个"赶上",不但在语意上写出了这种急迫感,而且要从长句的连绵不断中,让读者体会到马不停蹄、一路北上的作者心情。

正是南方北方间的微妙张力,使得作者在行文中,还写下了一个让人颇感困惑的关键短语"饱尝一尝"。从用词习惯说,类似于"看一看""听一听""尝一尝"的词语结构,都具有临时性、短暂性的意味,似乎不应该用"饱"这样带有深度浸染色彩的词语来修饰。但对于作者来说,恰恰是身处北方的非持久性,才使得他需要强调,即使是临时地、短暂地前往北方,也一定要深深浸染下去来充分体验、充分品尝。这样，"饱"与"尝一尝"之间的矛盾组合，倒恰恰准确表达了作者在当时客观条件制约下的主观心情，而这种用词的选择，与作者选择长句(不是短句)和句中多停顿的安排结合起来，都是为了精准表达他的心情和感受。可惜，教材中的"学习提示"，似乎没能理解这种表达的精准，造成对其开头语言特点的概括，流于简单而粗疏。

<h2 style="text-align:center">二</h2>

一般论者分析《故都的秋》时，都会提到其中写到的"北国的槐树"，提到作者有关"落蕊"描写所体现的精微感觉，例如对"听觉""味觉""触觉"等多种感觉的调动；以及其独特的观察视角和发现，如"扫街的在树影下一阵扫后，灰土上留下来的一条条扫帚的丝纹"，类似的分析都是给人以启发的。但我们还可以指出的是，这里也有着作者在斟酌词句达到精准表达效果所体现出的一种思维方式。我们先来看这段文字：

> 北国的槐树，也是一种能使人联想起秋来的点缀。像花而又不是花的那一种落蕊，早晨起来，会铺得满地。脚踏上去，声音也没有，气味也没有，只能感出一点点极微细极柔软的触觉。扫街的在树影下一阵扫后，灰土上留下来的一条条扫帚的丝纹，看起来既觉得细腻，又觉得清闲，潜意识下并且还觉得有点儿落寞，古人所说的梧桐一叶而天下知秋的遥想，大约也就在这些深沉的地方。

这里，作者调动起各种感觉时，似乎是在以思维的触角，把眼前的景物与过往的经验联系起来，进行肯定与否定之间尝试性比较，在比较中，达成感受描写的精细化。比如"像花而又不是花"的描述，在貌似"像"的类比中，进一步精准化为"不是"。还有，"声音也没有，气味也没有，只能感出一点点极微细极柔软的触觉"，在初步感觉(当然也可说是比较粗糙的感受)的"没有"中，再进一步感受到"一点点"的有，从而在肯定与否定、否定与肯定的思维切换中，分出对景物的感觉层次，达成精细的描写。值得指出的是，文章对"扫帚的丝纹"的描写，固然可视为作者感觉的独特性，但这种独特性，其实应该从外部世界和主观感受两方面来深入理解。因为，当作者写"既觉得""又觉得""潜意识下并且还觉得"时，他既在观察外部世界留在地面灰土的痕迹，也在反观自身，在体验外部景物给自己心理世界留下的印迹及引发的心绪，"细腻""清闲"，还有"有点儿落寞"，像这样一层深入一层的感受捕捉，也可说是对混沌的感觉进行一层又一层剥离式描写，似乎表明了，他不愿意用单一概念来把自己的感受简单化、凝固化，在显意识的多层次展示中，还呈现了努力挖掘出的潜意识心理活动。不妨说，作者写出的"丝纹"既指向外部世界的灰土，也指向人的感官，指向人的心理深处，指向神经末梢的微微颤动。

虽然前人有所谓"一切景语皆情语"的说法，但在《故都的秋》中，景与情互为渗透得这么深入，把一切景都变成了"有我之景"。这中间，人的情感、感受，人的主体世界在客观景物中体现得这么充分和彻底，甚至让人的活动本身也成为一道景观，比如写北方人站在桥头树底下聊天而带给作者鉴赏的趣味，是颇能体现这篇作品的鲜明特色的。尤其值得一提的是，作为主观体验者的人与客观对象化的人及周边环境，都体现出相当的自洽。

也是从这种思路出发，可以重新理解其中的一些描写。

比如对文中写"租人家一椽破屋"，孙绍振以自问自答的方式分析道："欣赏风景，为什么要破屋？漂亮的新屋不是更舒适吗？但是，太舒适了，就只有实用价值，而没有多少历史的回味了。破屋才有沧桑感。"[1]这虽然也是一种解释，但是还可以从人与自然的和谐关系来思考。因为新屋跟自然环境还没有磨合好，常常是处在自然环境的对立面的。只有破旧之屋，经过长时间的风吹雨淋，才似乎和自然环境和故都的社会环境融为一体。从下文看，作者说秋蝉和蟋蟀、耗子一样，都是养在百姓家里的家虫，这同样有强调人与自然和谐相处、完全融合的意味。而这种融合的趣味，在与《荷塘月色》的对照阅读中，彰显了自身特色。

---

① 钱理群,孙绍振,王富仁.解读语文[M].福州：福建人民出版社,2010：224.

三

记得华东师范大学倪文尖老师在谈到《故都的秋》和《荷塘月色》的区别时，曾认为前者是用作者的"心迹"把景物连缀起来，而后者则有在一个特定时空里的明显"游踪"。当然，他这么说，并不意味着《荷塘月色》就不存在作者的"心迹"。只不过在《故都的秋》中，要发现作者在特定时空里的游踪，确实是困难的。毋宁说，在《故都的秋》中，作者已经进入笔下的每一个景物世界里，深深浸染其间、融合其中，在感受笔下景物的同时，也体验自己的感受，让自己始终处于一个在场的当下位置，从而让一切看似散乱的对象统一了起来。这样，对郁达夫写《故都的秋》来说，游踪的缺失，或者说游踪的不需要，成为这篇作品描写的一个重要标志。因为《故都的秋》无特定时空下的作者游踪，所以笔下的外部世界，似乎都是物物自成一景的，围绕着诸多的笔下之物（包括人），比如牵牛花、槐树落蕊、秋蝉、北方人、果树等，形成一个个相对独立的画面，统一在大而化之的"故都的秋"的时空中。

而《荷塘月色》则不然。

因为有明显的、在特定时空下的作者游踪，所以朱自清写的景，基本是统一在一个时空极为有限的画面中。这是一种"缀物成景"，与《故都的秋》中"以物成景"的多幅画面，有着明显区分。但这不是关键。关键是，看不到游踪的《故都的秋》，抒情主人公几乎都是内在于景物描写的。而清晰呈现游踪的《荷塘月色》，反而把"我"置在画面的边缘位置，并不能充分浸染其中。教材中的"学习提示"在分析《荷塘月色》的语言特点时，以"贮满诗意"来概括。但"诗意"，在很大程度上也是"我"对日常生活的逃避，用于理解朱自清这篇散文，理解其作为建构诗意起点的"这几天心里颇不宁静"，特别贴切。这样，游踪的清晰呈现，也就成了"我"与笔下景物世界格格不入的表征。关于这篇作品意义的更深入分析，因为我有专题分析，此不展开。这里仅举两篇作品的结尾来稍加比较，以作分析的结语。

《荷塘月色》的结尾是：

今晚若有采莲人，这儿的莲花也算得"过人头"了；只不见一点流水的影子，是不行的。这令我到底惦着江南了。——这样想着，猛一抬头，不觉已是自己的门前；轻轻地推门进去，什么生息也没有，妻已睡熟好久了。

再看《故都的秋》的结尾：

秋天，这北国的秋天，若留得住的话，我愿意把寿命的三分之二折去，换得一个三分之一的零头。

对照起来看，朱自清是以心和身两方面对"荷塘月色"的告别结尾的。当他心向南方，身体进入家门、进入家庭的日常时，北方夜晚中的荷塘月色被他留在了一个非日常的世界里。而对郁达夫来说，体验北国的秋，并没有在家和出门的差异，即便是暂时租住，也是和日常生活融合为一体的。特别是在结尾，他是以更坚决的姿态，希望与北国的秋同在，而不像朱自清，无意间就划清了门里的世界与"荷塘月色"的界限，更不用说他内心对江南的牵挂了。

从"我"在作品所处的位置连同家在景物中的安置方式或者干脆阙如，切入景物描写与作者情感世界的复杂关系，也许是可以启发我们对整个单元的作品作更深入探讨的，这里就先打住了。

论《荷塘月色》的诗意建构与解构

一

朱自清的散文《荷塘月色》可能是他的作品被研究得最多的一篇,很多学者不但在国内重要学术刊物如《文学评论》《中国现代文学研究丛刊》等发表过文本解读的文章,还在《学术月刊》开辟过专栏讨论。一些研究生则以《〈荷塘月色〉阅读史》等题目,撰写了他们的学位论文。应该说,除鲁迅作品外,享受如此学术待遇的单篇短文,在现代文学史上还是比较少见的。

在很长的一段时间里,关于作品的主旨,有的解读者主张是消极逃避和反抗,有的说是对独立人格的坚持等,但从大革命失败、革命与反革命泾渭分明的政治背景来解释《荷塘月色》的写作意义,这样的大前提并无二致。20世纪末,在多元价值观特别是去政治化的学术研究思潮影响下,《荷塘月色》的主旨研究发生了重要变化,其解读形成了除政治意义以外的另外三种结论。

其一是以高远东发表在《中国现代文学研究丛刊》的一文为较早代表,认为作品强调了个体的欲望:

呈现了一个主人公借助美的自然和文化平息内心的爱欲骚动的心理过程,并在化解心理冲突的方式中寄寓作者所谓"日常生活的中和主义"的道德哲学和"随顺我生活里每段落的情意的猝发的要求,求个每段落的满足"的"刹那主义"——一种审美化的人生观。①

　　可能受这种精神分析的研究思路所启发(尽管更早的余光中就有"意淫"之嘲讽),有学者进一步把原型批评与精神分析结合起来,从莲花与美人的关联性入手,对这种爱欲骚动的主题予以了充分渲染。如杨朴的《美人幻梦的置换变形——〈荷塘月色〉的精神分析》《美人原型的置换变形——回应程世和及对〈荷塘月色〉的原型批评》,结果引发许多学者纷纷与之商榷,文章之多,单就围绕这一话题的商榷性文章就有人进行了专题性综述。②

　　其二是从"这令我到底惦着江南了"的关键句出发,提出本文基于江南情结的思乡主题。这一主题的提出,出自对杨朴的精神分析立场的不满,认为不切合中国传统一类文人的心理特点。该文认为:

　　《荷塘月色》表达了一个"自叹劳生,经年何事"的"京华倦客"对多水的故国江南的乡思之情。而对于故国江南的乡思之情,向为古往今来无数南人居北者所共有。③

　　其三是用家庭伦理替换了国家政治,从而提出了伦理范畴上的自由。如孙绍振一文提出的理由是:"作为父亲、儿子、教师、丈夫的朱自清,因为肩负着重重责任,'妻子儿女一大家,都指着我活'(朱自清语),因而是不太自由的。"而那段时间,恰好朱自清与父亲失和。据此,作者得出的结论是:

　　《荷塘月色》在开头不过说感到责任深重,"平常的自己"感到不自由,便离开孩子太太去散散心,"超出"一下"平常的自己",享受一下短暂的"自由"。文

---

① 高远东.《荷塘月色》一个精神分析的文本[J].中国现代文学研究丛刊,2001(01):222.
② 杨艳梅,仵宏慧.美人幻梦背后的是非之旅——关于《荷塘月色》争鸣的综述[J].吉林师范大学学报(人文社会科学版),2007(05):39-42.
③ 程世和.《荷塘月色》与中国文人的"江南情结"——读杨朴《美人幻梦的置换变形》一文之商榷[J].学术月刊,2006(01):125.

章结尾说,回到家里看孩子太太,意识到又恢复了"平常的自己"。如此而已。①

　　虽然各家说法都有一定道理,特别是孙绍振的论述尤为强调从文本自身出发、从文本中看似表述的矛盾处出发,来探求文章主旨,这样的解读思路似乎容易获得大家的认同;但是各家的缺陷也比较明显,哪怕是立足文本的孙绍振论述,也很难获得令人心悦诚服的结论。因为当各家急于要从政治的解释框架中挣脱出来时,其实又转入了另外的固有框架,常常流于一种大而无当的套话了。至于文本自身的特点、内在的有机联系反而被论者借用的各种批评理论生生给割裂了。其结果,就像杨朴和程世和的商榷文,指出对方的缺陷常常很有力,而要给自己的论述提出圆满的论证时,就显得比较苍白。比如,程世和批评杨朴,以为用女性美来比喻荷塘月色就隐含了作者的内心情欲,其实这是许多"五四"作家惯用的手法,不能据此就认为是这一篇作品的独特主旨,这当然有一定道理。但程世和说到的江南情结,更是一个颇具普遍意义的母题,同样不能精准地来解释这一篇作品的独特主旨。而杨朴以莲花或者采莲来作为女性及男欢女爱的隐喻,既有对文本自身的割裂,也有对传统文化选择性的断章取义。因为就文本而言,采莲的意象主要集中在后部分,是在对历史文化的回顾中出现的,前半部分主要是观莲,尽管前后都有女性化的比喻出现,但采莲的热闹与观莲的宁静这两种基调的差异,还是显而易见的。区分这种差异性,是因为在传统文化中,从六朝开始,诗人眼中的莲花、佛家眼中的莲花与理学家眼中的莲花,对于人的视觉感受和心理体验完全不同,也影响了不同的心理状态。对观察者来说,即便莲花有女性的隐喻,其对人的心理情绪的撩拨或者平抑作用,却有着完全对立的效果。这也就是六朝高僧慧远组织起规模庞大、影响深远的莲社的原因之一。莲花物象带给人不同的丰富联想,以及历代名人赋予它不同的意义,在不同的传统文化中带来的完全相反的心理暗示,使得我们不能不对观莲和采莲行为在意义上作最基本的区分,更不用说其各自行为本身也有着复杂的内涵。

---

① 钱理群,孙绍振,王富仁.解读语文[M].福州:福建人民出版社,2010:178.

同样,孙绍振虽然对各家的解释提出了不少批评意见,认为别的学者大多无法发现文本的关键问题,不能把一种辩证的分析思路贯串到底,但是其提出的文中的一些揭示问题所在的关键句子,比如"但热闹是它们的,我什么也没有",除了说明这句子与前后文有矛盾,也是把揭示现象当作了分析的结论,并没有很好地从文本自身解释发生前后矛盾的原因。凡此,都需要我们来重读《荷塘月色》,以便揭示其真正的意义。

二

许多研究者都是从《荷塘月色》的开头一句话入手探讨的。这似乎是没来由的一句话:"这几天心里颇不宁静",既是文章关键的总起,对于研究者来说,又是一个难以克服的障碍。因为这是对心态孤零零的一句描述,没有提供相关的任何信息,使得猜测这种心理的起源,成了学者探索很久却很难确证的一个问题。在以往强调大革命的政治背景和晚近家庭伦理背景的分歧中,有一个共同的思路,就是都要把这一心里的不宁静,落实为外在于文本的一个社会事实,甚至如孙绍振论述的那样,要把时间圈定在"这几天"(他也因此反驳了朱自清是为大革命失败带来的心里纠结的观点,理由就是朱自清没写"这几个月"),再来寻找"这几天"(具体到写此文的 7 月)对于生活中的朱自清来说究竟发生了些什么事,这样的考证方式,总显得有些胶柱鼓瑟。

如果换一种思路来解读,我们就不应该先忙于从文本外部寻找究竟发生了什么事,而是把抒情主人公的不宁静心理作为其此后行为的一个动力,看看接下来的文本中究竟呈现了什么,并且呈现的内容与不宁静的心理在文本中构成怎样的结构关系。

尽管大家或多或少地承认,朱自清去荷塘边散步是为了舒缓、平抑不宁静的心理,并在荷塘月色的美景中,获得了暂时的陶醉。也承认,这一美景其实与日常生活中的荷塘有很大的区别,带有浓厚的主观建构性。但大多忽略了一点,就是这里的建构,包括自然美景的建构和历史画面的建构,都并不能让他的心灵真正沉浸下去,那种自我营造的幻梦,其实不是在他踱步到自家门口才猛然清醒的。我们看到,在他思绪展开的每一段落,在他试图沉浸其中的过程中,不断有一种缺憾侵入心里,使他无法真正地自我沉醉。

就在朱自清当晚走向荷塘之初,他就有一段对自我的反思式议论,提示了"我"无论群居还是独处,在热闹还是冷静的环境里,都能自得其乐。当然,因为这天晚上他走向荷塘恰恰是独处的,所以他强调了独处的种种妙处。但是,根据这一段议论,也不能得出结论说,他爱热闹爱群居是装,爱冷静爱独处才是真。因为恰恰是在他独处,欣赏荷塘月色的过程中,当他用充满诗意的笔触描写美景,让人觉得他似乎很神往这样的境界时,突然加进了这样一段表示遗憾的话:"这时候最热闹的,要数树上的蝉声与水里的蛙声;但热闹是它们的,我什么也没有。"由此让我们恍然,他所谓的爱热闹、爱群居并不是随口一说的。即便当他在自然美景中充分享受到了独处的美妙时,他依然希望同时有选择热闹的机会。

朱自清有关月色下的荷塘和荷塘中的月色描写用到了许多比喻,一般都认为起到了生动形象的效果,这自然不容否认。但使问题复杂的是,也许在作者用比喻的方式将物拟人化时,在使用通感的修辞手法把无声息的对象转化为有声响时,似乎暗示了读者,作者即便独自来到了荷塘边,理当是对独处而冷静的境界有最充分的享受时,他似乎仍然希望有冷静和热闹的节奏变化。而问题恰恰在这里。朱自清所谓的既爱冷静又爱热闹的两种境界,不能简单等同于自然和社会两个不同的空间。大自然的境界本身也有冷静和热闹之分,只是对人来说,人能分享自然的冷静,却无法分享自然的热闹,因为人只能在与人群居而不是独处中,才得以分享一种热闹的感受。也正是这种真切的感悟,才让他的心灵世界无法与大自然真正融合为一,使他在面对自然生物的欢腾时,有了一种既无法独处时分享自然,也似乎较难在群居中获得的热闹感——那种给身心带来愉悦的、审美的而不是紧张的热闹感。也使得他的思维走向从自然中退身出来,走向了一条同样与现实隔离开来的历史文化之路,以期能感受人的群居世界所独有的审美式的热闹。这样,作者强调六朝的风流和热闹,也就不奇怪了。

遗憾的是,历史毕竟是历史,他在引梁元帝的《采莲赋》展现一个热闹的历史场面并加以赞叹后,却再一次以遗憾作归结:"可惜我们现在早已无福消受了。"余光中以为,这里引文太多,削弱了抒情小品文的表达,这是朱自清当国文教员而给创作带来的负面影响;却未能理解,作者恰恰要通过文体的变换,制造出与现实的一种疏离效果。正是这种无法步入历史的缺憾,使他的思路再一次折回到似乎可以穿越历史的《西洲曲》的片段描写,以期把人与莲花做一次历史与现实的嫁接。但是,没有江南水乡的依托,这种地域上的缺憾,再次变成他心理感受上的缺憾:"只不见一些流水的影子,是不行的。"就在他开始惦记起江南时,他的思绪被戛然打断,因为他已经走到了自家门口。一个空间意义上的散步的终点,也是当晚思绪的终点。但终点不等于终止,如同开头一句自述的突如其来、毫无迹象,其终点也是让人感觉其情感无法得以简单平抑。换言之,这里有一个莫名其妙的开头,也有一个莫名所以的结尾。

三

有人以为,作者思绪的结尾其实无须追问,因为文章的真正结尾已经呈现了,就是"轻轻地推门进去,什么声息也没有,妻已睡熟好久了"。那么,我们还需问的是,描写妻子的熟睡,与作者的散步有何关系呢?

用精神分析的理论来解读,自然会说这是作者故意躲开妻子而做的一次情欲骚动的桃色梦,或者结合传统的文学表现,也可以说是他在做采莲梦。问题是,观莲而来的对情感的涤荡意味,却不能得到合理的解释。

强调伦理自由的如孙绍振,会说结尾时妻子形象的提及,是对作者家庭责任的提醒,表明他从超现实又回到了现实。同样的问题是,他出门时也提到了妻子,那个时候,难道是表明他抛弃家庭责任之不顾吗?还有,超现实的问题本来就发生在心里,那么为什么他回到家门口,就表明是在暗示他的家庭责任,是说明他骚动的心理趋于安宁了? 如果这样的逻辑能够成立,岂不是本来就不用出门了? 一直待在家里,不是更能让他意识到家庭的责任感吗?

其实,类似这样或那样的解读,都没有从文本自身或者文本结构关系来着眼。

在我看来,妻子从哼着眠歌到最终入睡这样一个过程,恰恰是用来反衬作者的难以入眠,心绪不宁。也就是说,当睡意袭来时,我们可以在很自然的状态中渐渐入睡,最后达到平静的状态,但当心绪不宁时,我们却很难排遣,使自己趋于平静。如果说,这里同时推进的时间进展中的对比效果在全文中尚不具有本质意义的话,那么,空间性的、以文本边缘的不宁静来与全文纾解心绪的内容进行结构性对比,才是具有本质意义的。

这篇散文的真正意义,恰恰在于以文本的诗性建构方式,宣告了平抑心绪行为的失败,宣告了荷塘月色使人沉醉的虚幻性,不管这种虚幻是多么美妙。所以,在作者思路推进的过程中,他精心营造的刹那美感无不以节节败退的方式收场,其最终结果是瓦解了文本的中心意义。从而把人的注意力从文本中心引向了文本边缘,使人把思考解决问题的注意力从文本移向了社会现实。这样,处在文本最边缘的一句话"这几天心里颇不宁静",成了文本中最关键的一句话,因为他留出了一个向文本外部寻求解决方案的冲动,成了实现文本自身颠覆的最激进方式。余光中评论朱自清的散文时,曾迂腐地统计了《荷塘月色》中用过的 14 个比喻,进而傲慢地判断其大多陈旧而缺乏新意,却根本没有意识到,这些比喻在朱自清的散文中,本来就是其自身既建构又解构的有力工具。当借助文字的美景营造成为问题时,直接向自己也向社会的告白与发问的《一封信》和《哪里走》,才有了在诗性文本以外值得一起来深入探究的意义。① 在这里,从文本风格上比较,也有着诗性与非诗性的转化和对立。

附记:倪文尖提醒,温儒敏关于《荷塘月色》提出过值得重视的意见。他认为,"其实不必给《荷塘月色》附加太多的'意义',阅读这篇散文时让人感触最深的,并非'荷塘月色'之妙,而是那种暂时离开现实的'独处'之美。朱自清不到 30 岁就当了清华中文系教授,外人看来何等风光。可是翻阅朱自清的日记就知道,当时他的负担很重,教务的繁杂,人事的纠结,还有自家孩子多,经济拮据,当然,也会为'四一二'之后局势的变化忧心,他正陷于'中年危机'。这些烦扰,都可以从朱自清日记中得到印证。他写《荷塘月色》,其实主要是转移这种精神烦扰"。(《温儒敏讲现代文学名篇》,商务印书馆 2022 年版)

---

① 钱理群. 名作重读[M]. 上海:上海教育出版社,1996:76-79.

小说家的散文创作
——重读《我与地坛》

一、引言

我想从王安忆的一本旧著《心灵世界——王安忆小说讲稿》开始，谈我重读史铁生《我与地坛》的一些感受。

该讲稿最后一章是谈小说的情感问题，然后以推荐《我与地坛》来收尾。在王安忆看来，读散文更能直接感受到作家的原初情感，不像小说，有虚构作掩体。但她很快补充说，她推荐的是优秀小说家写的散文，如史铁生写的这篇《我与地坛》。① 因为优秀小说家写的散文虽然也常常直露心迹，但是有小说创作的积累，使他们易以理性来磨炼情感，从而在表现情感的强度、想象的广度、境界的高度等方面，都跟散文家所写的散文不同。也因为这个缘故，笔者认为，《我与地坛》应该被视为带有小说色彩的散文。

有意思的是，对于《我与地坛》本身的文体定性，当初就有讨论。据说，文稿最初投给《上海文学》时，编辑认为这是一篇好小说，可以作为小说发表，但史铁生不同意，认为这是看低了散文，所以坚持以散文发表了，而王安忆也认为这是一篇好散文而非小说。

围绕这是小说还是散文，或者是散文家的散文还是优秀小说家所写的散文的讨论，会给我们一些提示，就是常常通过读散文得来的一些分析套路，比如"形散而神不散"的结构，"情景交融、情理结合"的手法，未必适用于《我与地

---

① 王安忆. 心灵世界——王安忆小说讲稿[M]. 上海：复旦大学出版社，1997：362.

坛》的分析,或者说,当我们也可以用这样的套路来尝试分析时,也许可以帮助我们发现,优秀的作品如何来顽强抵抗这种"类"的套路,从而显示了它独特的"这一篇"。

二、两个开头的指向性

《我与地坛》全文共7节,统编高中语文必修教材选了第1、第2节,教材的"学习提示"要求学生在"在阅读课文的基础上,通读《我与地坛》全文,把握节选部分与全文主旨的关系"。这样的要求是对的,但是,就节选的两部分来说,如果前后两部分的内在联系,没有得到较好的梳理,那么就谈不上对全文的把握了。

教材的"学习提示"还提到,"文中除了对生命的思考,还有一条线索是对母亲的怀念"。但因为课文只选进第1、第2节,前一节主要是写作者进入地坛后,对景物的描写及引发的思考,后一节加入了较多的母亲活动的交代,所以一线教师在实际教学中,就自然而然地把两条线索对应了文章的两个部分,比如认为"第一部分更多的是通过对地坛的描写,与地坛对话,写出对生命的理性思考。而这部分(第二部分)是对母亲的怀念,所以更多的是用情感去感染读者"①。看似也对,但细细对照文章,又觉得似是而非。或者说,如果纯然是一篇散文,这样的分析也许还到位,但对于一篇带有小说色彩的散文,这样概括又不够了。但我们毕竟不是要从文体概念出发,以概念来套作品,所以还是要看具体作品。

重读课文两部分的开头,也许对我们的阅读会有新思路的提示。

先看第1节的开头:

我在好几篇小说中都提到过一座废弃的古园,实际就是地坛。许多年前旅

---

① 王岱.《我与地坛》课堂实录[J].语文建设,2020(05):31.

游业还没有开展,园子荒芜冷落得如同一片野地,很少被人记住。①

　　这篇散文的开头交代,与作者写下的小说构成互文性。说"好几篇小说中都提到",凸显了这座"古园"对于作者有着不一般的意义,似乎成了一个挥之不去的心结。但是,令人奇怪的是,作者虽然在多篇小说中提及这座古园,却没有说名字。只是在这篇散文中,它落到了实处,获得了确切的名称"地坛"。因为这一名称的获得,才意味着在作者的笔下,它从多篇小说的背景走向这一篇散文的前台,走向描写对象的中央,并在其所处的整体结构变化中,显示了地坛不一样的意义。同时也暗示,这一名称也许在作者写作此文的时候,已经为人所熟知。但前推许多年,当"旅游业还没有开展"时,当这一园子并没有获得和社会同步发展的契机时,它是边缘化的,是跟社会断裂的,是属于一个被人遗弃的世界,"如同一片野地",不但少有人去,而且无人记住,从而在这一开头烘托中,才把"我"与地坛的特殊关联彰显出来。

　　这种彰显,在接下来的第2段的开头得到推进:

　　地坛离我家很近。或者说我家离地坛很近。总之,只好认为这是缘分。

　　其表述的推进,很耐人寻味。

　　也许,从"我家"与地坛的空间距离看,前后次序的调整并无意义。但距离临近的量化关系,仅仅是作者所要表述的一个起点,他还需要从这种量化关系,推进到主客关系的调整。这才是作者所要表达的真正目的。首先,从时间逻辑看,地坛建起四百多年,其先在的位置,使得"我家"靠近它的位置变动,只能永远以它为主体、为目标。其次,既然作者已经把地坛的存在视为对他的等待,似乎是在冥冥之中被决定、被"苦心安排"的。这样,在"我家"和地坛间,在关系

---

① 中华人民共和国教育部.普通高中教科书　语文:必修上册[M].北京:人民教育出版社,
　 2019:112.(如非特别注明,本文所引用的原文包括"学习提示"均出于此版本)

的表述中,也需要确立以地坛为主、为坐标而让"我家"趋向于它的一种表述。但还有另一层隐而未发的关系是,当小说中的地坛进入散文《我与地坛》后,当背景意义的地坛成为前景后,相应的其他结构关系,也需要得到调整。作品中,抒情主人公"我"的位置也需要重新理解,本来是主体意义的"我",现在成为一种客观化的观察和反思的对象,于是,"我"在看、在思考,同时也在被看、在被思考。就像作者告诉我们的,在这里,"一个人更容易看到时间,并看见自己的身影"。看见时间,就意味着人不再简单地立足于、沉浸于当下的一刻,过去和未来都会在当下的空间中并置打开,并同时拥有另一种眼光,一种从背后来看清自己的视角。

这种"我与地坛"互为客观的结构关系变换,在引入第2节中大量描写母亲内容的文字后,其意义就更具有了特殊性。我们再看第2节的开头:

现在我才想到,当年我总是独自跑到地坛去,曾经给母亲出了一个怎样的难题。

这一开头的重要性,似乎被一些教师忽视了。

说这部分写母亲对"我"的关爱,说"我"对母亲的怀念和愧疚等,都没问题,但也是泛泛的。而作者恰是从一个具体问题切入的,就是"我和地坛",曾经是作为一个难题,留给母亲的。为什么这是一个难题,这个难题是怎么具体展开的,怎么从作者立场来感受、体会、理解和追思这个难题,在这部分文字中,都有真切的表现。可惜,不少教师在梳理相关内容时,单就这难题本身呈现的特定方式,也没有进入他们的视野,或者说,没有把这作为一个难题提出来。因为在文章里,不是"我"与母亲,也不是地坛与母亲,甚至不是"我与地坛""我与母亲"两组关系,构成前后一种逻辑结构,而是"我"与地坛、"我总是独自跑到地坛去"这一常态化的事件,让母亲的应对成为一个难题,产生了文章第2节的主要内容。于是,散文中常见的那种相对简单的情景交融或者人对人的情感抒怀的手法,在这里,就变得如同小说一样的事件化了,也情节化了。地坛,不再是一个简单的景观,它是事件的舞台,也是一种情节要素,和"我"的行动组合后,推动事件的发展,并让情感的强度和境界的广度,都发生了改变。

抓住作者笔下的"难题",才是抓住前后两节链接的关键,也是第 2 节内容的核心。

三、"难题"与"难题"的表达

"难题"是以"我"总是独自进入地坛,把"我"和母亲分离在两个不同的世界为基本特征的。

如果把这种状况与作者所写的《秋天的怀念》对照阅读,可能理解起来会清晰一些。在《秋天的怀念》中,作者母亲为排遣他心中的苦闷,总是鼓动他去北海公园看花,特别是在秋天,有意挡住了作者注目的窗外落叶,而让他一起去公园看菊花。在这里,衰败的落叶与怒放的菊花的隔离(不是地坛的"荒芜但并不衰败"的统一),家人同去公园的陪伴,都更像是出于人之常情安慰一个苦闷人的常规做法,迥然不同于任由作者独自去荒弃的地坛的那种状况。

作者总是跑到地坛,把一个难题留给母亲,其实是让他的母亲在很长一段时间里,精神煎熬得近乎崩溃。简单说,一方面,理智告诉他母亲,应该让作者有独处的机会,让他能够借助自己的思考,从困境中走出来;另一方面,也不排除他最终无法想通而走向绝路或者失去理智变得疯狂。而母亲对儿子的理解、尊重和体谅,对他独自走向地坛的不阻拦、不陪伴、不询问,又反过来加深了她内心的痛苦。她怀揣各种痛苦、不安和祈祷,站在她所处的作者逃避的那个日常世界,目送着儿子独自进入地坛这另一世界,去寻求他情感的慰藉,去开启他精神的探索或者说历险。而由此带给母亲自身的精神煎熬和挣扎,却并不为当时的作者所意识到。许多教师强调第 2 节母亲的厚重情感,以及作者对这种情感表达所产生的巨大感染力,是应该的。但我们也不能忽视,当作者在表达母亲的这种情感时,同时也以自己的想象,重新构拟了母亲在痛苦煎熬中的一种思想挣扎和自我提升。比如这一段:

有一回我摇车出了小院，想起一件什么事又返身回来，看见母亲仍站在原地，还是送我走时的姿势，望着我拐出小院去的那处墙角，对我的回来竟一时没有反应。待她再次送我出门的时候，她说："出去活动活动，去地坛看看书，我说这挺好。"许多年以后我才渐渐听出，母亲这话实际上是自我安慰，是暗自的祷告，是给我的提示，是恳求与嘱咐。只是在她猝然去世之后，我才有余暇设想，当我不在家里的那些漫长的时间，她是怎样心神不定坐卧难宁，兼着痛苦、惊恐与一个母亲最低限度的祈求。现在我可以断定，以她的聪慧和坚忍，在那些空落的白天后的黑夜，在那不眠的黑夜后的白天，她思来想去最后准是对自己说："反正我不能不让他出去，未来的日子是他自己的，如果他真的要在那园子里出了什么事，这苦难也只好我来承担。"在那段日子里——那是好几年长的一段日子，我想我一定使母亲做过最坏的准备了，但她从来没有对我说过"你为我想想"。事实上我也真的没为她想过。那时她的儿子还太年轻，还来不及为母亲想，他被命运击昏了头，一心以为自己是世上最不幸的一个，不知道儿子的不幸在母亲那儿总是要加倍的。

　　这里，作者写自己出门很快重返后，见母亲仍站在原处姿势不变，甚至对他回来一时没反应过来。这已经不是一般意义的依依不舍，这种出神的状态，可以理解为是为作者的，也是为母亲自己的，为她自己面对儿子走向地坛时，无法从百感交集中立刻摆脱出来，为自己的一种精神煎熬而挣扎。这种复杂性，在作者解释母亲第二次送他出门说的话时，加以了同样复杂化的表述。这种复杂，包括了说话对象的双向性，也指说话含义的多重性。顺便一提的是，作者进一步来想象母亲在家时所受的精神煎熬，原文表达被教材编者作了细微改动，"兼着痛苦与惊恐与一个母亲最低限度的祈求"这一语段中，"痛苦与惊恐"中的"与"被删除，改成顿号，即"兼着痛苦、惊恐与一个母亲最低限度的祈求"。原文通过有意使用两个"与"的叠加而凸显的复杂感受效果，被弱化了。这种"与"的叠加，和作者遣词造句时用反复的"白天"和"黑夜"来营造无休止的轮回效果，有着同样的写作意图。

作者走向地坛去开启他的精神历险，与母亲在家经受的精神煎熬和挣扎，是同步展开的，这不是一般意义的为一个残疾儿子的担心，而是在为一个无法预测的结果而焦虑煎熬。作者设想母亲准备的结果，断定母亲对自己说过的一番坚韧的话，想象母亲为自己所做的最坏打算和担当，把一个母亲所能有的苦难和伟大，推向了极致。而这种苦难和伟大，又跟作者独自走向地坛，去面对自己的苦难，并在苦难中提升自己的心魂紧密关联，甚至在一定程度上是互为因果的。从这个意义上说，作者固然可以为自己曾经没有替母亲着想、曾经表现出的倔强和羞耻而愧疚，为没能与母亲分享他写作的成功而哀怨，但同时也流露出深深的无力感。既然母亲从没有要求作者为她考虑，那么一旦作者为她考虑、为她担心后，这固然可以让母亲欣慰，但焉知不反加深了母亲的不安？当母亲的伟大和苦难那么难分难解地缠绕在一起，他只能用自我安慰的方式，把母亲的去世，视为苦难的一种解脱。在这篇文章中，他重提《合欢树》的一段文字，是有深一层意义的。因为他理解了，这是母亲的苦难和伟大的交织，深彻地渗透到他的心灵后的感觉。这样的苦难和伟大无法分离的难题，已经是凡人如作者无力解决的，只能认为上天的安排是对的。

四、结语

把"我与地坛"作为一种关系和事件，与关于母亲的怀念结合起来，如小说情节展开般整体思考，还有太多的内容可以讨论。限于篇幅，这里仅举第2节的结尾段：

有一年，十月的风又翻动起安详的落叶，我在园中读书，听见两个散步的老人说："没想到这园子有这么大。"我放下书，想，这么大一座园子，要在其中找到她的儿子，母亲走过了多少焦灼的路。多年来我头一次意识到，这园中不单是处处都有过我的车辙，有过我的车辙的地方也都有过母亲的脚印。

这里，用词极为简洁朴实，但含义深长。一边是地坛的世界，风翻动起树叶,树叶本来"安详",其拟人的运用,既可以说对应着"我"在园中翻动书页静静读书,也暗示了"我"在园中待得太久,对周边一切,都熟悉了、亲切了。而另一个"又"字,同样传递这种感觉。这时,散步老人一句感叹插入,所谓的"没想到",让熟悉的园子陌生化了,转换成他人的视角,不但"我"被客观化和对象化了,而且"我"、地坛,还有母亲,都被客观化了,但先是从母亲视角的代入感,"要在其中找到她的儿子"。就此,"我"重新思考了母亲与地坛的关系,重新思考了这种关系是如何跟"我"在地坛,跟母亲寻找"我"的行为,叠加在一起的,如同多少年后,在作者的想象中,车辙和脚印的叠加。

主体的客观化、想象的丰富、情感的极致、境界的高远等,虽只是素朴的一段文字,却多少体现出王安忆所谓的优秀小说家的散文特色。

这段文字聚焦于园子空间的大,一种最普通不过的感受,但为母亲每次找儿子增加了实际的难度,大也是一种空旷,投射出母亲寻找时的迷茫和焦虑;但唯其大、空旷,也就可以容纳母亲太多的爱意,或者焦虑,或者担心,给作者留下太多的思绪和遐想。而这一空间,又是以多少年后的回望为积淀的,空间和时间是交织在一起,被大大拓展开来的。于是如同被翻动起的树叶不再"安详",思绪、遐想,也飘荡在"地坛",飘荡在那么多年的岁月里,飘荡在"十月的风"里,"十月的风",就是秋天的风,而作者的母亲,正是秋天去世的。

苏子何以能说服客人

——重读《赤壁赋》兼与归青老师商榷

一、引论

苏轼贬官黄州后的名作《赤壁赋》，是中学乃至大学语文教材中的传统篇目。诗情画意的境界营造、主客对话的雄辩思想和悲喜跌宕的感情波澜，被作者组织进精致的语言结构，使这一小篇幅作品产生了巨大的艺术吸引力。不少语文教师和专家学者都参与过对此篇的讨论，他们或者概括水月之喻的巧妙之意，或者探讨主客对话的思想张力，作者的内心矛盾、作品的写景艺术等话题，也都纳入他们的分析视野，丰富了对该作品的深入理解。

华东师大的归青老师曾撰文探讨主客对话的问题，他以《苏子真的说服了客人吗？》为题提出了他的疑问。在他看来，习惯上视苏子说服客人的那一番看似雄辩的话，其实经不起仔细推敲，因为不论是从变还是不变的角度比较江月和人生的长短问题，其实都转移了客人所提出的物之长存与人生短暂的根本问题（这是人类的根本性困惑），所以作品让客人由悲转喜，其实是比较勉强的。①换言之，苏子是以转移话题（偷换概念）的方式，让人产生了说服客人的假象。考虑到作品中出现的苏子与客人可能就是苏轼思想内心对立的两个方面，所以这种说服充其量也就成了作者的一种自我安慰，"表面上的达观是不是恰恰透露了作者无力化解内心苦闷的焦虑呢？"应该说，归老师这一番解读，不但给人一定启发，也在一定程度上深化了对作品尤其是主客对话的内在逻辑关系

---

① 归青.苏子真的说服了客人吗？——《前赤壁赋》中苏子论辩策略的分析[J].古典文学知识，2012(03)：147－151.

的理解,把这种对话所蕴含的生命直觉式体验与理性思考的尖锐对立凸显了出来。

不过,略感遗憾的是,归老师的解读是基于现代人立场的一种解读。所以,其所谓的转移论题、偷换概念云云,也只是从现代理性的分析角度得出的结论。令我更感兴趣的是,从传统文化立场出发,其思路推进是否发生了断裂?其间是否需要借助转移论题或者偷换概念,才能弥补这种断裂?换言之,如果这种说服在古人的观念中未必是勉强的,那么能够让他们心悦诚服的理由或者依据究竟何在呢?这正是重读《赤壁赋》所要探讨的问题。

二、入世与出世的纠结

由于贬官黄州,苏轼的政治抱负受到重挫,他不得不重新思考人生的价值取向问题。这样,赤壁之游就成了他远离政治中心后的心灵漫游。这种心灵漫游是与中国古代文学作品中的游仙主题一脉相承的。从旧题屈原的《远游》开始,那种追求上下澄明的境界,那种冯虚御风、遗世独立、羽化登仙的幻觉,在古代仙道类作品中屡见不鲜。甚至从游仙而进一步发展为遇仙,也在歌吟中的"望美人兮天一方"再次得到了形象体现。但《赤壁赋》与此前作品,比如曹唐游仙诗等一类不同的是,他更多的是继承了游仙受挫的一类主题,从而没有停留在游仙的自我幻觉中,而是引入了客人的悲情,把这种美好的幻觉给打破了。客人悲情的根源,既有入世的受挫,也有出世的无望。

赋体的主客答问,常被视为作者内心世界来自两种立场或意识的互相驳议。这种答问以对话的方式呈现思想,虽然可以追溯至先秦的诸子争鸣,但是发展至后世,到了赋体文学样式中,一度成为比较固化的一种结构展开模式。主客间的对立有的比较简单,化解起来也比较方便,作者之所以使其形成主客对立,不过是为了增加艺术的悬念和戏剧性,借助这样的形式以吸引读者注意。但有的主客答问则表现得相当复杂,似乎是一种无法调和的本质立场的冲突,从而表征了作者的内心世界是如何深深陷入矛盾之中的。苏子固然有达观的一面,但在《赤壁赋》中,也借助客人,表现出了内心深处悲情的一面。这种悲情,我们当然可以理解为政治受挫后的心情沮丧,但与自己不能在政治上一展怀抱构成对比的曹操,这位一世之雄在《赤壁赋》中的出场,固然有舳舻千里、旌旗蔽空的宏大场面,有酾酒临江、横槊赋诗的豪迈气概,但客人是以此情此景的"此非孟德之困于周郎者乎"的感慨而引入的。这样,入世而建功立业的英雄与政治失意者的尖锐对比,在曹操也同样不免于受困周郎中得到了缓解。同时,给接下来展示的有关他的宏大场面与豪迈气概,蒙上了一层反讽色彩。揭英雄之短,虽然可以让政治上郁郁不得志的人心里稍稍得到平衡,但是两者更深的契合处,在于有可能在永恒的时间意义对照下,消解世俗社会成功与不成功的彼此冲突,从而引出一条出世的道路。但问题是,客人提出的出世道路更为渺茫的观点,使得《赤壁赋》一开始营造的白露横江、水光接天的适意的澄明境界,似乎变为心里迷茫的投射。本来,与曹操相比的失意是可以借隐遁而获得安慰的,想不到在天地对照下,那种在现实社会中的短暂失意,却变成了永恒的、无法克服的失意。这样,入世与出世的纠结,就不是在两者之间难以选择的纠结,而是个人在"入"与"出"这两个世界都无法安顿的纠结。由小问题引出了大问题,由人与人的现实的暂时对比引出了人与物的永恒对比,对于这种对峙带来的思想困境,苏子又是如何应对的呢?

三、关于苏子立论的基础

一般认为,苏子是借用了庄子的相对论和齐物论思想,使得物与人的对峙、短暂和永恒的差异问题被一并消解了。归老师对此还作了较为详细的说明,这当然是一个比较明显的事实。比如,《赤壁赋》中的"自其变者而观之""自其不变者而观之",语意和句式都来自《庄子·德充符》:"自其异者视之,肝胆胡越也;自其同者视之,万物皆一也。"通行的苏轼作品注释本,也是这样出注的。①但我认为,类似的解释并没有抓住问题的关键,或者说针对性还不够精准。这种不精准,是基于对文中的"我"产生了不同理解。

---

① 刘乃昌,高洪奎.苏轼散文选集[M].上海:上海古籍出版社,1997:249.

虽然归老师认为苏子把客人看问题的角度和重点作了改变,为方便说服客人打下了基础,但他解释苏子对"我"的理解,其实都是依据不足的。因为在他看来,苏子立论的依据是对作为生命个体的"我"进行了两次概念转换。第一,是把生命个体的"我"等同于生命新陈代谢的最小单位,这样,总体意义的江水与流逝中的水流的划分较之生命个体与生命最小单位的划分就有了可比性。第二,是把作为生命个体的"我"与作为群体的"我们"也就是整个家族画上了等号,这样,"我"的离世却让相关信息在"我"的后人身上得以存留。用归老师的话来说,就是:

他已经把"我"的外延扩展到子孙万代,由个体生命变成了群体生命,已经变成广义之"我"了。试问引起客人悲感的难道是群体之"我"的生命短促吗?

其实这样的反问是没有道理的。尽管归老师包括一些学者都不约而同地把这里的"自其不变者而观之,则物与我皆无尽也"中的"我"理解成了"我们",但这样的理解无法在原文中找到确凿的依据。在此基础上进一步加在作者头上的转换论题、偷换概念的指责,更是让人觉得没有说服力。

以我之见,无论是从变的立场来细分生命最小单位的新陈代谢,还是从不变的立场把个体等同于群体的生命延续,都不是苏子说话的立论依据,而是现代读者受制于当下思想意识给出的一种具有穿越性质的阐释,这样的阐释与苏子及当时历史语境并没有必然联系,也不能成为苏子展开议论的思想原则。

变与不变的讨论,苏子依据的立论前提,更有一种可能,是当时为社会上大多数人认同的"我"的灵魂与肉体(或者说神与形)的关系。尽管有一些思想卓异的人会认为灵魂随肉体一起消亡,但社会上更多的人还是认为形灭而神不灭。更何况作为一个对佛教思想有所研究、有所认同的居士苏轼来说,其通过把"我"理解为形神两个层面来得出变与不变的结论,应该是顺理成章的。虽然佛教并没有提出灵魂的永恒问题,但相对于肉体来说,其灵魂借助轮回而获得比肉体更为长久的生命,应该是没有疑问的。苏轼曾抄录了流传甚广的关于圆观灵魂轮回的"三生石"故事给灵隐寺的僧人,这也是大家所熟知的。世俗的理解与《赤壁赋》中关于"我"的二分式理解,其实是有同样的思想基础的。也就是说,《赤壁赋》中的"我",其内涵与外延,在议论展开中并没有发生话题转移或者概念偷换的问题,作者大致守定了当时社会关于"我"的基本理解,以肉体变化的"我"来对应水月之变,而以灵魂不变的"我"来对应水月的不变,这才让客人能够心悦诚服地接受苏子的劝说,能够让一种悲情得以缓解。(尽管从灵魂不灭的观点来思考"我"的长久性多少让现代人觉得有些荒谬,但是,用现代人的思想观念来替代古人的想法,可能是更为欠妥的。另外,从概念上说,佛教教义中把"我"分为"真"与"假"的两个方面,同样对我们思考"我"的变与不变问题有一定的启发作用。)

悲情的缓解和焦虑的消解,不等于就获得了快乐,苏子提出的"且夫天地之间,物各有主"一句,为把客人的情绪引向快乐起到了重要的作用。这里涉及苏轼人生的一个重要态度,我们下文讨论。

四、从沉思永恒到感觉当下

一般讨论苏轼《赤壁赋》的学者,都把很大的精力用在分析苏子所说的变与不变的问题上,而对"且夫"引出的另一层议论,往往一笔带过,比如归老师的分析就是如此:

可见,苏子用来说服客人的思想武器就是庄子的相对论和齐物论。客观事实虽然没有改变,但如何看问题的方法却是可以改变的。用不同的方法看问题,就会得出不同的结论。经过苏子的这一番解说,客人的苦恼似乎一扫而空,精神豁然开朗了。他欢饮达旦,沉醉在喜悦之中,看来苏子是成功地说服客人了。

这一分析,显然把纾解悲情简单等同于欢乐,从而忽略了体现苏轼思想的一个非常重要的方面,甚至在一定程度上是苏轼之所以为苏轼的一种人生态度,那就是立足于当下,来确立行动的价值取向。通过苏子的解释,客人已经理解了,"物"与"我"皆有可变与不变的一面,从而不至于发生"物"有"我"无的状况,而使"我"对"物"产生羡慕之心。但即便如此,如何使"我"的有与"物"的有相遇、相通,让"我"真正掌握物、拥有物,成为物的主人,这才是获得人生快乐的关键所在。这样,"且夫"一句,分出了苏子的两层互有关联的论述,前一层着重在破,破除客人的悲情,后一层着重在立,树立起客人欢乐的情绪。

当苏子在说"物各有主"时,其实他已经在逻辑上把物的永恒性作了一次分类,不同于客人提出的在时间意义上的长久,他把它转化成一种空间意义上的无尽。这样,与时间长久对应的是灵魂的恒久,与物的空间无尽对应的就是感官世界的没有枯竭。于是,本来是超越当下的关于永恒性的沉思被苏子转化成了一场立足于当下的视听盛宴,赤壁之游总算回归到了游的本义。所不同的是,开头因游而生发的凌空蹈虚的意境,经过思想的曲折展开,变为一种日常的生活场景,是"肴核既尽,杯盘狼籍"。用一句日常话语来说就是,既然大家是出来游玩的,那就好好地欣赏眼前之景、享受野餐佳肴,何必在美景面前去幻想不可捉摸的世界、去思考深沉的哲理问题?

也是停留在感官的享受中,因为思考时间问题而产生的焦虑被化解,甚至也化解了对时间的感觉,"不知东方之既白"。

从讨论变与不变的问题,到引向感觉的享用,恰恰是在这里,苏轼的思路展开发生了转折。这种转折,我们可以理解为苏轼本人的一种价值转向,是他一贯的立足于当下的态度体现,就如同《东坡志林》的一篇短文《记游松风亭》描述的:

余尝寓居惠州嘉祐寺,纵步松风亭下,足力疲乏,思欲就林止息。望亭宇尚在木末,意谓是如何得到? 良久忽曰:"此间有甚么歇不得处!"由是如挂钩之鱼,忽得解脱。若人悟此,虽兵阵相接,鼓声如雷霆,进则死敌,退则死法,当甚么时也不妨熟歇。①

　　文中交代,作者本打算到亭子休息,但当他足力疲乏时,距离亭子尚远,由此产生的心理焦虑在一念之转中获得了解脱,那就是:"此间有甚么歇不得处!"这里,根据当下的感受随时调整行动的目标,与苏子劝说客人享受当下的美景,有着极为相似的思路。这既是苏轼的个人思想,其实也是佛教破除执着而随缘的观念。正是这种观念能让苏轼始终以一种务实的态度,对现实人生哪怕是不如人意的人生,也能保持一份平常然而又是积极的心态,就像佛门中人说的,"大道无门,平常心即是道"。那是在"饥来即食,困来即眠"中,体现出的大道。就这一点来说,沉浸于当下的瞬间感觉,又何尝不是把握了永恒之道呢?

---

① 苏轼.东坡志林[M].北京:中华书局,1981:4-5.

解读《烛之武退秦师》的三种思路：逻辑、历史、观念

一、引言

《左传·僖公三十年》中关于"晋人、秦人围郑"的一个片段，被后人题以"烛之武退秦师"，选入各种古文选本，也是中学语文教科书中的经典篇目。

统编高中语文教科书中，《烛之武退秦师》被选入必修下册，与《论语》的《子路、曾皙、冉有、公西华侍坐》、《孟子》的《齐桓晋文之事》、《庄子》的《庖丁解牛》，以及《史记》的《鸿门宴》，组成第一单元。[①]

该单元的选文大致可分为诸子论事说理文和史传叙事文两类，而在单元导语部分，编者针对前者，提出了"初步了解儒家、道家思想的特征，体会相关篇章论事说理的技巧和不同的表达风格"；针对后者，则提出了"关注其叙事曲折有序、写人生动传神的特点，尝试理性评价历史叙述中体现的思想、观念，认识历史人物和历史事件"。但就《烛之武退秦师》一文来说，在史传叙事文的框架中，占据主要部分的烛之武说辞，似乎又像一篇短小而又相对完整的说理文。刘勰的《文心雕龙》在"论说第十八"中，谈及这段说辞时，把烛之武劝说秦伯的一段说辞与孔子学生子贡成功劝说齐国放过鲁国的说辞相提并论，认为都是值得赞赏的说辞。所谓"烛武行而纾郑，端木出而存鲁，亦其美也"。[②] 这样，聚焦烛之

---

① 中华人民共和国教育部. 普通高中教科书　语文：必修下册[M]. 北京：人民教育出版社，2019：1−20.
② 刘勰，范文澜. 文心雕龙注[M]. 北京：人民文学出版社，1958：328.

武说辞而进行说理艺术的解读,或者从史传文角度探讨其中的历史叙事方式及其复杂因果,以及挖掘作为先秦诸子,特别是传统礼仪文化渗透其中的思想要素,就成为解读该文本的三种基本思路。当然,从烛之武说辞中看出的人物特点,还有出现在这段选文中的其他几位历史人物,文中虽只记录了他们的片言只语,但也能较为生动地呈现他们思想性格中的某个侧面,值得我们加以领会。只是本文提出的三种解读思路,都可以作为理解人物的特定角度,而且教师一般有较多论述,这里就不再单列一种解读思路来讨论了。其实,作为语文教材中的经典篇目,历年来的相关解读已经相当丰富,因此,笔者在结合前人已有成果的基础上,根据人详我略的原则,提出一些个人的阅读心得。

二、烛之武说辞逻辑的梳理

围绕着《烛之武退秦师》,最为集中的,是将烛之武说辞作为一种说理(说服)艺术来解读。这里既有对其说服艺术的赞叹和分析,如孙绍振的《〈烛之武退秦师〉和春秋笔法》①、李彬的《史之"实"与文之"虚"》②;也有在基本肯定其说服力的前提下,对其言语逻辑的质疑,如宗学耀的《烛之武及其说辞真的完美无瑕吗》③(其关于说辞逻辑有漏洞的主要理由,在李彬的文章相关部分已基本得到揭示)。而收入《教师教学用书》的周振甫的解读文章,则围绕着郑国灭亡会给秦国带来怎样的利弊,作了细致的多层次的解析。④ 其认为从总体来看,文章说辞的主体内容分为两大部分,前一部分是推测,后一部分是事实的证明。即先讲"灭亡郑国以后,对秦国无利而有害",但"推测的话还没有得到证明,所以还得举出事实来做证,证明这种推测是正确的"。笼统地分这样前后两个部分,当然没问题,但仔细斟酌其关于前后的逻辑关系之表述,似乎还有推敲之余

① 孙绍振.《烛之武退秦师》和春秋笔法[J].语文建设,2018(09):47-51.
② 李彬.史之"实"与文之"虚"——浅析《烛之武退秦师》的叙事艺术[J].中学语文教学,2020 (03):46-49.
③ 宗学耀.烛之武及其说辞真的完美无瑕吗——批判性解读《烛之武退秦师》[J].语文教学与研究,2021(12):98-102.
④ 人民教育出版社,课程教材研究所,中学语文课程教材研究开发中心.普通高中教科书教师教学用书 语文:必修下册[M].北京:人民教育出版社,2019:41-42.

地。因为毕竟，后部分举出事实的主要目的不是用来证明推测的正确。应该说，推测本身也是论证的一种方式，支撑这种推测的，不是事实而是常识。下面我来对前后两部分的思维逻辑，做简单梳理。

其一，从说辞目的论，前部分侧重于解脱郑国，后部分侧重于离间秦、晋。

尽管从言说呈现给秦伯的样态看，烛之武的说辞不论是在前部分还是后部分，都是站在秦国立场上，似乎处处在为秦国的利益着想，为秦国可能受到的损害所不平、所担忧，但一旦秦伯被烛之武的这种"善意"打动，郑国必然会在秦伯的行动后果中得益。也是因为这一点，烛之武见秦伯的开场白就变得耐人寻味。"秦、晋围郑，郑既知亡矣。"这是为了回避与秦对抗，坦然放低姿态吗？这是承认无法逃避的事实，说明郑国以实事求是的态度来取信于秦伯吗？或者如《教师教学用书》提示的，是为接下来的假设提供论述的条件吗？这样的分析都有道理。但关键是，作为郑国派出来的代表，有此一句，其实是在表面上把郑国撇在了一边，使得站在郑国立场上的利益问题，已经是一个无须讨论的问题。而让秦、晋作为利益主体的位置凸显，郑国成了体现秦晋利益关系、彼此博弈的一个变量、一个条件。于是，即使烛之武前部分说辞的主要目的是解脱郑国，但言辞表现出来的给对方的直接感觉，也不是以郑国的利益为依据了。

其二，从说辞的思维逻辑而论，前部分以空间为维度，后部分又掺杂了时间维度。

前部分说辞中最关键的三层意思，无一不是从空间维度或者说地域政治角度来思考的。就像现代政治家常说的，在地理位置中既定的国与国的关系是无法更改的事实（尽管当时的国是诸侯国），不像邻里关系可以通过搬家来改变。不妨说，从空间意义的地域关系来思考诸侯国间的交往关系，哪怕是一种推测，也是一种基于现实的严肃思考。所以无论是烛之武说"越国以鄙远，君知其难也"，还是说"焉用亡郑以陪邻？邻之厚，君之薄也"（周振甫把前一句的"焉用亡郑以陪邻"单列出来作一层意思分析，似乎欠妥），或者说"若舍郑以为东道主，行李之往来，共其乏困，君亦无所害"，诸侯国交往的便利与不便利，都是受自然地域分布制约的。所以烛之武的说辞虽然是一种推测，似乎还没有得到事实的证明,但是同样有说服力。

后部分,即如下这一段说辞:

> 且君尝为晋君赐矣,许君焦、瑕,朝济而夕设版焉,君之所知也。夫晋,何厌之有?既东封郑,又欲肆其西封,若不阙秦,将焉取之?

这是在原来的地域政治维度中,又引入了时间的维度:从过去("尝")说到未来("欲""若")。但在这个时间维度中,空间维度依然存在,因为这才是更为本质的无可更改的事实。所以,"既东封郑,又欲肆其西封",成为最可能发生的事件。

其三,贯串前后两部分说辞的主线是推测而不是事实。

笔者认为,不但后部分烛之武举出的事实,在思维逻辑上很难说就是在证明前部分的推测,而且就是后部分也不完全是举事实。其中层次关系又可以细分为两部分,先是举出过去发生的事实,后是推测未来可能发生的事件。这样,如果说事实有对推测的证明,那是发生在后部分更下位层次的先后两部分间的关系。而未来对秦国利益的可能损害,这种推测是一以贯之的。既然事实是无可改变的,把说辞的重点落在对未来可能危害的推测中,说动秦伯阻止这种可能性的发生,这才是烛之武说辞的真正用意,也是何以让推测成了一条主线贯串说辞始末的理由。

不止一位老师提出,后部分的说辞其实存有逻辑漏洞。理由主要是,许诺给秦国焦、瑕的是晋惠公,不能以此证明晋文公也是背信弃义之人;而从地理分布看,东面扩张后,完全可以再向北、向南扩张,为何必然是向西扩张?这也没有逻辑上的必然。还有人指出,向东扩张后进一步向东,还有宋、鲁、卫等国,也不是说一定要转向西。这样的论述,如果不分析实际语境,仅仅从思维逻辑看,似乎也有道理,但又似乎可以换一个角度来思考。因为晋惠公和晋文公都是代表着诸侯国的一国之君,不能仅仅从个人立场来看待,把他们个人与国家剥离开来。而说辞指出晋国向东扩张后可能转向西扩张,而不是说也有可能向东后再向东或者向南等,其实也可说是东西、南北这种思维二元论的惯性使然。虽然逻辑未必严谨,但是这种习惯性思维的顺畅感,也能产生一定的说服力。更不用说秦国本来就有扩张野心,对于晋国的向西扩张,特别敏感。

三、历史叙事复杂因果的探究

教材的"单元学习任务"提出:

烛之武游说成功,除了辞令巧妙外,还有什么深层次的原因?

其实,只要看看《左传》记录该事件的前后文,就可以发现,尽管《烛之武退秦师》的节选文相对独立完整,但在写到晋国退兵后,还有一段重要的补叙,也暗示了晋国退兵的一个理由:

初,郑公子兰出奔晋,从于晋侯伐郑,请无与围郑。许之,使待命于东。郑石甲父、侯宣多逆以为大子,以求成于晋,晋人许之。[①]

对此,《史记·郑世家》作了更详细的说明:

初,郑文公有三夫人,宠子五人,皆以罪蚤死。公怒,溉逐群公子。子兰奔晋,从晋文公围郑。时兰事晋文公甚谨,爱幸之,乃私于晋,以求入郑为太子……晋文公欲入兰为太子,以告郑。郑大夫石癸曰:"吾闻姞姓乃后稷之元妃,其后当有兴者。子兰母,其后也。且夫人子尽已死,余庶子无如兰贤。今国急,晋以为请,利孰大焉!"遂许晋,与盟,而卒立子兰为太子,晋兵乃罢去。[②]

我们从中发现,很关键的一点是,晋国因为郑国立了自己所支持的子兰为

---

① 杨伯峻.春秋左传注[M].北京:中华书局,1981:482.
② 司马迁.史记[M].北京:中华书局,2013:2131-2132.

太子,已经有了实际的收获,所以才愿意退兵而去。而《史记·晋世家》《史记·秦本纪》《国语·晋语》等对此事件的过程,都有出自不同角度及详略不等的叙述,田澍兴老师在刘思毅老师一文的基础上,进一步根据对该事件不同叙述方式的分析,强调了该事件历史真相的不确定性,这一结论无疑是值得我们重视的。① 因为他的相关分析已经比较深入,所以我无须重复展开。这里仅想指出的是,当我们把各种历史叙事相继引入时,相比于各种文学性的选本都没有选入《左传》最后一段补叙,而以《烛之武退秦师》作为相对完整的段落问世时,"文"与"史"必然呈现一种断裂,而这种断裂,其实是以凸显烛之武言辞本身的力量为目的的。这样,探究历史的复杂因果,其实也就成了对文学本身的魅力、对文学刻画人物的生动性、对人物言辞具有多大说服力的警觉。它提醒我们的是,一种抽离了历史语境的文学,往往有强化自身力量的幻觉。于是,让文学回到历史,就是对文学的一种祛魅。即使我们并不否认文学的魅力,历史也未必能告诉我们确定无疑的真相,但保持对真相的开放心态,是我们解读文本应该有的基本态度。

四、礼仪文化及诸子思想的挖掘

语文教科书把史传叙事文和诸子论事说理文组合在一个单元,其实是有意让学习者把这两者联系起来。在《烛之武退秦师》这篇课文后面的"学习提示"中,也提醒了文中透露出的一些"礼"等思想观念。

尽管在选入该单元的《孟子》的《齐桓晋文之事》片段,孟子很不愿意谈齐宣王询问的"齐桓晋文之事",对他们的霸道,大有"非礼勿言"的态度。但实际上,礼仪文化的思想观念,在《烛之武退秦师》整个叙事过程中还是得到了比较明显的体现,即便有些人内心未必真的信从它。《论语·宪问》中也记录了孔子批评晋文公的"谲而不正"。② 但作为处事行为或者评判的一种标准,礼仪文化依然在发生作用。刘勰《文心雕龙》在总结"说"的文体特征时,认为"凡说之枢

---

① 田澍兴.诡谲的历史叙事——以《烛之武退秦师》为中心[J].语文学习,2018(07):36-38.
② 杨伯峻.论语译注[M].2版.北京:中华书局,2017:213.

要,必使时利而义贞"。① 如果我们把这里的"利"视为实际利益,"义"视为泛泛的道义,那么其点出的"利"和"义"则是抓住了最核心的两点。有老师正是从"利""义"两点来展开讨论。② 其中泛指意义的道义,可以说把传统文化特别是儒家文化倡导的"仁义礼智信"都包括了。下面,我们把《烛之武退秦师》整篇结构,用"利益"和广义的"道义"两要点来进行层次推演。可以说,文中几乎每一层次中人的行为动机和表现,都离不开最基本的两点。详见下表:

言语和事件	道义(礼、仁、信、智、武、义)	利 益
晋侯、秦伯围郑	无礼于晋	贰于楚
公(郑文公)曰	吾不能早用子,今急而求子,是寡人之过也(有礼)	然郑亡,子亦有不利焉
(烛之武说秦伯辞)	君尝为晋君赐矣,许君焦、瑕,朝济而夕设版焉(无信)	若亡郑而有益于君,敢以烦执事
公(晋文公)曰	因人之力而敝之,不仁;失其所与,不知(智);以乱易整,不武	(立子兰为太子)

对表格梳理出来的内容,需要稍作说明的是,尽管人们都是以道义和利益两个基本点来为自己或者劝别人行动找理由,但即使自己做不到,也依然可以以此来要求别人,或者并没有把道义的逻辑执行到底,就比如烛之武在秦伯面前以不讲信用指责晋国时,其实他要求于秦伯的,恰恰也是临场变卦,对晋国不讲信用。不过,从语文教科书单元组合来说,我们也能看到儒家思想与其的呼应。比如《齐桓晋文之事》中,孟子向齐宣王宣扬的那套推己及人的仁爱之心,那种老吾老及人之老的主张,在郑文公点明烛之武的利益是和郑国一体化时,其对烛之武行为产生的助推力,暗含的那种推己及人思路,实际上也在烛之武说辞中得到了贯彻。

---

① 刘勰,范文澜. 文心雕龙注[M]. 北京:人民文学出版社,1958:329.
② 徐展. 义与利的天平——《烛之武退秦师》历史叙述中的儒家思想探究[J]. 语文学习,2022 (02):48-51.

如果从《庄子》的《庖丁解牛》视角来看待《烛之武退秦师》，那么，不是用蛮力去跟晋秦联盟来硬碰硬，而是从晋与秦之间找到瓦解这个统一联盟的缝隙，只是靠一番不大费功夫的说辞，让这个看似无法抵挡的联盟土崩瓦解（"如土委地"），郑国派出烛之武去"说退"而不是出兵"击退"秦师，庖丁所谓的"技经肯綮之未尝，而况大軱乎？"这种迂回进入的策略，大概跟烛之武退秦师有相通之处吧。

　　孙绍振以为，如果节选的这一段文字把题目改为"烛之武说退秦师"或"烛之武智退秦师"，应该是更准确的。① 其实我倒觉得没必要。标题没有点明"退"的方式，显得简洁大气，特别给阅读留一点悬念，或者在通常误以为的"击退"中，带来阅读过程中的感受翻转，也很好。

---

① 孙绍振.《烛之武退秦师》和春秋笔法［J］.语文建设,2018(09)：47-51.

窦娥的怨天

——重读关汉卿杂剧《窦娥冤》第三折

一、问题的提出

统编高中语文教材必修下册,在第二单元选入关汉卿杂剧《窦娥冤》的第三折。课文后的"学习提示"要求学生"注意体会剧作家在窦娥这个人物身上寄托的思想感情,思考她指斥天地、痛发誓愿的反抗有什么样的意义和价值"[①]。虽然在这里,概括窦娥的反抗行为是把"指斥天地"和"痛发誓愿"两者并举的,但是细究起来,窦娥的两种反抗行为,其自身似乎存在着一种无法自洽的矛盾。也就是说,当她因为蒙冤而怨天时,其发生这一行为的思想感情是顺理成章的,而当她从怨天变为痛发誓愿,怨天的行为变为赞天、对天的感召时,其针对天的理解和态度就发生了断裂。在窦娥上法场就刑的短短时间里,其对天的态度发生较大的逆转,所具有的意义和价值问题,正是本文要讨论的。

二、从蒙冤到怨天

杂剧第三折,窦娥一上场,唱一曲【端正好】,就把观众带到了她感情旋涡的中心:

没来由犯王法,不提防遭刑宪,叫声屈动地惊天。顷刻间游魂先赴森罗殿,怎不将天地也生埋怨。

---

① 中华人民共和国教育部. 普通高中教科书　语文:必修下册[M]. 北京:人民教育出版社,2019:25.(本文讨论的剧本原文都引自该版本,下不一一注明)

对于窦娥所唱的"不提防遭刑宪",教材出注"没防备触犯刑律"。其中的"不提防",王学奇等的《关汉卿全集校注》也注释为"没有小心防备的意思"。虽然从词义看,这些解释都可以,但是回顾窦娥遭遇死刑的处罚,揣摩当时人物的心理,她未必真想说,自己如果"小心防备"了,就可避免劫难。那么,人物还是这样说了。其原因,既可以理解为愤激下的气话,也是无奈下的自责。有版本这三个字作"葫芦提"(糊涂的意思)①,也就是认为自己糊里糊涂中遭到了处罚,倒是更能直白地表明窦娥当时的心态,其跟"没来由"合一起看,就有了反复强调她之遭难的莫名其妙,无法得到合理解释的一种愤懑。

当然,让窦娥感到发懵,感到没理由("没来由"),是因为她习惯从善良、从理性角度理解人和世界。而周边人的凶恶(如张驴儿父子、赛卢医)、愚昧复残忍(如审案的州官)或者无能(如曾经无力养护幼女的窦娥之父、任由张驴儿父子摆布的蔡婆)乃至社会整体的物质落后造成生命的屡屡夭折(如窦娥的母亲及窦娥丈夫),以及对人的普遍不尊重(如州官所谓"人是贱虫,不打不招"),这种种复杂原因的交织,倒是可以对窦娥的不幸命运给出合理解释的。只不过这些因素过于复杂,是窦娥无力抗拒、无力挣脱,也是她无法认识清楚的。所以她只能让似乎是囊括世界又主宰万物的天(天地)来作为她发泄、指斥的具体对象了。

紧接着【端正好】开篇而唱出的第二曲【滚绣球】,就是窦娥指斥天地最为著名的一首:

有日月朝暮悬,有鬼神掌着生死权。天地也!只合把清浊分辨,可怎生糊突了盗跖、颜渊?为善的受贫穷更命短,造恶的享富贵又寿延。天地也!做得个怕硬欺软,却原来也这般顺水推船!地也,你不分好歹何为地?天也,你错勘贤愚枉做天!哎,只落得两泪涟涟。

---

① 王学奇,等.关汉卿全集校注[M].石家庄:河北教育出版社,1988:190.

关于这首曲词,大致可分为三层。

第一层从开头到"盗跖、颜渊",第二层从"为善的"到"顺水推船",剩余的是第三层。这里需要说明的是,第一层和第二层,除开添加的衬字外,前后两层句子相同,平仄音律完全一致,正是取"滚绣球"循环往复的意思,而在句意上,用重复的"天地也"呼告,引发抒情主人公的反复感叹,以形成荡气回肠的效果。① 但具体的语言展开,却在相似基调的抒情中有着意义上的细微区别。第一层强调在天地日月鬼神各司其职的逻辑一致性中,天地却未能尽责。第二层则把指斥天地不能尽责的事例具体化,所以有的选注本,在"盗跖、颜渊"后用冒号,以表明"为善的"和"造恶的"是对"颜渊"和"盗跖"的具体解释。② 而在第三层,把前两层以直接指斥天地的句子从收尾调整到开头,并拆解成"地也""天也"引发的对偶句,最后以天地不公暗示人的无可立足,自然而然以自己的可怜状"两泪涟涟"作结。

有人以为,用一声叹息"哎"和感慨"只落得两泪涟涟"作结,过于懦弱,与开头的"日月朝暮悬"和直接指斥天地的高亢基调甚不协调。虽然可以从戏剧张弛有度或者弱女子的实际状况中得到解释,但是我们也应该看到,在这首曲的三层意思中,作为对象的天地和人始终是连在一起并贯串下来的,当窦娥以历史的经典事例来指责天地不分好歹、错勘贤愚时,不过是陷自己于更深的绝望中。或者说,如果贤良如颜渊等都不得善终,那么她这样的弱女子更不能对天有什么指望了,所以陷入深一层绝望,只落得自己可怜自己的结果,大概也就不可避免了。

三、从怨天到感天

虽然也有学者把窦娥唱出的一曲【滚绣球】,类比屈原的《天问》③,但是毕竟,屈原的《天问》中有更多的知识性疑问,相比之下,窦娥的怨天,延续的似乎

① 蒋星煜.元曲鉴赏辞典[M].上海:上海辞书出版社,2014:113.
② 张友鸾,顾肇仓.关汉卿杂剧选[M].北京:人民文学出版社,1963:27.
③ 翁敏华.关汉卿戏曲选评[M].上海:上海古籍出版社,2002:11.

是司马迁《伯夷列传》中的传统,是对天的道义的公正质疑。司马迁根据传说中伯夷、叔齐为自己遭遇不幸而发出的怨言,对天道的是非不分提出了质疑,其举出的主要例证,正是颜渊和盗跖的一组对比:

或曰:"天道无亲,常与善人。"若伯夷、叔齐,可谓善人者非邪?积仁洁行如此而饿死!且七十子之徒,仲尼独荐颜渊为好学。然回也屡空,糟糠不厌,而卒早夭。天之报施善人,其何如哉?盗跖日杀不辜,肝人之肉,暴戾恣睢,聚党数千人横行天下,竟以寿终。是遵何德哉?此其尤大彰明较著者也。若至近世,操行不轨,专犯忌讳,而终身逸乐,富厚累世不绝。或择地而蹈之,时然后出言,行不由径,非公正不发愤,而遇祸灾者,不可胜数也。余甚惑焉,傥所谓天道,是邪非邪?①

关键是,当司马迁对天道提出疑问时,他接下来是怎么理解和应对这个难题的呢?

在他看来,社会各色人等都有自己的人生追求,有的贪生,有的贪财,而君子、烈士追求的是好名声,尤其担心去世后无人称道("疾没世而名不称焉")。比如贤良如伯夷、叔齐还有颜渊等,只是因为被孔子提及,名声才得以流传。这样,他们虽然在世未得善终,但是声名远扬,还算是一种安慰。据此,司马迁把《伯夷列传》置于七十列传开头,其实是想告诉世人,把那些遭遇不幸的人写入传记,让他们流芳百世,这在一定程度上,以他的笔,弥补了天道的不公。

但史学家司马迁暗示的这种写作意图,在文学家关汉卿处理人物时,有了新的表现方式。

在关汉卿笔下,窦娥对天地发出她的指斥后,并没有让人物彻底放弃对天的希望。剧作家让窦娥在临刑前发下三个誓愿,要天地借后续的反常事件来呈现其莫大的冤屈。其态度,是把此前怨天的基调变为对天的感召。窦娥因此对

---

① 司马迁.史记[M].北京:中华书局,2013:2585.

天的理解,也有了很大变化。

这里,直接提及"天"的共有三处:

在【要孩儿】中,窦娥誓愿热血不沾地后,唱道:"若没些儿灵圣与世人传,也不见得湛湛青天。"

在【一煞】中,窦娥又唱道:"你道是天公不可期,人心不可怜,不知皇天也肯从人愿。"

不论是"青天""天公"还是"皇天",其称谓本身,都有赞美天的意思,与此前指责天的唱词中,无一例外直接说"天",形成鲜明对照。

顺便一说,教材把"湛湛青天"出注为"天理昭彰",但在古代民间社会,作为具体的、人格意义上的"天"和抽象的、法理意义上的"天"始终是难分难解、纠缠在一起的。所以当窦娥称"天"为"青天"时,其褒扬之义已溢于言表,即使不直接理解为正义所在的"天理",依然可以和下文的"天公""皇天"相协调。

不过,这种对天的态度总变化,依据她逐一提出的三个誓愿,其阐发的天的意义和价值也有所差异。

一方面,天理存在,需要对人间冤屈有所感应来得到证明。就像她在【要孩儿】一曲中表示的,如果天已经让人失望透顶,那么通过把她的冤屈用神奇事件表现出来,不正可以借此见出老天尚未彻底昏聩、天理还未被遮蔽吗?另一方面,人也只有发誓把自己的怨气充分宣泄出来,才有可能让老天受到感发,让自己得到一些抚慰。窦娥在【二煞】中唱道:"若果有一腔怨气喷如火,定要感的六出冰花滚似绵,免着我尸骸现;要甚么素车白马,断送出古陌荒阡?"其怨气对天的感召力,想象出了一个多么宏大的出殡排场和气势!

于是,比较《伯夷列传》和关汉卿设计窦娥对天质疑后的不同态度取向,不是在应对天道不公而是在人怨的问题上有了近似的看法。

《伯夷列传》中,虽然司马迁认为伯夷、叔齐因为孔子的赞誉而让他们声名远播,但是司马迁同时又提出,孔子的赞誉,并不证明孔子就理解了伯夷和叔齐。简单说来,伯夷、叔齐的贤良,并不是因为他们遭遇困苦而没有怨言,他们的怨言其实一点也不少。而窦娥,正是因为她的怨气冲天,才使得窦娥的不幸遭遇千古流传,深入人心,基本把她提及的东海孝妇等那些古人典故给一并囊括了。直到今天,窦娥已经成了冤屈的代名词。这样,她从怨天到赞天、感召天,最终还是把希望寄托于她所指斥的天。而关汉卿通过剧情设计居然让天遂人愿,固然说明了窦娥(同样也是关汉卿本人)在黑暗现实中无可奈何的选择,或者如《教师教学用书》所引用评论者的观点,是"深刻反映中国封建社会无法自我解决的矛盾"①。但窦娥赞天而将之视为能够感召的对象,又何尝不是在倡导一种不该逆来顺受,有冤就要尽情倾诉,不压抑自身冤屈的态度? 这样的态度,放在特定环境中,自有其积极意义和价值。这跟孔子赞扬怨言很少(所谓"求仁得仁,怨是用希")的伯夷、叔齐,已经有了很大区别。

四、亲情的穿插

当然,窦娥从怨天到对天的感召,其对天的态度变化,并不是直线式的逆转。因为两种态度的情绪都是高亢的,所以其间就有一段她与蔡婆婆法场告别的亲情穿插,形成一种情绪上的涨落起伏和情节上的迂回发展。从这个意义上说,前文论及【滚绣球】最末一句的情绪回落,其实也是把对天的高调指责收回到当下现实,为接下来展开她与蔡婆婆的亲情关系做铺垫的。

这里的内容,共被四曲唱词统摄,构成从指斥天地到痛发誓愿过渡的第二环节,篇幅占去不少,但也是刻画窦娥不可缺少的部分。一方面,强调了窦娥一以贯之的善良,在临终时,不忘记照顾蔡婆婆的情绪,怕她见了自己受刑的样子伤心,特意求押送者绕道走,从而呼应了她屈打成招就是为了不让婆婆受刑的善良。另一方面,她絮絮叨叨向婆婆陈述为其祭奠的愿望,其实也是与向天发誓要实现三个愿望,构成肌理的贯通。这里,她向蔡婆婆的告白和唱出的曲词值得仔细分析:

婆婆,此后遇着冬时年节,月一十五,有瀽不了的浆水饭,瀽半碗儿与我吃;

---

① 人民教育出版社,课程教材研究所,中学语文课程教材研究开发中心. 普通高中教科书教师教学用书 语文:必修下册[M]. 北京:人民教育出版社,2020:52.

烧不了的纸钱,与窦娥烧一陌儿。则是看你死的孩儿面上!

【鲍老儿】念窦娥伏侍婆婆这几年,遇时节将碗凉浆奠;你去那受刑法尸骸上烈些纸钱,只当把你亡化的孩儿荐。婆婆也,再也不要啼啼哭哭,烦烦恼恼,怨气冲天。这都是我做窦娥的没时没运,不明不暗,负屈衔冤。

对此,戏曲研究者翁敏华曾加以论述道:

一方面,再次表明窦娥与婆婆相依为命的关系,生做蔡家人死为蔡家鬼;另一方面,表明窦娥强烈的生的渴念,死后也要过年过节、吃饭花钱。更让人痛心的是,她想象的死后也像生时一样摆脱不了童养媳地位,一定要吃不了、花不了的才轮到她,还要看在她亡夫的面子上。为了劝婆婆不要再哭,窦娥说都是自己时运不济,命不好。多么惨痛的语言! 多么惨痛的现实!①

除开这些我所认同的分析外,我想进一步补充的是,窦娥希望婆婆为其祭奠和希望天显示奇迹固然都属于窦娥的愿望,但恰恰是她对婆婆的这些叮嘱,显示出窦娥与常人面临死亡有相似的要求,善良、刚烈又不幸的窦娥并非人间异类。而其向婆婆提出的要求越稀少可怜,把自己越放在一个卑微的位置,就越反衬出其对天的要求非比寻常,显示出其所受的冤屈之巨大。

---

① 翁敏华.关汉卿戏曲选评[M].上海:上海古籍出版社,2002:12.

论《在马克思墓前的讲话》中的"逝世"及相关措辞

一、引论

恩格斯的《在马克思墓前的讲话》是语文教材中的经典课文。统编高中语文教材必修下册又选入此文,并同时选入马克思的《在〈人民报〉创刊纪念会上的演说》,作为两篇演讲词组成一课。由于恩格斯的"讲话"入选年代较早,相关解读文章和教学课例已有不少,但稍加梳理,发现仍有一些问题尚待深入思考,其中,对文章中如"逝世"及相关措辞的理解就不尽到位,尚待深入讨论。

需要说明的是,对文章中"逝世"及相关措辞的讨论,既涉及词义本身的理解,也触及文章的整体结构脉络。这种关注词语局部,并考虑整体结构脉络的两面性,近似美国文学界新批评派的兰塞姆提出的结构和肌理二元论中的"肌理"问题("肌理"对应的是英文单词 texture,也有译作"肌质"或者"机理",清代翁方纲提出"肌理说",有学者觉得两者的内涵有一定关联①)。在兰塞姆看来:"一首诗篇是一个含有局部机理的逻辑结构……机理是普遍存在的;简言之,它存在于和合理的论证并无关联的插入的文字材料。"②不过,当他提出肌理时,主要是就诗歌立论,重在强调诗歌中这种局部性、细节性的肌理不同于整体结构的差异,是在整体统一的结构中,凸显其异质性,而对于非诗歌文本,肌理与整

---

① 张然.肌理说对文本与作者的区隔——兼谈翁方纲对"穷而后工"的质疑[J].西南民族大学学报(人文社会科学版),2020(12):179.

② 雷纳·韦勒克.近代文学批评史:第六卷[M].杨自伍,译.上海:上海译文出版社,2005:283.

体结构的协调则是不言而喻的。这样的观点是否合适不予讨论,借用其说法,是想说明,从实际文本看,不论是诗歌还是非诗歌类文体,肌理与肌理、肌理与整体结构间,都存在着统一与差异性问题,只不过程度不同而已。所以这种两分法思路,正可以给我们分析恩格斯的讲话提供参考。此外,由于是讨论文本的语言,而恩格斯的原文以英文发表,对文章语言尽可能准确的理解必然涉及原文与翻译问题,已有学者对原文的汉译提出了看法,①所以这里也一并斟酌讨论。不当之处,还请方家指正。

二、关于"逝世"等措辞

整篇文章,一共有9段,"逝世"及相关的措辞分布在开头第1、第2段和结尾第8、第9段,共6处。② 见下表:

段 落	汉 译	原 文③
1	停止思想	ceased to think
	(安静地)睡着——(但已经)永远地睡着	peacefully gone to sleep — but forever
2	(这个人的)逝世	the death of this man
	(这位巨人)逝世	the departure of this mighty spirit(直译为"这个强大灵魂的离去")
8	(他)逝世了	he died
9	(他的英名和事业将)永垂不朽	endure through the ages

"讲话"最先以"停止思想"的措辞来描述马克思逝世的确切时间,是以评

① 曹明伦.洗垢求瑕 追求善译——《在马克思墓前的讲话》中译文评析[J].中国翻译,2010
(03):86-88.
② 中华人民共和国教育部.普通高中教科书 语文:必修下册[M].北京:人民教育出版社,
2019:82-84.(关于此课文的引文均出于此版本,下不一一注明)
③ 俞大纲.英语:第六册(第二版修订本)[M].北京:商务印书馆,1964:28-30.

价马克思为"当代最伟大的思想家"为前提的,这也是对"逝世"的委婉措辞(如同下文"睡着"也是委婉用语)。其中当然有言说者浓厚的感情,但也含有对马克思一生不停思想,直至生命最后一刻的言外之意,余映潮老师就曾在他的备课教案中提出了这一点。① 而这一层含义的提出,跟同一段中,用"睡着"一词来描述他去世,就有了肌理的联系。这似乎表明,他一直以来不停思想、紧张思想的人生,终于到了可以睡觉休息的阶段。从"安静地睡着"这样措辞的通常含义来说,周围的人似乎更愿意相信他没有去世,仅仅是因为劳累而睡着,但现实击碎了这样的愿望,紧接着一个尖锐的转折"但"和一个简单而沉重的词语"永远",把人从美好的愿望中拉回现实,把大家置于突如其来的悲痛氛围中。在英文中,因为"永远地睡着"的"睡着"已经省略,所以读来特别短促,这不但渲染了感情的压抑,近乎哽咽,而且似乎让读者联想到,"睡着"是讲话者愿意说的,而"永远地睡着"的"睡着",却是讲话者不忍心说出口的。

语文教师在提及文章开头第 1 段时,大多会从"婉曲"修辞、婉言句式等,说明作者没有直接用"逝世"而用"停止思想""安静地睡着""永远地睡着"等短语的特殊含义以及包含的感情色彩。这样的理解,当然合乎情理。但由此引发的问题是,为什么在紧接着的第 2 段开头,包括结尾部分,都有"逝世"这样的直接措辞? 这一变换,意味着什么?

其实这需要从开头第 1 段和之后内容的立场差异、不同功能定位来理解。

第 1 段,除开交代马克思去世的确切时间信息,包括对他的评价("当代最伟大的思想家")外,更侧重从身边人的情感立场、从特定的场景、从与逝者的近距离关系,引入悲痛而惋惜的氛围。这样,一个似乎是多余的细节性措辞,描述马克思安静睡在房间,睡在房间里的"安乐椅上"(通常情况下,人是躺在床上安静睡着、永远睡着的),就不可或缺。

但第 2 段则不然。在这一段,恩格斯力求从客观的立场,对马克思的逝世作历史性评价,并总起下文。这样,除开直接用了"逝世"一词外,还用了"这个

---

① 余映潮.《在马克思墓前的讲话》说课[J]. 中学语文教学参考,2007(10):11-14.

人"而不是"他"来指代马克思,这样的拉开距离的称呼,使得评价更具公正、客观色彩。此外,如同第 1 段用委婉措辞两次提到马克思的去世,在这一段,也两次陈述了这一事实。虽然中文都翻译成"逝世",但英文所用的词语略有不同,第 1 次直接用"逝世"(death),第 2 次改用"离去"(departure),并且以"强大的灵魂"来称呼马克思。中文翻译成"巨人"当然可以,但对于作者来说,不用"人"而用"灵魂",也许更在强调马克思那种思想、精神的卓越。那么用"离去"呢? 如果我们把这样的措辞,与"空白"关联起来理解,就清楚了。因为在空间意义上的一个人具体"离去"带来的"空白",而并非更具概括性的"逝世",才让人有了实实在在的空落落的感觉。是的,这里,恩格斯正是用了一个描述感觉的词"felt",从而形成词语肌理的关联性:"离去的空白""使人感觉到"。于是,让这一段本来由"逝世"措辞引出的整体意义的理性、客观效果,在文本的内在措辞肌理方面,有了向感性的稍稍转向。

当然,措辞的表达效果偏于感性还是理性,是相对而言的,是在比较中获得的,并不完全取决于"讲话"中"逝世"这样正式、客观的措辞。或者说,同样的措辞"逝世",其含义也在不同语境中发生着微妙变化。

全文结尾处,当文章再次提及马克思的去世而用"逝世"一词时,主要倒是从情感来着眼的,而且用动词形式(died),也不同于前面的名词形式(death),前者侧重于作为客观评价的历史性事件的定格化意味,而这里强调马克思逝世在生活中的动态性发生,引发世界各地革命战友对马克思表示尊敬、爱戴和悼念等直接反应,与敌人的"诽谤他、诅咒他"形成对比。而最后独立成段的一句,稍稍特殊,虽然避免了"逝世"等措辞,但是提到马克思在未来时间中的持久存在或者说不朽,是着眼于他的"英名和事业",而隐含的肉身去世之义,得到再次表达。毋宁说,当世界各地的革命战友对作为肉体的人的逝世表达尊敬、爱戴和悼念后,由他肉身剥离出的英名和事业就已经穿越到未来的时间里。这是抒情,但更是一种清醒的理性认知,一种对未来的洞见,也是唯物主义者的基本态度。

三、相关措辞的结构分布与脉络关联

整体梳理描述马克思"逝世"的6处措辞的语义及功能,首先得出的一个结论是,第1段的两处措辞的委婉、形象表达,与下文的用词,有明显差异。这种措辞肌理上的差异,跟全文的整体结构相协调,即恩格斯的这篇讲话,第一层级的划分,是引言和主体两部分。第1段是引言,余下的所有段落是主体。如前所述,引言的作用除开描述一个最关键信息(马克思去世),就是要把人带入悲痛悼念的氛围中。在这种氛围的笼罩下,开始进入主体,展开对他一生的评价。这种结构的转化,其实也是从以描写为主的表达方式,转为议论和说明。而在主体部分的二级层次中,可以进一步依次细分为总起(第2段)、分论(第3至第7段)和总结(第8、第9段)三部分。与"逝世"相关的措辞,都分布在总起的第2段和总结的最后两段,在分论部分,则不再出现。之所以有这样的总体的措辞分布,是因为在类似悼词这样的讲话中,使用"逝世"相关的词语,是在描述人的去世信息,一旦这事件信息得到描述后,其引发的他人感受和评价,才是讲话真正需要表达的内容。这样,"逝世"的措辞,就成了进入主体内容的起点,也是走出内容主体的一个终点。而评价的主要内容就是分别论述马克思在世时的贡献,所在分论部分,没有必要再来描述"逝世"这样的事件信息。

如同引言与主体相比较,措辞有或委婉或直白,或主观或客观,或偏于感性或偏于理性的差异,这种差异的二元组合,在每一段也有所体现。如前所述,相对而言,第1段中,"停止思想"就要比"永远地睡着"更理性、更客观一些,而在第2段,"逝世"和"离去"(departure)比较,也有理性与感性、客观与主观等细微差异。在最后两段中,直接用"逝世"或者不用这样的字眼,也体现了类似的二元性。

指出恩格斯讲话中,围绕着"逝世"措辞的细微差异,不单是为了让我们更好地理解作者的复杂思想情感,也可以启发我们,当局部措辞在主观与客观、感性与理性的侧重点发生位移和摇摆时,措辞的整体构拟,也可以有新的理解。

在与教材配套的《教师教学用书》中,曾经提出探讨文章结构的一个任务,就是在分论评价部分,恩格斯指出了马克思作为科学家和革命家的两方面,前者偏于理论发现,后者偏于组织实践。但既然恩格斯认为马克思"首先是一个革命家",何以在"讲话"中先评价了他作为科学家的一面,而没有跟"首先"保持一致? 对此,《教师教学用书》给出了解释,大意是,科学发现可以成为推动革命的动力源泉,而革命的真正使命也促使他研究科学,因此,作为科学家的马克思和首先是一个革命家的马克思是统一的。[①] 或者说,从原动力的逻辑意义上,革命是先于科学的,此即为"首先"。这样说,当然可以。但是,如果结合"逝世"措辞,在主体部分的总起段落,却发现了又一种顺序的不一致。这一段落是:

这个人的逝世,对于欧美战斗的无产阶级,对于历史科学,都是不可估量的损失。这位巨人逝世以后所形成的空白,不久就会使人感觉到。

令人奇怪的是,这里提出的两点,即"战斗的无产阶级"和"历史科学",基本对应下文展开的"革命家""科学家"两部分,但没有根据主要内容而先写马克思科学家的一面,再写革命家的一面。恰恰倒过来,在总起句中,把"历史科学"置于第二位置,形成与下文结构顺序的错位。这是为什么?

这其实跟恩格斯在描述马克思逝世事件中,在特定语境中所用的措辞有一定关联。如前所说,当恩格斯力求以客观、理性的态度对马克思作出公正评价,指出这是一种无法估量的损失时,又以重返感觉的立场,让人在现实中真切体会这种损失。这时,他引了一个时间维度"不久",从而启发了我们,对于马克思的逝世所造成的损失,欧美战斗的无产阶级是最先也是最容易感受到的。而在历史科学层面,要对这种损失有具体感受,则时间就要相对滞后,这种感觉的先后,是符合人们的日常生活经验的。句子的结构顺序和整体部分的不一致,也让我们重新思考《教师教学用书》中提出的学习任务及其解答。在《教师教学用

---

① 人民教育出版社,课程教材研究所,中学语文课程教材研究开发中心.普通高中教科书教师教学
用书 语文:必修下册[M].北京:人民教育出版社,2019:176.

书》中，解答的是结构上后置的有关马克思首先是革命家的特质，在逻辑上具有比科学发现先在的意义，但这里笔者想进一步指出的是，当恩格斯在论述马克思首先是一个革命家的特征那部分内容时，依然谈到了马克思的理论贡献，即"正是他第一次使现代无产阶级意识到自身的地位和需要，意识到自身解放的条件"。这是理论对物质力量的掌握，也是在论述中，把这部分的革命实践内容回扣了前一部分的理论发现。就是说，让无产阶级确立一种自觉意识，正是他在历史科学中重要发现的结果。让无产阶级意识到自己是推翻资产阶级的先进实践力量，让无产阶级意识到外在于自身的社会物质条件，让无产阶级确立解放的目标和信心，正是以恩格斯前文谈及的历史科学的两个发现为基础的，也是前一篇课文马克思的《在〈人民报〉创刊纪念会上的演说》的主要观点。

四、余论

恩格斯以"当代最伟大的思想家停止思想"来评价马克思的逝世，这当然精准。但从课文的科学家与革命家的内在脉络来理解，我们还需要补充马克思《关于费尔巴哈的提纲》中阐释的自己的观点来加深理解："哲学家只是用不同的方式解释世界，而问题在于改变世界。"①以思想引发实践来推动世界的真正改变，这才是马克思作为伟大思想家的真正意义。并让这个世界在他离开后，仍然到处留下他的名声和事业的印迹。而恩格斯的"墓前讲话"涉及"逝世"的相关措辞，在客观理性中，保持着感情与感性的张力，这是对待世界合乎情理的态度，也是待人的最自然态度。说起来，倒也稀松平常了，就此打住。

---

① 中共中央马克思恩格斯列宁斯大林著作编译局. 马克思恩格斯选集：第一卷[M]. 北京：人民出版社，1972：10.

《谏逐客书》"善说"的逻辑与艺术

一、引论

中学语文界习惯于把阅读教材涉及的文章分为思辨、文学、实用三大类,那么选入统编高中语文教材必修下册的李斯名篇《谏逐客书》归到这三类中任何一类,都有理由。

把它归入思辨类,是因为读到此文的人,大多会被作者强大的论辩能力所折服,也不止一位教师讨论了该文的逻辑思维特色,称赞其饱满的论证方式,如卢锡泽等的论文。[①]

说它是文学作品,大概也不会有异议。鲁迅《汉文学史纲要》列"李斯"专篇,其中说:"法家大抵少文采,惟李斯奏议,尚有华辞。"举出的例证,就是《谏逐客书》中的段落。[②] 国内高校中文系曾流行颇广的朱东润主编的多卷本《中国历代文学作品选》,在秦汉散文部分,就选了《谏逐客书》。[③]

当然,思辨也好,文学也好,其实都是为了达到实用目的。把该文置于当时语境,实用文大概是最合理的定位。该文的实际效果也确实立竿见影。裴骃集解引《新序》说,李斯被逐,在离开的路上给秦王写了这封谏书后,秦王派人把他追回。"斯在逐中,道上上谏书,达始皇,始皇使人逐至骊邑,得还。"《史记·李

---

① 卢锡泽."知"秦王"人" "论"逐客"事"——《谏逐客书》逻辑思维研究[J].中学语文教学,2021(06):62-64.
② 鲁迅.鲁迅全集:第九卷[M].北京:人民文学出版社,2005:394.
③ 朱东润.中国历代文学作品选:上编第一册[M].上海:上海古籍出版社,1979:1.

斯列传》则写："秦王乃除逐客之令，复李斯官。"①

在《文心雕龙》中，刘勰称赞李斯一文，认为"李斯之止逐客，并烦情入机，动言中务，虽批逆鳞，而功成计合，此上书之善说也"②。那么，该文之"善说"，究竟有怎样的体现？下面展开讨论。为方便讨论，这里就依上述三类权且分为三个方面，尽管这三个方面的划分标准并非统一，且又是互相交叉的。

二、实用：论效果而不论动机

逐客令的起因，是韩国派水利专家郑国去劝说秦国兴修大的水利工程，目的是用这样的大工程转移秦国的人力物力，拖累秦国，从而延缓秦国兼并其他诸侯国的步伐。意图暴露后，才让一些受客籍人士侵犯利益的秦国贵族抓住机会，劝秦王下逐客令，赶走非秦国的一切人士，李斯自然也在被逐之列。

郑国帮秦国兴修水利确实是为了拖累秦国而让韩国得以苟延残喘，这一主观意图不容否认。即便李斯到秦国，为秦国出谋划策贡献不少，其主要目的也是看到秦国当时的强盛，觉得在秦国可以为自己建功立业获得更好的发展机会，可以改变自己的生活待遇。这样，不论是郑国为韩国还是李斯为自己，其行为的主观意图都未必仅仅是为了秦国的强盛，但行为的客观效果，又确实给秦国带来了强盛，这曾是许多客籍人士带给秦国的实际贡献。所以，避而不谈客卿的主观动机，只谈君王对客的利用而发挥出的客观效果，成了构思《谏逐客书》内容的基本定位。正因为人的主观动机即使纯正也难以得到证明，而受他人攻击时又很难加以反驳，所以李斯干脆避而不谈，包括引发事端的郑国、牵涉到的自己，都一概回避，似乎把自己置身于事外，就秦王的立场来谈秦国用客的客观效果，这就增加了文章的说服力，把一切弱化论证的主观性动机的讨论暂时悬置了。

也许李斯清楚，人被指责动机不纯是一个说不清道不明的问题，是很难辩

---

① 司马迁.史记[M].北京：中华书局，2013：3090.（如非特别注明，关于《史记》的引文包括相关注解都出于此版本，下不一一注明）
② 刘勰，范文澜.文心雕龙注[M].北京：人民文学出版社，1958：329.

驳的,所以传说他后来妒忌韩非得到秦王的赏识,就是以韩非为韩国公子,凭借"终为韩不为秦,此人情也"的动机问题,劝秦王将韩非下狱,最终害死韩非的。虽然此传闻表明李斯的自私,但是由此反证了,他深知用动机来攻击人是很难辩诬的,所以在《谏逐客书》中,他干脆就略而不谈了。

也正因为在《谏逐客书》一文中,他基本回避了对人的主观动机的讨论,这就给他论证的展开,留下了一个潜在的小破绽,需要进一步弥补。

他在展开论述中,铺排罗列秦王对诸侯国的珍奇物品一概吸纳而对客则一概排除的行为,非议了秦王重物不重人的主次颠倒,所谓"是所重者在乎色、乐、珠玉,而所轻者在乎人民也"。但这样的结论,其实流于泛泛,留下被反驳的余地。也许可以说,正因为人具有主观能动性,与物之被动使用截然不同,所以,对物可以一概吸纳,使用起来无须顾虑;倒是对人,需要在忠与不忠间加以甄别,这就无法让国君放心使用。这种区别对待,认识到人与物的不同,不是轻视,而恰恰是重视,重视人不同于物的特殊性。不过,李斯的进一步论述,也还说得过去。正因为人有主观能动性,由此带来的差异性,使得忠与不忠都存在可能,这样,一概地、绝对地逐客,就成了问题。"不问可否,不论曲直,非秦者去,为客者逐",李斯这样写,似乎就不是在简单地反对逐客,而是在反对逐客的教条主义。这在逻辑上也成立,从而又一次绕开了讨论中可能引出的主观动机问题。可以说,这是借反对一概逐客的教条主义的显而易见的失误,来达成反对逐客令本身的目的。而客对秦国、秦始皇的忠诚问题,在结尾部分用一个不言而喻的类比,代替了本来需要的证明,而且又是以人的愿望来说明这种忠诚,让心理的回归心理,所谓"夫物不产于秦,可宝者多;士不产于秦,而愿忠者众"这样的论述,似乎已经无须证明了。

三、思辨:建构事理的逻辑关系

从全文思路看,大致可以分为总—分—总三个部分。第一部分是总起,直接亮出观点:"臣闻吏议逐客,窃以为过矣。"然后分别论证,主要分为两个方面。一方面是举出历史上(昔)秦国四位君主用客的实际效果,使得国家富强,声名远播。这是谏议的时间思考维度。另一方面是从当下（今）着眼，强调既然利用各诸侯国的物产，给个人带来了享受，却又重物不重人，从而与秦始皇最在意的"跨海内、制诸侯"目的相违背。这里侧重于空间的思考维度。最后从"臣闻地广者粟多"一句到最后，是总结部分。这部分内容超越了古今，也整合了物与人、秦国与敌国的关系，从普遍真理着眼，强调任何国家的强盛都需要广纳人才，是以天下为基本立场，而逐客之举，恰恰是损害自身而资助了敌国。

这里有几点需要注意。

第一，尽管李斯上书有为自己的考虑，但无论哪部分论述，都是从秦国、从君王的立场展开的。即使在第一部分论述各诸侯国之客对秦国起到的积极作用，也是从君王的视角着眼。关键动作的实施包括进一步的细化，都是在确立君王的主体位置，比如写秦穆公，以"求士"加以总起，然后细化为"西取""东得""迎""来"（使动用法），最后以"用之"进行"并国二十，遂霸西戎"的总结，这种求贤若渴、席不暇暖的一连串动词的运用，这种君王主体的确立，给人留下深刻印象，也给嬴政树立了一个行动的标杆。

第二，如果说举秦穆公是为了说明其用客之多，那么后面继续举出的孝公、惠王和昭王对客的利用，则进一步具体化为不同的法令和策略的实施。但不论有何区别，开疆扩土、蚕食诸侯以成帝业的路线图，则是一以贯之的。不过，既然具体化了，君王作为行为主体的动作发生，在措辞上就有了细微区别，以体现表达的精准。比如对于商鞅，文中写"用商鞅之法"，对于张仪，写"用张仪之计"，"法"与"计"，一字之差，耐人寻味。商鞅是先秦著名思想家、法家代表人物，其富国强兵的主张有相当系统性，所以以"法"不仅仅是方法之法，也是法家思想之"法"。而张仪是纵横家的代表，虽然以主张有利于秦国的连横计谋而出名，但是自己并无系统的思想和主张，也无信用和操守，大臣们后来向君主进言，攻击其"左右卖国以取容"（《史记·张仪列传》），也并非毫无事实根据。所以说惠王用的是张仪之"计"，还是恰如其分的。另外，像"用张仪之计"引出的攻城略地诸事，有的并非客卿所为，如"制鄢、郢"的秦国名将白起，有的还不在同一朝代,如武王时代。同归到张仪名下,如学者张大可所说,这都属于张仪提出的连横战略大计。①

第三,文章分论和最后总结部分都写到了"物",这里的"物"是否作为同一概念在使用? 思考这个问题,在一定程度上可以揭示该文逻辑论证过程中,由"事"向"理"的推进。尽管该文具有的思辨性特点,是把事和理结合在一起展开的,即事说理,以事明理,但还是有所侧重。所以,在分论部分,偏于叙事的论证,前部分侧重于举历史上秦国四位著名君主的用人之事,后部分侧重于作者所处时代的秦王的用物不用人。但不论是用人还是用物,都是在具体时空中展开的,人是实实在在、有名有姓的人,物也是可感觉、可触摸的物。但总结部分则有所不同。相对来说,文中提到的地广粟多、泰山土壤、河海细流,已经超越了特定时空,有着泛指的意义。一方面,可以说这些物依然实在,让人可感、可触摸或者可享用;另一方面,这些物,特别是"太山土壤""河海细流"的陈述,具有了格言警句式的普遍真理。犹如《管子》所说的:"海不辞水,故能成其大;山不辞土石,故能成其高"(韩兆琦认为这是古代成语)②,或者荀子所谓"不积小流,无以成江海",其物本身不再是为人所用,而是与人并列,与人形成了类比关系,从而说明了万事万物概无例外。这样,由叙事推进到说理的路径,就较为清晰。

当然,文中提到的"太山、河海"究竟属比喻论证还是类比论证,一直有争议,我个人倾向类比。虽然其符合比喻的喻体和本体不在同一类别这一条件,可以视为比喻论证;但是作者在用"不让""不择"这些否定性词语时,已经假定其能够"让"、能够"择",有着显见的拟人手法的运用,以比拟的手法,达到了类比的效果。所以视为同类的类比,也未尝不可。

四、文学:作用于感官的形象诱惑

虽然在文章中,使用物的比喻或类比都可以增加说理的生动形象,但是这

---

① 张大可.史记全本新注[M].西安:三秦出版社,1990:1596.
② 韩兆琦.史记选注集说[M].南昌:江西人民出版社,1982:299.

不是《谏逐客书》最能体现文学魅力的地方。鲁迅在称赞李斯的文采时，摘录的是关于当时秦王对物的享用。这一段文字，铺排夸张，连篇累牍，可说是绘声绘色地把人的感官享受张扬到了令人艳羡的程度。

虽然李斯在分论部分，举出四位秦国君主用人的实例，给秦王树立了榜样，但是他理解人性的弱点，知道励精图治的事功与追求个人的生活享受密不可分。他本人到秦国，就是感叹"诟莫大于卑贱""悲莫甚于穷困"，这种把改变个人境遇与事功结合的念头，体现他对人性有自私、有贪图享受一面的理解，这里有他老师荀子的"性恶论"的影响，也与他同学韩非对人性恶的认识同调。所以，他在列举了历史上秦国四位君主利用客卿带来的事功后，笔锋一转，用多姿多彩的文字，在秦王周边营造出感官享受的快乐氛围：

今陛下致昆山之玉，有随、和之宝，垂明月之珠，服太阿之剑，乘纤离之马，建翠凤之旗，树灵鼍之鼓。此数宝者，秦不生一焉，而陛下说之，何也？必秦国之所生然后可，则是夜光之璧不饰朝廷，犀象之器不为玩好，郑、卫之女不充后宫，而骏良駃騠不实外厩，江南金锡不为用，西蜀丹青不为采。所以饰后宫、充下陈、娱心意、说耳目者，必出于秦然后可，则是宛珠之簪、傅玑之珥、阿缟之衣、锦绣之饰不进于前，而随俗雅化佳冶窈窕赵女不立于侧也。

在这里，以秦王个人身体、耳目为中心，围绕各种奇珍异宝，并用空间意义的动词和方位词，前后呼应，让其本人也让周围的世界愉悦快乐。贴身的"垂""服"，环境的"饰""充"，耳目所及，个人与环境连为一体的"进于前""立于侧"，等等。这段文字表述奇特的是，李斯开始几笔正面陈述秦王对珍宝的个人享用，但紧接着，都是以假设中的"必秦国之所生然后可""必出于秦然后可"为前提，引出一连串"不"能得到享受的否定，让秦王产生的真切体会是，那种愉悦的氛围，美好的享用，有可能被剥夺。换言之，让秦王从感觉世界来体验，如果真的让一切都拘泥于"秦国之所生"，是多么让人失落扫兴，是多么荒唐可笑。正如孙绍振所说："对于初登大位之秦王嬴政而言，欲使其收回成命尚须动其情,缩短其感知距离。让他不但理解,而且让他感得到、看得见、摸得着。"①于是,李斯使用文学手段营造形象、烘托氛围,在语句推进的跌宕起伏中,让读者(当然首先是秦王)阅读时的情感也随之起伏不定,心旌摇荡。

当然,对个人感官享受的否定毕竟是虚拟的,文章这部分的思路展开,是从虚拟的否定推进到真实的否定,强调的是秦王对物不出于秦而用之,唯独对人不出于秦而不用。这样,铺排感官享受的美好,似乎也带有了反讽色彩。因为当文章把用物与秦王的个人感官享受挂钩时,又把用人和"跨海内、制诸侯"的远大目标联系在一起。于是,这一部分中被刻意渲染的空间性,可以重新得到理解。"进于前""立于侧""快意当前"等等,那种带来个人感官愉悦而把秦王包围起来的珍宝、美女和声乐,那种着眼当前的快意,似乎在"海内"更大的空间里,在"制诸侯"的远大目标前,黯然失色了。由此引向结论部分就水到渠成,这是逻辑的推进,也是文学的烘托。

五、结论

作为文章总结,最具理论性的贡献,是李斯提出"海内"的视野的同时,也提出近似的"天下"视野。在这种视野下,物与人是否秦国所出,都已经不重要了,甚至人的忠诚与否,也只是一个阶段性的问题,而不是根本的问题,因为历史发展的逻辑,就是要把所有诸侯国、把所有诸侯国的民众都包容进来。在天下视野中,人就无所谓主客之分。把秦王的视野提升到天下,提出"地无四方,民无异国,四时充美,鬼神降福,此五帝三王之所以无敌也"。这才是最高目标,这才是大视野,这才是能够指导实践的大道理。提出这样的战略目标后,再具体说"今逐客以资敌国,损民以益仇,内自虚而外树怨于诸侯,求国无危,不可得也"。固然是为了针对当下迫切需要解决的现实问题,但这个问题,只有把它定位在天下一统的战略目标下的阶段性操作,才具有更积极、更辩证的意义。

最后需要说明的是,李斯在《谏逐客书》中回避讨论客卿的动机,固然是一

---

① 孙绍振.转危为安,历史意义重大——读李斯《谏逐客书》[J].语文建设,2021(01):49.

种策略,但不意味着动机问题本身不重要,因为这跟人性、人格紧密关联。即以李斯论,他固然为秦的强盛、为统一天下做出巨大贡献,但其根深蒂固的自私自利之心,使得当他处于个人利益和正义之心无法协调的秦二世时代时,他还是转求自保,放弃进谏,向荒淫无道的皇帝竭尽阿谀之能事,在向二世上书时,居然说:"明主灭仁义之涂,绝谏争之辩,荦然行恣睢之心。"让后人读之惊诧不已。王夫之在《读通鉴论》中感叹此话是"尽古今概贤不肖,无有忍言此者",其理由就是"畏死患失之心迫而有所不避耳"。① 贪生怕死又担心失去自己享受的荣华富贵,这时候,当初入秦动机中本来就有的极端自私一面,就彻底暴露了。而如此聪明的他,却被阴谋家赵高玩弄于股掌间,就是因为他被赵高看透了内心的自私、他的贪生怕死、他的患得患失。自私成了他致命的软肋。他最终也没保住自己,个人落得遍受五种刑罚,连带被灭三族的结果。这是历史的悲哀,也是他做人的悲哀。

---

① 王夫之.读通鉴论[M].北京:中华书局,1975:4.

谈《林教头风雪山神庙》中的两次偷听

一、引论

　　统编高中语文教材必修下册在小说单元,选入了《水浒传》片段"林教头风雪山神庙"。此片段以前教材中选用甚多,也有不少相关的解读,笔者以前谈思辨性阅读,对于林冲最后杀死三个奸人使用的不同兵器,有过简略的讨论,文章收录在《阅读教学与文本解读》一书中,有兴趣的读者可找来参考。日前重读该课文,我觉得还可以从小说两次写到的偷听现象加以分析。

　　先要说明的是,教材选用的文本,是金圣叹的删改本。如果把容与堂的一百回本和金圣叹的删改本对照来看,发现后者有关这一段文字,把一些咏叹人事或景色的"有诗(词)为证"的插入韵文一概删除了,使内容更为紧凑。另外,在叙述和描写方面,也调整了个别词句,对此,应该另作专题分析,此不赘言。而对小说出现的两次偷听现象,金圣叹的删改本也给出了不少点评,颇能予人以启发。本文的分析,将参照金圣叹的点评,展开和补充。

二、"先事而起波"的局外人

　　在有关两次偷听的描写中,前一次是酒店的李小二夫妇扮演主要角色。对此,金圣叹在回前评和正文眉批中,提出了意思相近的一个看法。

　　回前评:

如酒生儿李小二夫妻,非真谓林冲于牢城营有此一个相识,与之往来火热也,意自在阁子背后听说话一段绝妙奇文,则不得不先作此一个地步,所谓先事而起波也。①

附于正文的眉批,则带着点调侃的味道:

为阁子背后听说话,只得生出李小二;为要李小二阁子背后听说话,只得造出先日搭救一段事情;作文真是苦事。②

两段话的意思,都强调了李小二与林冲本来生活的无关性,仅仅是为了写阁子背后的偷听,才构思出李小二这样的人物,并且让他和林冲产生了生活的交集。而这偷听的作用,就在于"先事而起波",为后来撩开的惊心动魄的一幕做铺垫。

这样说,既对,也不对。

说他对,是从叙事逻辑看,陆谦等人在酒店密谋的情节设计,是为了呼应下文的一连串情节,其中包括:林冲六天后调往草场当看管,差拨在雪夜火烧草料场企图烧死林冲,差拨、陆谦自以为得手后在山神庙门外聊天被林冲偷听到,林冲出手杀死仇人等。而李小二安排妻子在"阁子背后听说话",又听不真切,结果给读者设下了一个很大的悬疑,这一悬疑在李小二通报林冲后,又得到了强化。此后,林冲在城内寻仇人未果,使悬念设置的紧张感稍稍得到舒缓。再后来,第二次偷听发生,真相大白,林冲报仇雪恨,从而为读者消解悬念,产生一种情理之内、意料之外的接受效果。诸如此类,都属于金圣叹所谓的"先事而起波"。

说他不对,是因为他没有意识到,李小二的出现,作为一个局外人,毕竟不可能对事件发展的走向,对当事人的行动,产生实质性的干扰,至多是让林冲事先买好了一把刀带在身边,让他最后复仇时,起到一定的作用。当然,没有这把

---

① 金圣叹.金圣叹全集:卷一[M].南京:江苏古籍出版社,1985:167.
② 同①169.

刀,林冲也能顺利复仇,因为他似乎习惯拿一把长枪在手里,最后也是先用这把长枪刺向仇人的。所以,讨论李小二夫妇,就不能仅仅从事件的层面、从人物的行动层面来讨论其意义,而且要从叙述方式的改变、从叙述者立场的重新设定、从看待小说对日常生活全景描写的开拓,来分析其意义。

中国古代白话小说创作受到了说书人传统的深刻影响,由此形成的叙事基本策略,常常会赋予小说的叙述者一个无所不知的全知视角,即使在情节的推进过程中,为了设置悬念而需要暂时遮蔽一些信息,如对一些人物的事先密谋加以特殊处理,小说叙述者也仍可以采用全知视角的卖关子方式,说这几人商谈的内容是"如此如此,这般这般",以此"打死我也不告诉你"的遮掩策略,来对信息加以恰到好处的控制。也就是说,不知的是读者,而不是那个呈现信息给读者的叙述者。

但《水浒传》有关这段密谋的情节构思则不然。

作者引入李小二夫妇,用他们这种局外人的陌生化视角来展现出背后偷听一幕,这就意味着,当那种无所不知的叙述视角被当事人的局部视角所替代时,那种生活的现场感,那种人际关系的动态表现,就得到了直观的呈现。换言之,情节的重要信息,是依靠身处情节中的日常生活中的人自己来呈现的,这种信息的逐渐呈现,是跟人际交往的关系密切结合在一起的,信息呈现得透明与隐晦,同步反映出人际关系的亲密与疏远。而那种操控一切的全知叙述者,只是一种凌驾于生活的幻觉。因为摒弃了无所不知的叙述者,因为限知视角的相对陌生化,让感知信息的特定人物与读者处于同一层感知水平上,反而让小说呈现的信息,更贴近生活的真实了。所以,金圣叹固然也会在夹批中说,"是店小二眼中事",似乎知道陌生化限知视角的运用,但他不能解释这一视角设置的真正意义。

如同采用的特殊视角更贴近了生活,林冲从英雄跌落尘埃后,他与李小二的交往,同样具有了更为日常的生活化的表现。比如李小二让林冲把替换下的衣服送到酒店来浆洗,又不时送些汤水到林冲处。还有,相对于林冲,李小二的性格更为谨小慎微,比如偷听到一些隐约信息后,没有马上叫林冲来辨认,怕当场闹起事,累及自己,这既给情节发展留下了余地,也是符合普通市民的性格的。

总之,让情节受戏剧冲突的表达效果、读者的接受心理,以及日常生活逻辑的多重制约,这是引入李小二夫妇作为局外人视角的特殊意义。虽然这种视角的出现,并没有根本上改变小说叙述者全知视角的大格局,但是在局部意义发生的突破和超越,依然是值得我们重视和深入研究的。

三、听不仔细与听得极仔细

李小二夫妇在陆谦等人的密谋背后偷听,设置了情节的悬念;林冲在山神庙里偷听到他们再一次谈话,则把悬念消解了。悬念的设置和消解,都是源自偷听,这里确实具有重复性,这种情节太巧的"撞衫"现象,或者传统评点家所谓的"犯",可以引发读者比较这两次偷听的差异。金圣叹评点就涉及这方面的比较,他说:

> 阁子背后听四个人说话,听得不仔细,正妙于听得不仔细;山神庙里听三个人说话,听得极仔细,又正妙于听得极仔细。虽然,以阁子中间、山神庙前,两番说话偏都两番听得,亦可以见冤家路窄矣![①]

话虽然说得有理,但是基本停留在现象的概括,所以我们还需要对此作进一步解释,以加深理解金圣叹所谓的两种不同的"妙"。这里的关键是,前次听不仔细,后一次听得极仔细。为什么?

最直接的理由是,因为前一次是设置悬念,听不仔细是必然的;后一次要消解悬念,所以需要写出听得极仔细的状况。但这样的解释,过于笼统,并不能真正领会作者的艺术匠心。所以还需要我们来进一步分析。具体可以分如下两个方面。

---

① 金圣叹. 金圣叹全集: 卷一[M]. 南京: 江苏古籍出版社,1985: 168.

第一，从时间看，这是事件发生在不同阶段必然的状况，也是造成差异的最主要因素。把林冲调入草料场当看管，然后趁他夜晚熟睡后，把他烧死在草料场，这是管营、差拨同陆谦等人商量的计策，需要事先绝对保密。所以事前讨论计划的人，必然谨慎小心，唯恐被人察觉，如果计划不隐秘，转而让林冲知晓，计划不但无法实施，还可能使林冲因此而报复。这样，李小二妻子有意去听，内容听不仔细，就是理所当然了。所以最后梳理信息，要把听到的和看到的综合起来，才能得出一个大致的判断。而当事情发生后，特别是认为林冲已经葬身火海，实施计划的人聚在一起谈事情的经过，对走漏消息的戒心，就减少了许多。不需要看到什么，只要林冲竖起耳朵来听，就能听得明明白白，也是合理的。有一个看似不经意的细节描写，两次出现，却对差拨、陆谦等人最终谈话时放松戒心，起着特殊的暗示作用。

林冲大雪天去草料场接替老军看管时，被告知附近有酒店可以买酒喝。所以过后他在草料场觉得寒冷时，就去附近酒店买酒喝。小说写道：

（林冲）取毡笠子戴上，拿了钥匙，出来，把草厅门拽上；出到大门首，把两扇草场门反拽上锁了；带了钥匙，信步投东。

而当他返回后发现草厅被大雪压垮，只能拿出被子，出草料场去沿途看到的山神庙权且过一晚。这里，小说写他"依旧把门拽上，锁了"。所指的门，当然是草料场大门，因为草厅已经被压垮，即使门没倒，也无须拽上，特别是本来就不锁。至于用"依旧"一词，应该是和前一次出去一样，是把门反拽后上锁的。这样，当差拨晚上来点火时，就会认为，林冲肯定睡在里面，肯定会葬身火海。

第二，从空间看，这是当事人处在不同位置，可能带来的不一样心态。李小二夫妇在酒店偷听陆谦等商量计划。虽然从事情最初发展看，林冲在明处，密谋的奸人在暗处，但是当他们在酒店密谋时，他们其实把自己置于了一个空间相对中心的位置，在这样的中心位置，边缘性的闲杂人等，就处在了他们所不知晓也难以掌控的暗处。这样，他们自然会有足够的戒备心理，有旁人在场时不愿多说，没有旁人时，也只是交头接耳低声说，就非常自然。

在山神庙则不然。差拨、陆谦等本来想进庙门，但因为林冲之前用石头顶住了门，他们进不去，就站定在门外聊起来，这就让门里的林冲听到了全部真相。这当然可以说因为火烧草料场已经实施，他们以为林冲死定了，所以就放松了警惕。但这里空间位置的特殊性，也是造成他们心里放松的一个微妙因素。也就是说，山神庙门固然分割出门里门外两个空间，但当差拨、陆谦他们站定在庙门前时，门里的那个空间在他们心里是忽略不计的。因为站在庙门前，可以让他们直接看到草料场的火光，这样，他们就把自己置于一个边缘、边界的位置。站在这个位置，他们可以围观这场大火；相对于他们所站的位置，草料场的大火，大火中他们想象中已经被烧死的林冲，才是这组空间的中心位置。他们没有执着地走进庙门，也许他们本来就没打算真要进去。因为，从山神庙门前的廊下直接来欣赏这场大火，欣赏由他们一手策划的害人杰作，还有比这个更令他们弹冠相庆、得意扬扬的吗？随后，他们被突然出现的林冲吓呆在原地，居然没有马上四散逃开，最终被林冲一一杀死，也是写出了奸人从胜利喜悦到突然跌入深渊的戏剧性逆转。而从读者接受心理看，就不是简单地从悬念设置到消解的完成，而是在消解悬念过程中，同时带来的心理震惊效果。

四、余论

最后想补充的一点是，李小二妻子偷听后，把听到和看到的情况告诉李小二，碰到林冲来酒店，又由李小二转述给林冲听，虽然内容基本一致，但是也可见出一个细微差别。李小二妻子看到东京来人把一帕子东西递给管营和差拨，又听得差拨口里说道："都在我身上，好歹要结果他性命。"就猜想："帕子里面的莫不是金银？"但当李小二转述给林冲时，除了差拨说的这句话没变，对那包东西，就直接说"那两个把一包金银递与管营、差拨"。从李小二妻子的猜想到李小二的肯定性叙述，也许是为了使"结果人性命"的许诺和接受金银之间建立更明确的因果关系，也许是为了更容易引起林冲的重视，但转述别人的话，把一种不确定变为确定，也可能是提高自己言说分量的一种常态吧？

神秘情节中的因果逻辑
——重读《促织》

古代志怪传奇类小说中，大多有些神神道道的内容。

蒲松龄的《促织》写男主人公成名被官府逼迫搜寻贡品促织而不得，不但家产赔偿殆尽，人也被打伤，正在绝望之时，村里来了一位神奇的巫师，成名的妻子前往焚香礼拜，天上就飘下一张带图的纸片，成名按图索骥，找到了促织珍品青麻头，孰料被好奇的儿子不慎拍死在掌中，让成名一家的希望顿时化作泡影。

小说情节发展至此，每每令读者感到有些困惑：神奇的巫师以及借由他联系到的上天，固然提示成名捕获了一头促织珍品，但这头促织很快死去，是否说明了老天只愿意给他们家一次机会？或者说，老天在借神秘的图像提示成名去捕获促织珍品的同时，却并没有暗示，这一促织的获得，对成名来说其实并无意义，不但无意义，甚至有可能带来灾难。如果老天能够预见到这一点却不给成名以任何的暗示，那么让成名捕获促织，究竟是对成名的安慰还是有意戏弄？成名之子的自杀，直接原因是出于恐惧，但有没有可能是冥冥之中老天的有意安排？如果是，这样的安排又有怎样的作用？诸如此类的问题，我想从小说情节推进的因果逻辑角度切入来讨论。

一

构建事件的因果关系是小说推进情节的基本原则。福斯特在《小说面面观》的论述中，提出了因果关系存在与否，是区分故事与情节的标准。在他看来，故事是叙述按时间顺序安排的事情，情节虽然也叙述事情，但是重点放在了因果关系上。他举的经典例子是，国王死了，后来王后死了。这是一个故事。

国王死了,王后因为悲伤也死了,情节的意味才得以凸显。类似的观点和例证,已经被学界所广泛接受。当然,因果关系往往并不如福斯特列举的那样简单,他以国王和王后为主人公,似乎不言而喻地用一种提纯了的民间故事原型来概括更具体、更复杂的情节内容,有助于读者对情节的本质特点加以最直观的理解。虽然福斯特也提到了含有某种奥秘的一段情节,使得因果关系显得不那么直截了当,比如"王后死了,没有人知道是为什么,后来才发现是由于对国王的死感到悲伤"①。但他并没有展开讨论,在复杂小说的带有奥秘性的情节设计中,蕴含间接因果关系所显示的重要价值。而这种间接性以及带来的复杂价值,恰恰是类似《促织》这样的传奇小说中所较多呈现的。

成名在搜寻促织陷于绝望时,巫师的出现给他们全家带来了一丝希望。但他们根据神秘图示所捕获的促织,让他们陷入了更大的悲伤中。青麻头可以说是为死亡而出现的,既是为其自身的死,也是为引发成名儿子的死(虽然最终得以神奇苏醒)。成名儿子对青麻头的好奇而掀起盆盖一看究竟,对青麻头逃逸时的着急以及捕捉时的手脚不知轻重使其死于掌中,都是符合儿童心理特点的,有情节发展的自身因果逻辑。但死亡毕竟不是这篇小说的终点,而只是情节发展的一个转折点。成名按图索骥,面对乱石堆发现了图中景象时,感到一阵惊奇,"成益愕",进而发现促织珍品后,固然也大喜过望,但已经为接受这样好的结果做了一定的心理准备。所以,捕获的促织突然死亡,把他们萌生的希望彻底埋葬,才是为下文惊奇乃至震惊的真正开始做铺垫。因为促织的死,让求助于神奇巫师、求助于上天帮助的希望也落空了,似乎人的努力与天的帮助构成的合力终于对成名一家不起任何改善作用,加上成名儿子的自尽而使绝望情绪弥漫全家时,具有真正转折意义情节的出现才得到了强化。从这个意义上说,由巫师帮助、成名拜天获得的促织,确实不是给他希望,而是在他萌生可怜的希望后让其遭受了更沉重的打击,打击越沉重,其后续情节的转折效果才会越强烈。

---

① 卢伯克,福斯特,缪尔.小说美学经典三种[M].方土人,罗婉华,译.上海:上海文艺出版社,1990:271.

如果说，捕获青麻头的情节设计，是在表现成名绝望前，先让他生出一点希望，那么，先于绝望向希望的彻底逆转，是小说通过一系列细节描写，充分渲染了希望的不可靠，从而把情节推进带来的最终逆转性发挥得淋漓尽致。

　　成名在儿子昏迷后获得的一头瘦小促织，外表可怜得连成名都不想收养，后来涉及此促织的一系列细节描写，似乎都在强化成名想靠此促织翻身根本不靠谱的感觉。这是小说当事人的最初的趋同性感觉，同时也把这种感觉传递给了读者。这样，当这头瘦小促织突然发力把看似不可一世的雄健促织斗败，甚至让硕大的公鸡都奈何它不得时，情节的戏剧性逆转才得以完成，并以这种逆转，带来了阅读感受上的心理变化。也许，外表的瘦小与实际斗敌能力的强大，在形象感受上的反差，都容易给人带来戏剧冲突的效果。但这仅仅是问题的一个方面。青麻头上场不久被成名儿子拍死，看似偶然，但在情节的逻辑设计中，却有一定的必然性。因为青麻头毕竟是促织中的珍品，由它出场去和其他促织争高下，它的胜算往往在人的意料之中，所以，由此推导出的情节进展是顺势而进，是顺着人们的心理预期推进的。而只是当青麻头死于成名儿子的掌中，代之以一头可怜兮兮的瘦小促织时，以后的情节发展，作为对胜利者的形象呈现，才有了逆势发展的戏剧性。但作者营造这样的戏剧效果，并不意味着他在颠覆常识。比如让健硕的促织偏无能，让瘦小的促织偏善斗等。如果作者仅仅是这样写，就有可能导致一种非理性的神秘主义。不错，带有神秘性的情节固然是小说有意设计的，但神秘性的产生，恰恰是因为受制于人的认知局限而暂时对一些现象无法作出合乎理性的解释。当小说情节推进到最后，作者就会向小说中的当事人也向读者撩开神秘的面纱，似乎是非理性的情节回归到了理性，对一些不可思议的内容给出了合乎因果逻辑的解释。作者告诉我们，瘦小的促织之所以能够战无不胜，是因为在其躯壳下，有着人的灵魂，成名儿子躺在床上奄奄一息，其实是灵魂出窍化身为一头瘦小的促织，"后岁余，成子精神复旧，自言身化促织，轻捷善斗，今始苏耳"（这个结尾和手稿本不同，但自有价值）。这样，人与促织合二为一，才有可能超越任何促织乃至其他动物。舍弃促织珍品青麻头，其实也就是放弃了以促织斗促织的常规路径（尽管从表面上看，这一常规路径并未彻底放弃），让小说的情节发展获得了质的飞跃，同时也对人的常规思路予以了挑战。但这一情节设计的深刻之处还在于，成名一家的否极泰来，似乎最终获得了人的尊严，其实是以他们后代的非人行为，也就是让一个人的灵魂蜷缩在一头促织的体内为代价的，是让其父母陷入深深的绝望为前提的。尽管最终结局是大团圆，但情节朝着让人欢欣的方向逆转的过程中，都伴随着一个人的灵魂失落，并始终有其父母挥之不去的内心悲痛，所以这样的大团圆，还是令人感慨不已的。清代的但明伦对小说结尾处的成名之子一段追溯加以点评说，"至此方点醒，言之伤心"①，是符合读者的共同感受的。

二

大团圆结局让人感慨的不仅仅是人物命运的逆转中蕴含着复杂的情感，还在于这一最终的结局让人产生了回溯的意味，通过这种回溯，把人曾经有的认知局限，暗示了出来。而小说的神秘气息，也因此得以部分廓清。这样，重新审视成名妻子向巫师求助这一情节设计，就变得特别耐人寻味。

令人不解的是，由巫师引出的上天如果能够预知未来，能够引导成名捕获促织珍品，他怎么又预见不到这头促织会死于成名儿子之手呢？或者，如前所述，难道这仅仅表明上天只愿意给成名一次机会吗？如果真是这样的话，那么随着促织青麻头的死去，情节的后续发展似乎跟求神问卜脱离了关系，似乎让人把成名妻子求巫师的一段情节视为一个偶然性的插曲了。捕获青麻头及其死亡的情节在小说整体中显得有些偶然，而一头瘦小的但战无不胜的促织出现在成名面前，同样是偶然的，前一个偶然引出后一个偶然，情节似乎是断裂的，似乎没有内在的因果关系可言。只是当小说发展到结尾，当苏醒后的成名之子把自己的奇特经历加以追溯时，我们才恍然大悟，青麻头之死与后一头瘦小的促织出现的情节设计，其实并没有断裂，而是存在内在的逻辑因果关系，只是这种逻辑被表面的偶然现象所遮蔽，从而带给人前后情节断裂的印象。

---

① 蒲松龄,张友鹤.聊斋志异会校会注会评[M].上海：上海古籍出版社,1986：489.

在《聊斋志异》的许多篇章中，人、他物（狐鬼动物等）和上天都是处在三个不同的认知结构层面的。人的言行以及对周围世界的理解，往往并不能突破其所在层面的局限，作者常常是借助人的死亡或者近似的改变生命基质的方式，才让人能够突破人的生存法则及其认知的局限，进入他物的世界里。在巫师的形象出现前，小说呈现的是严谨而又几乎是透明的写实笔法，成名为搜寻促织而不得的痛苦，那种无能为力的无奈，那种把人的命运只能寄托在似乎是微不足道的促织身上的可怜和绝望，得到了生动的表现。巫师的出现改变了小说的基调，写实的笔法中掺杂了幻想性元素，小说开始被罩上了一层神秘的面纱，不可思议的内容逐渐浮现。从成名的视角，表现他的惊奇心理，开始在小说中强化。只是当通过神秘的图示而获得的青麻头死于成名之子的掌中，成名之子如同植物人一般躺在床上时，神秘的显性线索突然中断了，小说似乎重新回归到了一种写实的描写。但是，值得注意的是，关于成名惊奇心理的描写，却并没有因此而中断。或者说，真正的惊奇才刚刚拉开序幕。

小说一开始就强调了成名是不善言辞的，"为人迂讷"，其中寥寥几句的语言描写，都出自他妻子之口。正是成名的不善言辞，有想法却不与人交流，使得作者理所当然地把描写聚焦于人物的内心，而情感的跌宕起伏，才因此得到了充分展示。

如上所述，成名第二次意外获得的促织，因其体形短小而不被人重视。不但成名视其为劣物，携促织珍品"蟹壳青"来挑战的少年也掩口而笑，更让拥有此促织的成名惭愧不已。而短小的促织在开始争斗时貌似的怯场，也让少年继续笑声不断。但此后，短小的促织瞬间发力斗败"蟹壳青"，成名变得惊喜万分，但突然冒出的一头雄鸡把小促织踏在爪下，成名又由惊喜变为惊恐。只是当小促织再建奇功，用叮咬鸡冠的方法制服硕大的雄鸡时，成名才再次变得惊喜起来。在这里，成名的或喜或恐，其实都是以惊奇为基调的，正是这种惊奇性的层出不穷，才提醒了读者，虽然神奇的巫师暂时隐退，但是此后的惊奇感依然连绵不断。这里的关键，不仅仅是小说体现了情节设计的戏剧性逆转，而且与这种逆转相连的，是来自情节内在逻辑的不可思议、不可预知的神秘性因素。这样，巫师在小说中的持续作用，其实是留下了一个潜在的难以一窥究竟的上天的视角，并把人对一切感到惊奇的视角留在了生活的表象中。

三

即便不是从情节发展的断裂角度而是从小说的整体设计看，以成名之子的自杀行为带来家庭的绝望情绪，确实也把小说分成了前后两部分，而在这两部分中，都各有一处情节的高潮。其一是青麻头死于成名之子的手掌中，其二是不起眼的小促织落在雄鸡的大爪下。正是这后一处情节设计，才让读者想到了生活中的相似镜头第二次出现。同类事件构成的一种意象或者说"事象"，让成名重新遭遇了过去，让他变得大惊失色，读者也遭遇了意象的叠加，人的手和鸡的爪，都足以让促织致命，特别是这种叠加都属于情节的高潮部分，其意义更不容小觑。

正是有意设计了相似的情节高潮，才凸显了截然不同的结果。

瘦小的促织最终不但能从鸡爪下解脱，而且让雄鸡大受挫折，这样的离奇性当然是构成情节跌宕起伏的重要因素，并以其不可思议充分吸引了读者的注意力，但只是当读者明白了小促织乃是成名之子的灵魂所化时，其内在的逻辑力量才能够从神秘的面纱中挣脱出来，并提供了复杂的阐释暗示。

受传统宗教思想浸染的人，会隐约看到其一报还一报的观念，促织再小毕竟是一条生命，更何况这条生命是在上天的提示下获得的，所以一命抵一命，似乎也是上天公道的体现。但以前讨论得比较多的，是人受困于促织的种种无奈，是对借助促织玩弄人于股掌间的非人社会的揭示。这当然是显而易见的内容。但从人物自身的内驱力看，成名之子的自杀，似乎是对自己莽撞地拍死青麻头行为的一种救赎。成名之子不但要以自己化作促织来拯救家庭，同时，也要重新给自己一次机会，让促织能够从一只有力的手掌中逃脱出来。这样，曾经好奇的他以手掌与青麻头的相碰，在新的场景里，就展开为雄鸡爪与小促织的相遇。在小促织逃脱鸡爪的一瞬间，当初死于成名之子掌中的青麻头，似乎也逃逸了。不妨说，成名之子在离奇的传奇世界通过变成他物而完成的奇功，在现实世界里,常常是借助于儿童幻觉中的自居心理来获得的。当儿童借幻觉自居于促织时,促织的脆弱、不堪一击,显然被超越。这是人对促织的拯救,也是对自己的心理拯救。用现代心理学解释,拍死青麻头的手掌成了成名之子的心理阴影时,摆脱这种阴影就成了人物以后行为的原动力,让这只手掌在后续的情节中呈现出种种变相,让促织从中逃逸,让这片阴影彻底散去,这是连接貌似断裂的情节的内在逻辑,也是"天意"之所在,具有不以人的意志为转移的规律性。而这隐含逻辑、这"天意"、这规律性的存在,显示了作者对人物心理世界的深刻认识,这种深刻认识既直接表现在对主人公成名的心理活动描写中,也体现在对成名之子隐含心理的暗示中。从小说情节设计的整体效果看,第二次有惊无险的情节高潮是对伤感的第一次情节高潮的应答和提升。

总之,只有充分考虑了《促织》人物刻画和情节设计的大原则,小说内部具体而微的各种细节描写,才能得到更合理、更有机的解释。

理解《红楼梦》整本书的五个要点

《红楼梦》人多事杂意蕴丰富,对初读者来说,是不小的挑战。这里据我个人理解,并斟酌学者的共识,梳理一些要点,供大家参考。为便于记忆,我把这些要点归纳为"一二三四五"五点,既作为排序编号的功能,又力图深入小说肌理,所以笔者这篇文章,可以直接称为"五点文",是否合理,请大家批评指正。

一、一组概念

《红楼梦》最核心的一组概念,是"真"与"假",这是小说开宗明义交代的,并通过甄士隐和贾雨村两个人物称呼的谐音,进一步延伸到小说前台的贾府和背景江南甄家,把复杂的意蕴暗示出来。

就小说本身看,"真""假"起码涉及了三层意蕴:作为叙事层面的真事与虚拟,作为宗教哲学层面的本真和假象,作为道德层面的真诚与虚伪。由于《红楼梦》是一部"大旨谈情"之书,而主要描写的又是贵族礼仪之家,这样,"真""假"概念问题,又往往跟上述第三层的情感与礼仪的问题紧密关联。或者说,《红楼梦》是通过小说的方式,回应了中国传统礼仪文化的一个危机,当维系人与人之间的礼仪日渐虚假时,怎样通过真情的充实或者重构,把适宜的人际关系重新建立起来。在《红楼梦》展开的女性群像中,李纨和秦可卿似乎成了礼与情的具体化身。李谐音"礼",秦谐音"情",也许在作者的原来构思中,李纨年轻守寡恪守礼仪,秦可卿纵情越礼(秦可卿的形象后来有所删改),似乎是在礼与情之间各取一端的人物。由此涉及的"真""假"思考,就特别意味深长。

需要说明的是,谈到"一",之所以不是选"一个"概念(例如"真")而是"一组"概念,是因为在小说中,这两个概念如影随形,很难完全拆解开来。一方面,比如在叙事层面,我们固然可以把它作真事和虚拟的区分,但虚拟中的求真精神,创作的写实主义倾向,鲁迅所谓的"如实描写,并无讳饰",在《红楼梦》中有明显体现。另一方面,作者又有意强调了"真""假"的内在转化性,强调了"假作真时真亦假",更兼以作者的反讽笔法,使得"真""假"判断,愈发扑朔迷离,也就很难截然分开了。

二、二条线索

小说有两条基本的情节线索。尽管早年有家族衰败史和爱情悲剧史何者为主的争议,后来又有人提出女性悲剧命运史的说法来补充,但中学语文教科书中,采用两条主线构成的网状结构说,认为"一条是以贾府为中心,叙述四大家族由鼎盛走向衰败的过程;一条是以宝黛钗爱情悲剧为中心,叙述大观园中人物的命运"[1],是目前大多数人认同的概括。

据第二回冷子兴演说荣国府的介绍,从宁国公贾演、荣国公贾源"水字辈"算起,经过"代"字的"人字辈","敬""赦""政"的"文字辈",以及"珍""琏""宝玉"的"玉字辈",再到贾蓉、贾兰、贾蔷等的"草字辈",正所谓"君子之泽,五世而斩",大概也该是气数尽了的时候。冷子兴谈及家族衰败的两点原因,一是费用亏空,一是后继乏人,钱财和人才两大问题中,人才的问题尤为重要,可以视为普遍性的常识。人才问题不单单是出了如贾宝玉这样的叛逆者,更有大量的腐败者,才最终无力支撑起家族的大厦。

爱情悲剧史是以宝黛爱情为中心线索的,这固然是宝黛爱情的展开,从他们相见时的"一见钟情"到其中的波折直至深深默契及最终悲剧,在所有小说人物的类似关系中,占有最大篇幅。但更重要的是,在宝黛彼此交往中,才真正展现来自共同志趣的两人的心灵激荡,展现那种苦闷、那种甜蜜、那种燃烧、那种

---

① 中华人民共和国教育部. 普通高中教科书　语文：必修下册[M]. 北京：人民教育出版社,2019：138.

神魂颠倒。相比之下,龄官的痴情、小红的发呆、藕官的假戏真做、尤三姐的情感执着和刚烈,以及司棋的敢作敢当,等等,似乎都没能得到(或至少没见到)另一位的相应回报。何其芳当年在《论红楼梦》中,提出了宝黛两人"在恋爱上是叛逆者"和"一对叛逆者的恋爱"的双重性。① 也许,更为直接地说,因为他们是在真正地恋爱,所以注定了他们悲剧的必然性。在传统社会,可以允许男女之间传宗接代、满足动物欲望的生理关系,可以允许政治联姻、巩固家族力量的伦理关系,但就是不接受、不认同情感激荡的心理关系。费孝通在《乡土中国》"男女有别"一章中,认为传统社会要维持固定的社会关系,所以"就得避免情感的激动"。② 而对一个等级森严的礼仪家族来说,男女之间的强烈恋情,容易破坏男女的尊卑秩序。这样,在《红楼梦》中,恋爱的冲动,就成了一种不被家长允许的"下流痴病",是万万不可有的"心病"。爱情悲剧,也就成了让现代人匪夷所思的仅仅因为爱情就可以导致的悲剧。

三、三个空间

《红楼梦》故事发生的核心环境是大观园。清代二知道人曾把大观园视作陶渊明笔下的桃花源,之后,一些红学家进一步强调了大观园的理想性,特别是余英时提出把大观园作为理想世界与大观园以外的现实世界区分出来,产生了较大影响。③ 不过,在余英时之前,深刻影响了余英时观点的宋淇《论大观园》,虽然也承认园子本身具有理想性,但是主要把它作为未充分成长起来的女儿世界来看待。这样,大观园的青春女儿世界与大观园以外的成年男人化世界形成的空间划分,似乎更贴近男主人公贾宝玉的思路。此外,小说设置的大荒山、太虚幻境等空间,以一种悠远、恒常乃至有点神秘的背景世界,让不论是大观园的青春女儿世界还是大观园以外的男人化世界,都显示了共通的无常性,这也是两条线索带动的衰败或者蜕变,显示了小说舞台前景的整

① 董志新.百年红学经典论著辑要:何其芳卷[M].合肥:安徽教育出版社,2020:20.
② 费孝通.乡土中国[M].北京:人民出版社,2008:53.
③ 胡文彬,周雷.海外红学论集[M].上海:上海古籍出版社,1982:31-55.

体动态性。

当然,对作为前景舞台的两个空间,区分出理想和现实,只具有相对意义。

一方面,理想抑或现实,既是因人而异的,比如从贾府外进入大观园的尤二姐,其实就是从相对自由的天地进入了无法挣脱的牢笼。另一方面,理想世界和现实世界也是动态发展的,所以当大观园越发萧条时,走出大观园,走出贾府,来到农村,在一个似乎更现实的世界里,在新的生活方式中,获得了生命活力的可能,这是曹雪芹本来为巧姐的成长规划好的轨迹,只可惜并没能在程高本中得到落实。

四、四季时间

小说是时间的艺术,《红楼梦》叙事主体内容跨越的流动时间(不同于大荒山、太虚幻境等恒久的时间),依据程本一百二十回本,大约近二十年。因为贾宝玉出生为小说主体内容开始的第一年,那么到第一百二十回他跟一僧一道出家,是贾政所谓的"竟哄了老太太十九年"。但是在这十九、二十年中,主要人物在大观园等空间活动时,园林的四季变化,以及相应的节令活动,在小说中有鲜明的体现,大有"虽无纪历志,四时自成岁"的特征。

也是二知道人,提出了《红楼梦》的四季特征问题。他说:

《红楼梦》有四时气象:前数卷铺叙王谢门庭,安常处顺,梦之春也。省亲一事,备极奢华,如树之秀而繁阴葱茏可悦,梦之夏也。及通灵玉失,两府查抄,如一夜严霜,万木摧落,秋之为梦,岂不悲哉!贾媪终养,宝玉逃禅,其家之瑟缩愁惨,直如冬暮光景,是《红楼》之残梦耳。[1]

后来有学者结合西方学者弗莱的四季叙事,提出了《红楼梦》的情节推移有

---

[1] 一粟. 古典文学研究资料汇编: 红楼梦卷[M]. 北京: 中华书局,1963: 84.

四季叙事的明显脉络。

　　笔者这里提出《红楼梦》四季时间的理解要点，是从以下几方面着眼的。

　　其一，从宏观看，全书可以把第二十三回，贾宝玉与众姐妹一起在春天的二月二十二日（农历）入住大观园作为一个起点，然后是宝黛共读《西厢》、黛玉葬花、宝钗扑蝶作为春天的主要活动；再以宝玉挨打形成的激烈冲突和紧随其后的宝黛默契带来的情感燃烧，以及在群芳开夜宴中达到夏日狂欢的顶峰；然后是从第七十一回起，真正开启了秋天的肃杀，直接的如抄检大观园、晴雯之死等，间接的如夏金桂嫁薛蟠后摧残香菱的阴影笼罩；最后黛玉之死、宝玉雪地里离去，呈现大地冬日的寂灭悲凉感。

　　其二，从中观看，《红楼梦》从第十八回以后，叙事节奏才缓慢下来，在第十八回之前，几乎叙述了贾宝玉经历的十二年时间；而在第十八回元妃省亲以后的一年里，叙事内容特别细致，一直到第五十三回，才开始写下一个元宵，即近三十回的篇幅才过去一年时间；然后是下一年时间，从第五十五回到第六十九回；而从第七十回到第八十回，则是又一年时间。也就是说，从第十八回到第八十回，尽管篇幅内容超过全书的一半，但时间跨度只有三年。而在这三年里，尤其是前两年，四时气候变化的特征非常明显，并和时令节庆活动结合在一起，构成推动情节发展的重要因子。而在第三年，春夏季的活动压缩在第七十回一回中完成，然后从第七十一回开始就进入漫长的秋天萧索中，其透射的一种整体氛围，是跟小说情节基调相统一的。

　　其三，从微观看，我们可以借助人物刚入住大观园的第一年，也就是四时最分明的一年，看人物的主要活动和节令的关系，这里列举出一些，见下表：

回　目	季节	节　庆	事　件
第二十三回至第二十七回	春天	春天结束的芒种节	入住大观园（二月二十二）、共读《西厢》（三月中旬）、宝玉凤姐中蛊、黛玉葬花、宝钗扑蝶

回　目	季节	节　庆	事　件
第二十八回至第三十六回	夏天	端午节（夏天开始）、五月初三薛蟠生日	宝玉初会蒋玉菡、贾府清虚观打醮、晴雯撕扇（端午正日）、金钏投井、龄官画"蔷"、宝玉挨打、黛钗探视、宝玉梦兆绛芸轩情悟梨香院
第三十七回至第四十六回	秋天	九月初二凤姐生日（与金钏同日）	探春发起诗社（秋天）、刘姥姥游大观园、凤姐泼醋、鸳鸯拒婚
第四十七回至第五十二回	冬天		薛蟠挨打外出经商（十月十四日）、香菱学诗、众人芦雪庵联诗、晴雯补裘

五、五层人物

《红楼梦》人物众多，在《〈红楼梦〉何以伟大》一文中，我把"人物最多样"作为一个主要特点标举出来。如果以《红楼梦》的青春女性来聚焦，那么参照"金陵十二钗"册子，可以大致划分五个层级。即第五回提到的正册、副册和又副册，以及层次更低、在太虚幻境中略而不提的可以考虑放入的三副、四副。正册中十二位女性都是贵族出身，也是主要人物形象，并根据与贾宝玉的亲疏关系以及两人一组，依次排列为黛玉、宝钗、元春、探春、湘云、妙玉、迎春、探春、凤姐、巧姐、李纨、可卿。副册第一位是香菱，余下的人书中没有提及。这一层人物应该是或者富贵人家出身而地位有所下降，或者虽是自由民但未必富贵，或者在小说中处于边缘位置的，如薛宝琴、邢岫烟、尤二姐、尤三姐、李琦、李纹等。又副册除开小说列出的晴雯、袭人两人，还应该有各房的大丫鬟，如鸳鸯、平儿、莺儿、翠缕、金钏、紫鹃，以及四位小姐身边的"琴""棋""书""画"。如果下面还可以列两个层次，那么一个是小丫鬟层次，一个是社会最底层的十二戏官。

从理解方便角度说，也许我们可以把五层的第一列全部跟黛玉关联起来，那么小丫鬟的第一位就是五儿，戏官的第一位就是龄官了，以对应于正册的黛玉、副册的香菱和又副册的晴雯。

提出这样的横向十二位、纵向五层的人物名录,一方面是要说明其跟男主人公贾宝玉的错综复杂关系,另一方面也是要大家注意,《红楼梦》所描写的礼仪之家在人物相处关系上所体现的严格的等级制度。这里列出的人物关系,虽然基本围绕着年轻女性,但是贾府内外的其他人物,也大致可以以此作为一个参照系,来确立他们各自应有的地位。

概括出的五点,即使有上位的普遍性抽象,也仍可能是挂一漏万的,是停留在局部的。比如以金陵十二钗册子来梳理小说人物。这样的概况,是否一定具有参考价值,笔者心里也不敢有把握。但想特别强调的是,不仅仅让这五点成为进入《红楼梦》这部伟大小说的路径,也力求让这五点彼此间建立起一种内在关联,是笔者所希望的。比如两条线索只有在和空间、时间、人物分层的交织中,才有网状结构的具体体现。再比如,就青春女性在大观园来说,她们跟贾宝玉的社会关系,在很大程度上又落实到了空间关系里,即使同在大观园,她们所处的不同院落,比如黛玉、宝钗、湘云、妙玉,以及在同一个院落中大丫鬟和小丫鬟在怡红院的不同站位(内室与外间),又可以大致分出三个空间来。而核心概念的"真""假"问题,在四时季节中,在春天对人的自然天性感发中,也有了黛玉葬花和宝钗扑蝶的真性情的流露,只不过在那样的场合,黛玉一贯到底的真情和宝钗在遭遇事件中突然变得伪饰的言行,也让两人见出了差异。

总之,对全书概括和区分出的"一二三四五"要点,最终都需要在全书的阅读中,得到整合理解。

论《红楼梦》整本书阅读与教学的整体性问题

一、问题的提出

2017年,教育部组织修订的普通高中语文课程标准正式发布,"整本书阅读与研讨"是课标中设立的十八个学习任务群之一。2020年,教育部组织编写的普通高中教科书语文必修下册正式出版,以"《红楼梦》整本书阅读",构成该册教材第七单元,并且在全国部分省市先行试用。有关《红楼梦》整本书阅读的问题,迅即成为全国语文界的一大热点,并影响到学术界。中国红楼梦学会在2020年组成张庆善会长担任首席专家的研究团队,作为国家社科基金学术社团研究项目,就《红楼梦》整本书阅读与教学在全国范围内的实施,启动了系列研究,笔者也参与其中。

中学语文界的整本书阅读,以及与《红楼梦》的关系,一直为笔者所关注。2013年,笔者就指导研究生撰写学位论文《读整体的书、长篇小说节选与中学语文阅读教学研究——以沪教版中学语文教材为例》,[①]2019年以来,相继在《红楼梦学刊》《语文建设》《语文学习》等刊物发文讨论了《红楼梦》节选进语文教材及整本书阅读教学的相关问题。这种讨论,既考虑了《红楼梦》文本的特点,也立足于教学的实际状况,对中学语文界的教学实施,提出了建议。但毋庸讳言的是,有关贯串整本书阅读教学背后的一个完整性或者说整体性的总问

---

① 刘思思. 读整体的书、长篇小说节选与中学语文阅读教学研究——以沪教版中学语文教材为例[D].上海:上海师范大学,2013.

题,却没有深入思考过,而这又恰恰是当前实施整本书阅读教学无法回避的根本性问题。所以特撰文作初步探讨,以期引起学术界、教育界对这一根本性的总问题的重视。

二、《红楼梦》的整体性指向

也许对许多人而言,只要把《红楼梦》整本书代替以往的那种长篇节选编进教材,对整本书阅读的整体性期待就一劳永逸地满足了。换言之,这本身不构成一个问题。这样的看法,其实只是一种皮相之见,并没有深刻揭示出《红楼梦》与整本书的内在关联性。

高中语文课程把《红楼梦》作为唯一的小说经典选入必修教材,当然有许多显而易见的理由,比如《红楼梦》在思想内容上既是传统文化的集大成者,也具有相当的创新性,实现了深刻的突破(鲁迅称之为"传统的思想和写法都打破了"),它塑造鲜活人物形象的丰富多彩、它展示传统社会风俗的广阔全面、它在文体实践的多样复杂(古人所谓的"文备众体")、它语言和结构艺术上的精湛出色,乃至许多学者参与《红楼梦》研究,延伸出的"红学"成为对《红楼梦》意义理解、发掘的共享平台,等等。

但从整本书的角度来说,阅读《红楼梦》体现出的整体性视野,会越过这些表面事实,引人进入一个更深广的语境。

1.《红楼梦》结构的整体特点

梳理中国古典小说的发展脉络,会发现《红楼梦》是颇为特殊的一部。

民国时期,浦江清先生在《论小说》一文中追溯宋人说话的源头后提出:"后来的小说家从短篇演成长篇,在结构上采取了两种形式。一种是《水浒传》式的连串法,既是以一个人物故事引起另一人物故事而连为长本,以后的《儒林外史》《官场现形记》《海上花列传》都如此,在中国小说里是极普通的结构。另一种是《红楼梦》式的以许多个人物汇聚在一起,使各个故事同时进展,而以一个主要的故事为中心。后者的艺术更高,是毫无问题的。在这一点上《红楼梦》最近于长篇小说的理想,非《水浒传》

可比。"①浦江清提出的这种"各个故事同时进展",后又被学术界称为"网状结构"。而这种结构,当然也并非在《红楼梦》中首次出现。清代张竹坡评点《金瓶梅》时说:"一百回是一回。必须放开眼作一回读,乃知其起尽处。"这种视一百回为一回,其实也是着眼于《金瓶梅》具有网状结构的一些特点。只不过这种结构在《金瓶梅》中体现得尚不充分,所以,浦江清才把《红楼梦》视为长篇小说的理想状态,这一判断本身,还是符合事实的。

需要补充的是,小说结构的网状形态不仅仅体现艺术结构的价值和意义,它更反映出作者对生活的全景和人物关系整体的理解。正是在这个意义上,它超越了短篇小说对生活横断面的截取或者如单线结构的长篇小说对人物关系的简单抽象,而是把许多人物受社会关系互相制约的立体性全方位打开了。于是,追踪小说的这种全面性、立体性,并力图从整体的意义上达成对小说的理解,才是实现小说整本书阅读的真正意义。而恰恰是《红楼梦》,为完成这一整体目标,提供了客观可能。

2. 指向章回小说传统的单元整体

《红楼梦》网状结构的整体性,在前六回(红学界通常说的是前五回)体现得最鲜明,表现为对小说总体内容、人物命运的纲要提示功能。从这方面看,因为小说开头的反复延宕、迂回,没有在情节冲突方面有实质性推进,似乎把它的特点与其他小说鲜明区分开来。但对这六回内容,又不能仅仅从纲要角度来理解。如果这是《红楼梦》整体结构的形象体现,那么,整体性问题,首先落实在部分中,或者说,是以指向整体功能的部分,来推进情节发展的。

大家知道,《红楼梦》在结构上虽有整体化的网状特性,但在相当程度上也继承了传统章回小说的结构特点。换言之,其整体化的结构特点,也渗透至组成基本单元的一回内部,从而让小说呈现出更为复杂的整体与部分的新关系,这同样是整本书阅读中,不应忽视的整体性问题。

自明代《三国志通俗演义》合两则故事为一回起,以后的章回小说,大多以

---

① 浦江清. 浦江清文录[M]. 北京:人民文学出版社,1989:191.

两个主要人物或者两则故事组合成一回,体现在回目中,有着两相对照的效果。这种对照,本来是为小说人物和事件形成空间上的拓展提供基础的,也是网状结构的组合因子。不过,线性结构的小说,在每回中构成的对照,基本是时间推进的流水对,如接力棒似的把相关的人物和事件传递下去,也缺少整体观照的深入意识。例如《水浒传》第二回"王教头私走延安府,九纹龙大闹史家村"、第三回"史大郎夜走华阴县,鲁提辖拳打镇关西",每回中虽写了两件事,但把事件组合在一起,并不具有整体意义的对比关系,其主要原因,就是王教头引出了史大郎,而史大郎又引出了鲁提辖,是单线联系的向后传递,虽然最终都会在逼上梁山的整体意义上得到理解,但是这种整体性,并没有在事件发展的错综复杂、盘根错节中构成一种更为立体的功能。

《红楼梦》则不然。这里,我以其中的一回为例,简单梳理《红楼梦》的基本构成单位在整体方面所显示的意义。

如小说第六回"贾宝玉初试云雨情,刘姥姥一进荣国府",从这一回单元本身来看,贾宝玉的行为与刘姥姥此后的行为,似乎并无联系,是多头线索的并列推进。但出于色心的宝玉对袭人的欲望,与出于温饱考虑的刘姥姥向荣府求财,还是把人的最基本的两种欲求,联系了起来。不过,这种同一回内部的对比,既有局部意义上建立起的整体关联,也有跃出这一回,在更为宏观层面的价值指向。一般认为,刘姥姥第一次进荣国府,与其后来的二进、三进等,形成一种来自外部视角的整体观照,并从这一视角勾勒出贾府的整体盛衰转折。也就是说,第六回内部与全书,构成微观和宏观两个层面的整体价值。但除此之外,在前六回构成总纲的中观层面,第六回刘姥姥进贾府与第三回林黛玉进贾府,同样构成了一种整体性对照。同是陌生化的视角,一种是底层人进贵族之家的好奇,一种是贵族投亲的谨小慎微,所见所感,就有很大的区别;一位是物质上的打秋风,一位是寻求感情寄托。所以进荣国府之于刘姥姥是一次性的出入和事件的迅速完成,之于林黛玉,却是进而不出的事件序幕的慢慢拉开。也因为刘姥姥一进荣国府,对照出林黛玉进贾府和贾宝玉初试云雨情两方面,这就把前六回中,贾宝玉与异性交往的情与欲的两面性丰富地表现了出来。

3. 主体建构与文本整体的"他在性"

这里所指的"他在性",借用了德国学者伽达默尔的一个说法,指不同于读者前理解的一种文本的客观属性。[①]

《红楼梦》作为整本书的整体性特点,还在于其成书过程中,整体性不单单是一个已然存在的事实,也是一个无法回避的问题,与小说一起向世人呈现的。

《红楼梦》成书过程相当复杂,不同版本错综交杂,对于早期脂抄本系统,如何把不同版本的内在关系理出一条清晰脉络,如何判断传抄过程中各种讹误异文的得失,都涉及对《红楼梦》文本客观的整体性理解。这种客观的整体性,可以视为文本的"他在性"。即便如张爱玲、刘世德等研究《红楼梦》版本流变时,都主张曹雪芹常常是从局部角度来修改其文字的,但整体性的视野依然重要。因为,当我们从局部来判断问题时,我们更多的是依据自己生活经验的前理解或者说成见,来建构出小说的一种合理性,而未必利用了小说的整体视野。例如第七回,写午后周瑞家的送宫花,经过李纨住所的后窗时,看到李纨在炕上睡觉。庚辰本有的这段文字,甲戌本就只有一句"从李纨后窗下过",并没有写周瑞家的"隔着玻璃窗户,见李纨在炕上歪着睡觉"一句。张爱玲据此判断庚辰本有的这一句,是作者的败笔而后来有意删去的。因为她觉得大户人家的后窗,不应该可以让别屋的仆妇看到屋内情形。这种按照生活常理的判断,虽有一定道理,但似乎忽略了周瑞家的送宫花这一事件的整体意义。她一路走来,先是去了贾府众姐妹处,见迎春探春两人在下棋玩,而惜春找了上门的尼姑智能玩,后来到王熙凤处,王熙凤与贾琏在屋内过夫妻生活,最后到林黛玉处,林黛玉在和贾宝玉一起玩。似乎各人都有陪伴者,只有中间插入的李纨,独自一人歪在炕上睡午觉。李纨青年守寡,本不需要头上插宫花来打扮。但作者特意写去王熙凤的路上,从李纨窗下走过,添加的一句"歪着睡觉",暗示的那种孤独无聊生活,还是呼之欲出的。而且,此后写王熙凤屋内传出的笑声,也跟李纨的行为构成了尖锐对比。

---

① 伽达默尔. 真理与方法——补充和索引[M]. 洪汉鼎,译. 北京:商务印书馆,2007:71-72.

当然,涉及《红楼梦》整体性的一个更为重要的问题是,后四十回的评价问题。后四十回的出现,本身就是为了实现小说的整体性的。但是,其在多大意义上,保持了与前八十回的连贯性? 又在多大程度上,完成了小说的整体性? 或者在一定程度上加深了整体视野中的局部断裂,这里涉及诸多思想艺术问题,都是需要在整本书阅读的基本框架中,在整体性的视野中,得到充分研习的。至于有些人认为,既然脂抄本本身就不完整,以此为依据,提出《红楼梦》整本书阅读的说法就显得自相矛盾,其实是不明白,整本书意义上的不完整与整体性的阅读视野之间,其实是可以建构起深刻的辩证关系的。

4. 文化背景带来的整体应对问题

当我们谈及《红楼梦》小说的整体性特点时,我们还不应该忽视,将该小说置于传统文化背景中,它所隐含的整体性对话关系、一种总问题意识。

虽然刘姥姥二进荣国府时,曾感叹贾府的处事方式是"礼出大家",但是恰恰是传统文化的礼仪问题,在明清时期遭遇了深刻危机,如李卓吾等人抨击"阳为道学、阴为富贵"的士大夫,表明人们在重新思考礼仪的基本问题,思考当维系人的外在礼仪关系并没有相应的仁爱充实时,会有怎样的结果。换言之,《红楼梦》提出的"大旨谈情"要义,其确立起的"真""假"命题,其塑造出一系列情感饱满的人物形象,其实是用艺术的方式,是以小说呈现的"真"与"情",来对抗了文化中的"假"与"礼"。其间涉及的问题相当复杂,笔者另有专题论文予以讨论,此不赘述。

总之,《红楼梦》自带这样的整体性问题进入中学语文界,未必是教师普遍认识到的,或者虽有认识,但不能贯彻始终,所以在教学过程中,教师的分析解读,有意无意间忽视了《红楼梦》的整体性,使《红楼梦》作为整本书阅读的整体性,并没有在教学中得到彰显,下面就来具体讨论。

三、阅读教学的整体性落实

曾有人认为,文学作品的整本书阅读,就是让学生自由、自主去读,或者教师仅仅提供示范性阅读,而所谓的教学,只是在学生遭遇理解困惑的地方,才需要教师来分析解读。比如吕叔湘在《中小学语文教学问题》一文，就转引了他人关于读一篇小说的感受，说是学生自己阅读，能感动得流泪，而经过教师分析，反不能打动人。所以文学的阅读教学，就是放手让学生借助自身的阅读获得感染。另外，俞平伯晚年也从研究的角度，表达过近似的意思，认为："人人皆知红学出于《红楼梦》，然红学实是反《红楼梦》的，红学愈昌，红楼愈隐。真事隐去，必欲索之，此一反也。假语村言，必欲实之，此二反也。"①这当然是就误入歧途的某些索隐派"红学"而言的，但"红学愈昌，红楼愈隐"的警句，教学分析可能使文学作品失去感人的力量，凡此，提醒了我们，《红楼梦》的整本书阅读教学，应该如何通过文本分析，让学生更好地走近《红楼梦》而不是远离它，更好地引发共鸣而不是无动于衷。在我看来，确立整体意识，就是一条重要路径。这种整体意识，既有整体感悟的前提，又不能缺乏理性分析的自觉。

由于高中语文教材中，呈现的《红楼梦》整本书教学内容和教学任务相当简略，所以不少出版社组织了教师编写各类教学或者学习用书。如李天飞撰写的面向低年段学生的《为孩子解读〈红楼梦〉》，邓彤等编撰的包括"阅读指导""文本研读""人物驱动"三部分的《〈红楼梦〉整本书阅读》，北京二中语文组编的《红楼梦整本书阅读与研习手册》，包括"作品概述""著作通读""专题研读""拓展阅读"的指导等，还有李煜晖主编的，把小说原文和点评、思考题结合起来的《〈红楼梦〉整本书阅读任务书》（上下册）。另外，也有作为整本书任务设计，把《红楼梦》作为其中一章的，如陈兴才主编的《新课标整本书思辨读写任务设计》（高中卷），诸如此类，林林总总。虽然各教学用书侧重点不一，但是对教师的教和学生的学，都能起到一定的辅助作用，也给了笔者不少启发。而存在的一些不足，特别是引导学生对小说的整体理解，不尽到位，倒是具有一定的普遍性，这是需要特别加以分析的。

目前借助教学用书体现的阅读教学，都涉及文本解读问题，而解读，往往又是对小说整体的一种拆分。虽然拆分是必然的，它是借助思维工具对混沌现象

---

① 俞平伯.俞平伯全集：第六卷[M].石家庄：花山文艺出版社,1997：412.

的归类、区分或者某个方面的概括,等等,但是基于对《红楼梦》的整体性理解,又必须让这种拆分,重新回到作品本身,在整体视野中,得到综合理解。李天飞《为孩子解读〈红楼梦〉》一书,给出最多篇幅讨论的,是《为什么贾府里有那么多家庭礼节?》一篇,不妨说,提出"家庭礼节"等这样的专题,就已经对小说整体进行了拆解。不过,他在这篇中,把家庭礼节又进一步细分为"尊卑有法""长幼有序""男女有别""主客有体"等规则,并逐一加以形象解释。① 比如作为父亲的贾政跪见已是贵妃的女儿元春;贾兰在奔跑中见到叔叔宝玉而站定;迎春比宝玉大,所以坐着见宝玉,与其他妹妹行为明显不同;男性外人回避贾府的女眷;等等。当然,由于人的复杂社会关系,使得与人交往时,常常会在多重规则叠加时,发生孰轻孰重的权衡。对此,李天飞又举"尊卑""长幼"标准发生冲突的事例,来加以斟酌取舍的说明,这样的解析是在分析中加以拆解和综合双重考虑的有益尝试。不过,略觉遗憾的是,也许作者太想强调礼仪文化的积极作用,如维护社会和谐、尊重自己和他人等,或者是考虑到小读者接受知识的基本定位,所以,只在结尾处提及一些礼节对现代社会的不适用,却没有从小说的整体性着眼,从作品的"大旨谈情"角度,来揭示情文化与礼仪文化在不同人物身上发生的那种根本性的相克与相生、冲突与顺应。即以李天飞举出的元妃见贾政这一幕来说,在尊卑有法的礼仪中,不仅仅有李天飞揭示的违背人性的一面,而且在礼仪盛典中,有元春的真情流露与贾政似乎是"深明大义"的尖锐对比。这种情与礼的冲突或者自我克制,才是《红楼梦》贯串始末的整体性的总问题。

如同我在前文提出,有关《红楼梦》的整体视野既有宏观考虑,也渗透至中观、微观的层面。教师在课堂中展开相应的教学内容,如果不在这些层面多加留意,同样是让人感到缺憾的。

《红楼梦整本书阅读与研习手册》是基于中学教师多年教学实践的总结,虽然提供了不少可资操作的教学策略,但是整体性视野的运用,在有些专题方面还留有改进的余地。比如,该研习手册用了颇多篇幅,把香菱这一人物作为"人

---

① 李天飞. 为孩子解读《红楼梦》[M]. 北京:天天出版社,2020:66-80.

物形象梳理"的示范,设计表格归纳了人物交往的三个圈子,概括出社会交往和形象特点的关联性。从其个人形象特点,到亲人圈以及朋友圈,依次往外拓展。在亲人圈,则列出了甄士隐、薛姨妈、薛蟠、薛宝钗、夏金桂;在朋友圈,列有林黛玉、史湘云、袭人、众姐妹等,看似归类很清晰,但问题也不小。① 且不说把黛玉和袭人等同放在朋友圈是否合适,即以袭人论,她把自己的石榴裙换给香菱,主要是宝玉的提议,越过宝玉对香菱的关心以及香菱感受的情意,单单提出袭人与香菱这一段交往故事,似乎弄错了人物关系的主次。但这还不是关键,关键仍然涉及《红楼梦》的一个整体性问题,这是第四十六回的庚辰本夹批点出的,"通部情案,皆必从石兄挂号"。换言之,让大观园中的诸多情感故事,或直接或迂回地与贾宝玉发生某种关联,以凸显贾宝玉的特殊情种地位和人物的多层次关系,是我们考虑《红楼梦》教学不该忽视的。此外,像《红楼梦整本书阅读与研习手册》那样,梳理香菱的不同社会关系来解析人物,有时候也未必能理出头绪。如果划分香菱主要的空间活动圈,比如随薛家进入贾府后,以出入大观园划分出她不同的人生阶段,并在两个环境里整合相应的人物关系,也许才能获得对人物形象特点更具整体性的把握。

还有些教学用书,抓住小说的片言只语,来判断或者要求学生下判断,看似是一些无关宏旨的枝节,反映出的或许是教师整体把握小说的意识尚不够自觉。比如《〈红楼梦〉整本书阅读》"探究与赏析"部分,为学生设计了研习题,如第一题:"黛玉进贾府时'步步留心,时时在意,不肯轻易多说一句话,多行一步路,惟恐被人耻笑了他去'。由此看出黛玉是个怎样的人?"教学设计者似乎没有意识到,这是黛玉刚进贾府时告诫自己的话,未必完全落实到行动,把黛玉的内心独白完全等同于她的行为,并进一步要判断出她是怎样一个人,难免有断章取义的嫌疑。② 而事实上,从小说第七回起,林黛玉说话就不再顾忌,违背了内心的自我承诺。如果教师能把类似的前后描写串联起来加以整体的、动态的把握,再来要求判断黛玉是怎样的人,也许会更为准确。

① 钮小桦,北京二中语文组.红楼梦整本书阅读与研习手册[M].北京:中华书局,2020:59-67.
② 邓彤.《红楼梦》整本书阅读[M].上海:上海教育出版社,2020:223.

引导学生把前后文联系起来，这是整体把握小说的基础。但有时候，恰恰是通过前后文的联系，让我们发现了前后文的可能断裂。这样，对文本的整体性理解，其实也是读者自身基于对文本的完满性期待，这样，理解的过程，就可以逐步纠正对小说内容的判断，来弥合或者说修补开始以为的文本断裂。伽达默尔的相关论述就是这样来提醒我们的。而《红楼梦》又恰恰能够满足我们对整体性的期待以及对相关问题的探索。这里，我想引《〈红楼梦〉整本书阅读任务书》（以下简称《阅读任务书》）对第五十四回王熙凤两次笑的解读，来说明这一问题。①

　　第五十四回写贾府过元宵，宝玉要来一壶热酒，给老祖宗等众长辈敬酒，老祖宗带头先干了，再让宝玉也给众姐妹斟酒，让大家一起干。想不到黛玉偏不，还把酒杯放到宝玉唇边，宝玉一气饮干，黛玉笑说："多谢。"接下来写凤姐也笑说："宝玉，别喝冷酒，仔细手颤，明儿写不得字，拉不得弓。"宝玉忙道："没有吃冷酒。"凤姐儿笑道："我知道没有，不过白嘱咐你。"

　　对此，《阅读任务书》在点评中比较了黛玉和凤姐的笑，认为"黛玉对宝玉的'笑'是知心，一个动作，对方就心知肚明。王熙凤对宝玉的'笑'是关爱，姐弟深情"。说黛玉对宝玉的笑里有知心的因素，不会有太大的问题。虽然清代的姚燮认为："当大庭广众之间偏作此形景，其卖弄自己耶，抑示傲他人耶？"②对黛玉此举颇有微词。而洪秋藩则将黛玉与宝钗比，认为黛玉"大庭广众之中，独抗贾母之命，且举杯送放宝玉唇边，如此脱略，宝钗决不肯为"。③ 但当代红学家蔡义江则认为"宝玉已知其体质不宜酒，故代饮。两心默契，写来出色"④，这一说法似乎也给《阅读任务书》有关黛玉的点评，提供了支撑。但说凤姐之笑出于关爱，是体现"姐弟深情"，就未必合理。因为不可忘记的是，前文已经交代，宝玉是拿热酒敬大家，他代黛玉喝下的，正是同一壶中的酒。凤姐居然叮嘱他别喝冷酒，还把喝冷酒的后果带着夸张的口吻说出来。更离奇的在于，当贾宝玉

① 李煜晖.《红楼梦》整本书阅读任务书[M].重庆：重庆出版社,2019：360－363.
② 冯其庸.八家评批《红楼梦》[M].北京：文化艺术出版社,1991：1309.
③ 同②1326.
④ 蔡义江.蔡义江新评《红楼梦》[M].北京：龙门书局,2010：611.

声明自己并没喝冷酒时,凤姐又马上说她也知道,不过是想嘱咐他一下,这里,白嘱咐的"白",有着"只、只是"的意思,就像第三十四回写的,王夫人道:"也没甚话,白问问他这会子疼的怎么样。"那么,在这样的语境中,凤姐说了一句无的放矢的废话,似乎与她为人的一贯聪明并不协调,这是为什么?认为这是体现"姐弟情深",其实只会加强一种前后文的断裂意味。

如果换一种角度看,当大家都在顺着老祖宗的要求喝完宝玉斟上的酒时,只有黛玉例外,反要宝玉替自己喝,虽然就宝黛他们两人自身言,当然可理解为是关系融洽,但是对于在场的众人,未必会认同这一幕,更何况这是在跟老祖宗唱反调。所以,清代的王香雪认为:"凤姐说莫吃冷酒,尖刺殊妙。"[1]姚燮说:"凤姐冷眼,遂有冷言,故曰别吃冷酒。"[2]判断都是较为精当的。这样,让宝玉别吃冷酒,指向的并不是酒,因为酒确实不冷。倒是容易让人产生一种联想,就是黛玉与宝玉间看似亲热的行为,不经意间营造了一种与他人隔绝开来的冷的氛围。或者也可以说,凤姐的言说恰是在针对宝玉的表面热切关心的无意义,才显示了转向黛玉的冷嘲意义。

也是在这一回中,老祖宗讲了某媳妇吃了孙猴子的尿,才变得说话乖巧起来的笑话。接下来又写到了凤姐的笑:"凤姐儿笑道:'好的,幸而我们都笨嘴笨腮的,不然也就吃了猴儿尿了。'尤氏娄氏都笑向李纨道:'咱们这里谁是吃过猴儿尿的,别装没事人儿。'薛姨妈笑道:'笑话儿不在好歹,只要对景就发笑。'"《阅读任务书》又在点评中比较了三个人的笑。说是同一个"笑"字,却有不同的内涵。"凤姐是苦笑,懂装不懂;尤氏娄氏是嘲笑,看熙凤被人编派,出乖露丑;薛姨妈是赞叹,点出贾母的智慧幽默。"

这里,评点者认为凤姐之笑是苦笑,其判断,又发生了问题。

老祖宗的笑话嘲笑嘴乖巧的媳妇吃了尿,虽然有可能是嘲笑凤姐,但是只有当凤姐以此地无银三百两的方式先站出来声明,才把这种嘲笑坐实了。凤姐的声明固然可以理解为"懂装不懂",要急于洗刷自己被嘲笑的嫌疑,但实际上,

---

① 冯其庸. 八家评批《红楼梦》[M]. 北京: 文化艺术出版社,1991: 1323.
② 同①1309.

这种装,倒未必是为了逃脱嘲笑,更可能是让大家觉得她要小聪明想躲避却反而直接撞到了枪口上。这样,老祖宗的笑话,才更添加了一层喜剧色彩。从这个意义上说,她是以表面急于躲闪的姿态,帮助老祖宗最大化地完成了笑话的嘲人效果,也成为她迂回地哄老太太开心的高招,以此显示她真正的聪明处。所以,点评她的笑是一种"苦笑",倒是真被她的聪明骗过了。

如果把这一回有关凤姐两次笑的评点联系起来看,我们会惊讶地发现,这两次笑,似乎都显示了凤姐的傻,前一次居然嘱咐喝了热酒的宝玉别喝冷酒,后一次在大家都还没说老祖宗是不是在讽刺她时,她自己先站出来说明不是"我"。而这种表面显示的傻,都跟小说建立起的凤姐绝顶聪明的整体感发生了断裂,才推动着读者从更深层次来发现其整体的意义。而教师,应该成为这种整体发现的引路人,而不是相反,或者把这种断裂有意无意地遮蔽起来,或者满足于解释一种表面的、松懈的其实又是经不起推敲的联系。

当然,我这样说,也不意味着,要把整体感抽象出来,加以概念化,比如用"聪明"一词来简单套用、解释凤姐所处的各种场合。而是应该引导学生去感受、去发现,这种聪明在不同语境中的具体表现,或者某些"例外"、某些特定语境中表现出的蠢所具有的真正意义。

需要指出的是,当小说的整体性问题存在疑问时,教师应该以一种更开放而不是独断的方式,来引导学生去理解。如前所述,关于《红楼梦》阅读一个经常面临的问题是,后四十回描写的评价问题。这里有依据程高本建立起的整体理解,还是依据脂抄本的整体感加以衡量的问题。比如第八十二回写黛玉梦魇,宝玉为证明自己的爱心,居然用刀把自己的心挖出来给黛玉看,把黛玉吓得魂飞魄散。这虽然写的是黛玉因焦虑做噩梦,但是写得如此惊心,如此刺激,其追求外在的戏剧化程度甚至超过了尤三姐自杀,显然已经背离了《红楼梦》在前八十回建立起的整体诗性,是把宝黛爱情一种内在的诗意简单地外显为戏剧性了。而这种外显的戏剧性,倒成了程高本一以贯之的风格,也构成了某种意义上的整体感。那么,如何评价这样的"整体感"与前八十回的内在差异或者断裂,即便不认为两者有内部的差异,也可以让学生自己来讨论,而不必把结论预设给学生。就此而论，如《〈红楼梦〉整本书阅读》"探究与赏析"的第 27 题："第82 回'病潇湘痴魂惊噩梦'，黛玉这场梦是《红楼梦》后 40 回中写得最惊心动魄的场景之一。请从语言表现力的角度分析此场景的妙处。"这样的表述就需要再斟酌。① 因为恰恰是从整体来理解，这里描写的惊心动魄未必构成一种"妙处"。其实，"妙"与"不妙"，都是应该再讨论的。所以把题干表述修改为从整体角度考虑描写的作用，让学生自己通过分析得出结论，就更为合理。

四、余论

在美国学者撰写的《如何阅读一本书》中，对于一部以讲故事为主的长篇小说，提出的建议是快速阅读全书，使得阅读过程中，始终在头脑中保持前后的连贯，保持一种整体性的理解。但《红楼梦》的整体性，恰恰又不是能够在快速阅读中获得整体把握的。因为，通过书中表现的日常生活中缺少戏剧化的故事，表现的发生在心灵的冲突和变化，透视人物琐碎的交往，建立起对当时社会人物关系和形象的深刻理解，也跟理解整体的网状结构紧密相关，这才是对《红楼梦》别具一格的整体的把握。而这种把握，就需要放慢阅读的节奏，需要细细品味和反复阅读。并且也正是在这种细细品味中，在读出味道中，我们或许可以解决部分中学生对《红楼梦》阅读兴趣不够的问题(一些教师通过设计趣味学习活动提高学生的兴趣，比如写调查报告来整理抄检大观园的过程，写会议纪要来熟悉探春发起成立的诗社，虽然无可厚非，但是从本质上说，这些策略是和文学阅读活动本身，是和《红楼梦》诗意本质相抵触的，所以，引入这种活动设计的同时，还需要充分认识到这种活动的局限性)。于是，一个最为现实的问题摆到师生面前，如何保证有足够的时间来细读《红楼梦》?

从高中语文课程标准看，它是从一般意义上提出整本书阅读要求的，既泛泛提及阅读的策略，诸如"综合运用精读、略读与浏览的方法阅读整本书"，也对长篇小说阅读，提出了基本要求，首先是"通读全书，整体把握其思想内容和艺

---

① 邓彤.《红楼梦》整本书阅读[M].上海：上海教育出版社，2020：225 - 226.

术特点"。这看似笼统,但"通读"的要求却很重要,在此前提下,才进一步提出"从最使自己感动的故事、人物、场景、语言等方面入手,反复阅读品味,深入探究",等等。同时,要求学生"用自己的语言撰写全书梗概或提要、读书笔记与作品评价,通过口头、书面形式或其他媒介与他人分享"。这里,既包括从整体阅读到局部的深入(这又往往是可以多次循环、不断深入的),又包括结合自己的思考和写作,形成整本书阅读的完整经验。设想虽然不错,但是未必能落实。这里的关键是,从课程标准设计的高中课程结构看,高中一学年的整本书阅读,只有 1 个学分,包括学术著作和长篇小说各 1 种,实际《红楼梦》整本书阅读就 0.5 个学分。

也由于此,高中语文必修教材下册共计八个单元,《红楼梦》只占第七单元这一个单元。每个单元实际的教学执行时间,基本在一周半至两周,涉及的语文课时,除开 2 课时写作,用于阅读教学的,大概也就 8—10 课时,这也是留给《红楼梦》单元的整本书阅读时间。这样的时间明显不够。一般认为,如果让学生课外去读,作业一概不做,平均每天读 10 回,7 万—8 万字,这样,两周读完 120 回,约 100 万字,通读一遍的时间就能得到保证,也能做到与课堂教学同步进行,而不必把学生的阅读隔离在遥远的假期。而课堂时间,则可以用来进行精读,深入到片段或者某条线索、某个侧面。课堂精讲片段,课外通读全书,这样的《红楼梦》整本书阅读也可以,但这跟以前选"林黛玉进贾府"等片段进教材,又有何本质区别?因为以前课堂内精读"林黛玉进贾府",同时也要求学生课外读整本书。由课内向课外延伸的做法,一如既往。

或许可以说,以往选入教材的是片段,是碎片,不涉及整本书。但是,当高中必修教材把《红楼梦》阅读分为结构、情节、人物、主题等六方面以及相应的六个任务时,只不过以纵向方式,同样切割了《红楼梦》整体,这跟以往教材的片段选用,横向切割但因此保留了这一段落的整体内容厚度,并没有本质的区别。于是,问题依然是,即便像当下教材那样,有六方面的学习内容和相应的任务要求,但这还是一种局部,是一种纵向意义的局部,最终还是需要回到反复通读全书来完成从局部到整体的过程。就这一点来说,如当下教材那样,让《红楼梦》

只占其中一个单元也许并不合理。更合理的做法是,在保留现有第七单元的前提下,撤下三至四个单元的其他文章,把《红楼梦》重要段落编入教材,形成横向部分和纵向部分的结合,以便就在课堂中而不是课外,达成整本书阅读的整体理解。

1942年,当叶圣陶在《论中学国文课程的改订》一文中,提出以整本书代替单篇文章做教材时,原因之一就是不能挤占学生的课外时间,课外时间应该留给学生根据自己兴趣来自主阅读,更重要的是,恰恰是当时中学生的课余时间是不够的,"一个学生如果认真用功的话,非把每天休息睡眠的时间减少到不足以维持健康的程度不可"。而今天,在高考激烈竞争的情况下,留给学生学语文的课余时间,更是少得可怜。所以,通过对高中课标中学分和课程结构中学时的调整,在教材相应的变化中,让中学生在课内就基本完成《红楼梦》整本书的阅读任务,课余时间则还给学生,学生根据兴趣自己去拓展阅读,而不是像现在这样,整本书进教材、进课堂成为一种无论在内容学习还是时间保证方面都是严重缩水的状态,使得本应是精读的内容有可能变成连泛读还不如的草草了事,其实未必能达成语文阅读教改的真正目的。

最后需要说明的是,我就《红楼梦》整本书阅读教学的整体性举出的各类"教学用书"相关问题,仅仅是在此专题下的局部讨论,并不代表着对涉及的各种"教学用书"的整体讨论。也就是说,从"教学用书"中选个别例子来讨论《红楼梦》的整体理解,不等于讨论针对各类"教学用书"自身的整体理解,更不是对各类"教学用书"的整体否定,读者诸君切勿误会。判断失误之处,也欢迎指正。

从人物分析谈《红楼梦》整本书阅读的整体性

整体性问题,其实不单单是整本书阅读中才有,对中短篇的单篇作品或者长篇的片段理解,都存在一个整体性问题,都存在着局部与整体的关系问题。即使我们读一部长篇,也是从一字、一句、一段,从局部开始慢慢走向全部,并且在全部读完后,再回头来读局部段落时,可能对局部的理解,也就有了一种整体的视野。所以,就像有些学者说的,理解,就是从局部走向整体又回到局部然后再到整体的多次循环。而《红楼梦》的博大精深,也确实需要我们经过多次这样的循环,才能有比较深入和全面的领悟。

一

既然对局部和整体的关系需要有一种辩证的理解,那我这里不妨先从人物描写的一个片段切入讨论。

高中教材是把《红楼梦》整本书列入阅读单元的,而在九年义务教育阶段,小学五年级下册,以"红楼春趣"为题,选了《红楼梦》第七十回宝玉、黛玉等放风筝的段落,初中九年级上册,选了《红楼梦》第四十回"刘姥姥进大观园"片段。因为她在鸳鸯、凤姐等安排下,在饭桌前装疯卖傻,让众人彻底笑翻,成了小说中最令人难忘的段落之一。

初中教材选入刘姥姥片段,是将其作为自读课文来处理的。一般来说,自读课文不需要教师课堂上组织教学,主要让学生依据教材中的"阅读提示"和课文旁边的批注来自读。而恰恰是这提示和批注,从局部与整体的辩证关系来衡量,还是有进一步斟酌余地的。或者换一种思路,如果从高中的整本书阅读要求来说,对于这样的小说片段,我们应该从哪个方向来对人物分析加以提升?这也可以理解为,是对新课标关于不同学段学习衔接要求的有意尝试。

教材中的旁批一共有 6 处,即:

旁批 1:从刘姥姥的视角来看,贾府具有什么特点?

旁批 2:此处设置悬念:她们会如何拿刘姥姥"取个笑儿"呢?

旁批 3:猜一猜,鸳鸯跟刘姥姥说了什么悄悄话?

旁批 4:此处写众人的笑,绘声绘色,各具情态,体会其中的妙处。

旁批 5:刘姥姥的话体现了她怎样的特点?(按:是针对刘姥姥说的"一两银子也没听见个响声儿就没了"话的旁批)

旁批 6:刘姥姥明明知道是拿她"取笑儿",为什么还积极配合?①

这 6 处批注,除开批注 1 是让学生注意从刘姥姥视角写的贾府的特点,其余 5 处都是围绕着鸳鸯等设计的"喜剧"而展开,似乎也顾及了整个段落的整体关联性。比如"喜剧"预谋的悬念性,引导学生对这预谋的猜测,"喜剧"的实际效果,"喜剧"主角刘姥姥的话语特色以及她行为的内在动机分析,都涉及前后的连贯性,最后落实到对刘姥姥心理动机的分析(为何积极配合),有着由浅入深的思考发展。那么,这里的批注,问题到底出在哪里?

在我看来,问题就在于批注者太顾及情节的连贯,其实是一种相对表面的逻辑同一性的追求,把情节发展中,人物言行呈现的那种可能的异质性、差异性,同时也是全面理解人物连同理解小说艺术的特殊性,给忽视了。

批注 6 要求学生探究刘姥姥行为的隐秘动机"为什么还积极配合",以此深入一步分析,带有一点对这出"喜剧"总结的意味,但从小说本身看,带有总结意味的恰恰不是刘姥姥解释的那种"积极配合",而是前一句的感叹,而鸳鸯、凤姐

---

① 中华人民共和国教育部.义务教育教科书 语文:九年级上册[M].北京:人民教育出版社,2018:131-134.(关于课文引文及"阅读提示"均出于此版本,下不一一注明)

的道歉以及刘姥姥后来的解释，其实都是那句感叹引发的连锁反应，也呼应了"喜剧"开始前的鸳鸯叮嘱的话。

这段话是这样的：

一时吃毕，贾母等都往探春卧室中去说闲话，这里收拾残桌，又放了一桌。刘姥姥看着李纨与凤姐儿对坐着吃饭，叹道："别的罢了，我只爱你们家这行事！怪道说，'礼出大家'。"凤姐儿忙笑道："你可别多心，才刚不过大家取乐儿。"一言未了，鸳鸯也进来笑道："姥姥别恼，我给你老人家赔个不是儿罢。"刘姥姥忙笑道："姑娘说那里的话？咱们哄着老太太开个心儿，有什么恼的！你先嘱咐我，我就明白了，不过大家取笑儿。我要恼，也就不说了。"

这里，作为媳妇的李纨和凤姐不跟老祖宗、贾府小姐以及客人刘姥姥共同进餐，只是在她们用完餐之后才放桌吃饭，似乎正体现了大家族进餐的礼仪规矩，所以引发了刘姥姥"礼出大家"的感叹。

耐人寻味的是，刘姥姥的感叹，究竟是仅仅就这个进餐的程序所发的感叹，还是她也借机旁敲侧击，在曲折表达她的抗议？在婉转揭示对方的自相矛盾？因为安排刘姥姥在用餐前扮演一个小丑角色逗大家乐，似乎已经违背了待客之道。更何况刘姥姥第二次到荣国府，目的不是打秋风，而是来报答凤姐曾经对她的接济，也是老祖宗招待她住下，带她游玩大观园的。那么一方面不客气地嘲弄了刘姥姥，另一方面在用餐的程序上又恪守礼仪规矩，这不是陷自己于自相矛盾的可笑境地吗？但由于这里的描写没有触及刘姥姥的内心，所以也不排除这里其实并不含有其他意思，只是在真诚感叹她们当下用餐程序符合礼仪规矩。只是鸳鸯、凤姐连忙进来道歉，才让读者发现刘姥姥可能的言外之意。或许，也正是这场"喜剧"由鸳鸯和凤姐导演，她们心中有愧，才发生言者无心，听者有意的效果。谁知道呢？

也因为此，刘姥姥接下来的解释或者说声明，也可以作另外的理解。

她对鸳鸯说的是"你先嘱咐我，我就明白了，不过大家取笑儿"。关于鸳鸯

嘱咐刘姥姥的话,小说没有交代全部内容,这当然是为了悬念设置的需要,但其中对刘姥姥叮嘱的话,小说又写了出来:

鸳鸯便拉了刘姥姥出去,悄悄的嘱咐了刘姥姥一席话,又说:"这是我们家的规矩,若错了我们就笑话呢。"①

此处教材有旁批3,是让学生猜测鸳鸯对刘姥姥说了什么悄悄话。这从引发学生好奇心,丰富他们的想象力来说,是有意义的。但如果把前后文对照起来看,鸳鸯特别叮嘱的话,被作者摆在明面的话,才有了整体分析的意义。

因为鸳鸯把吩咐刘姥姥的"出丑"言行强调为是贾府的规矩,而刘姥姥恰恰又是从礼仪规矩角度来感叹他们家行事的。鸳鸯又说"若错",会惹人笑话。但事实是,刘姥姥应该是没说错才惹得大家笑翻的。那么,虽然刘姥姥后来解释说她明白这是大家取个笑,但是至少,在鸳鸯嘱咐刘姥姥时,并没有告诉她这是在"演戏",也许在"导演"看来,不告诉本人这是演戏,容易出喜剧效果,但这也容易造成对当事人的伤害。这样,刘姥姥后来解释,事先嘱咐过她,是"大家取个笑",同样也有了不同的理解。这到底是在暗示鸳鸯开始没把话说清楚,让人演戏却不告诉实情,还是在暗示自己聪明人装糊涂,这同样可以有不同理解。

二

在刘姥姥扮演丑角的那瞬间,众人笑翻的场面,那种各具特色的生动形象,得到许多人激赏。教材批注4,也有意识引导学生去体会其中描写的妙处。而与之配套的《教师教学用书》给出了相关的分析。但这样的分析,又没能把前后的深刻性加以有机联系。也就是说,当刘姥姥在赞叹贾府用餐程序的合乎礼仪时,他们被刘姥姥引发的大笑,又恰恰是失态兼失礼的。只不过,当刘姥姥的搞笑让他们获得彻底打开自己紧绷的礼仪约束,他们由此获得了彻底放松乃至近

① 曹雪芹,无名氏.红楼梦[M].北京:人民文学出版社,2008:534.

乎癫狂的快乐,并且也让身处其中的刘姥姥遭受了精神伤害时,礼仪到底应该是让她"爱"还是不让她"爱"呢?或者说,她所感叹的"礼出大家",也含有对自己在之前的笑剧中没有得到礼遇的些微遗憾或者不满吗?

与此相关的,还有关于作者对在场两位重要人物的省略交代。一位是李纨,一位是宝钗。

从小说描写众人笑的场面看,作者以"独有凤姐鸳鸯二人掌着"来归结,似乎暗示了其他人都在笑。那么为何避而不写呢?《教师教学用书》关于宝钗给出的一个理由是:"在不写中写出了她的工于心计、故作端庄的大家风范,使人窥见了她未来女主人的面影!"①这样的解释,流于穿凿。(当然,也有人认为不写就是说明这两人没笑,也没有判断的依据)也许,因为这两人都是恪守礼仪的,所以如何来处理她们两人,如何在整体笑翻的场面中来让她们的存在没有违和感,让作者感到了困难,所以,他换一种方式作了侧面补充。对于李纨,让她事先劝阻她们不要捉弄人,所谓:"你们一点好事儿不做!又不是个小孩儿,还这么淘气。仔细老太太说!"而让薛宝钗,在事后的林黛玉说笑中,加以比较说,"所以昨儿那些笑话儿虽然可笑,回想是没味的。你们细想颦儿这几句话虽是淡的,回想却有滋味。我倒笑的动不得了"。也就是说,让两位最恪守礼仪的人,在围观这场喜剧中,也表明了自己的独特态度,使得这场捉弄人的整体喜剧效果,也就不再是铁板一块了,而是有内在的可能差异性的态度和立场。

但从教材的批注看,似乎并没有给学生留出多少别样理解的空间。当批注用刘姥姥的"积极配合"来跟她的言行作总结时,其实也是在呼应该教材的"阅读提示",这段阅读提示是这样的:

社会底层的一个农家老妇,来到京城贵族之家,与上流社会的贾母、王熙凤等人一起进餐,闹出了很多笑话。这场"笑"剧,凤姐和鸳鸯是导演,有意策划,

---

① 人民教育出版社,课程教材研究所,中学语文课程教材研究开发中心.义务教育教科书教师教学用书 语文:九年级上册[M].北京:人民教育出版社,2018:328.(关于《教师教学用书》引文均出于此版本,下不一一注明)

精心设计;刘姥姥是主角,积极配合,卖力"表演",滑稽搞笑;贾母等人则是配角兼观众。作者通过雅与俗、庄与谐的对比,营造出强烈的喜剧效果。

"积极配合",这是分析刘姥姥的基本定位,但这里也发生了概述的一个细节错误。刘姥姥其实并没有跟"王熙凤等一起进餐",也许从泛泛的表述说,"阅读提示"的说法是没问题的。但当进餐的"一起"或者不一起恰恰成为小说中的一个重要细节,并被刘姥姥拿来说事时,其整体的意义就凸显出来。因为这个细节存在,说明整体性的分析其实是需要充分照顾到内部的差异性的,这是对大而化之的同一性的克服,这是获得的相似和相异协调起来的一种整体性,由此让我们对刘姥姥这一形象、对作品的基本定位或者艺术风格,有了新的认识。

三

在与教材配套的《教师教学用书》中,把刘姥姥"积极配合"的动机,解释为"为自己多争取点实质利益",认为贾府"将一个年过七旬的老人当作取笑的对象。而更可悲的是,这个老人却非常乐意配合"。类似的分析,都把刘姥姥理解得简单化了。虽然我们可以把一进荣国府和二进加以比较,来体会这一人物的丰富和复杂,理解其在具体情节结构中具有的意义,但是对刘姥姥全面性的理解,也涉及对作者基本创作思想和风格的理解。这种理解,从整体性而言,更为关键,更具本质特性。

从作者的创作思想看,礼仪问题表面看是刘姥姥进大观园的有关特定事件的感叹,其实也涉及作者对《红楼梦》全书的基本定位,即外在礼仪与内在情感的那种张力,并与"真""假"概念紧密结合起来。或者说,作者思考的是,"真"情与"假"礼关系的重构性。如果这是对"诗礼之家"必须思考的基本问题,作者又通过独特构思,提出了走出这种二元纠结的全新思路。他原打算是把刘姥姥和贾府最年轻的女性、王熙凤的女儿巧姐联系在一起的,巧姐最后跟着刘姥姥来到农村,开始自食其力的全新生活。所以,来自底层的刘姥姥,固然为生活所迫,可以忍受羞耻,但又不是毫无底线、没有一点尊严意识的。否则,把巧姐托付给刘姥姥,也许是会让人不放心的。但作者在这个问题上的处理,又相当艺术化。他没有描写刘姥姥的内心,只是通过鸳鸯和凤姐的反应来暗示读者,刘姥姥可能有话外之音,这样,也让刘姥姥的解释和鸳鸯的叮嘱的不自洽暴露出来,从而构成描写的一种反讽性。

反讽不是讽刺,也不是反话。反讽的话语可以让人在不同立场下,对人物整体有不一样的理解,从而为全面深入理解小说,打开了更大的空间。但教材批注或者《教师教学用书》,似乎又把理解的空间狭窄化了。以"积极配合"来评价刘姥姥的言行,似乎把整个过程视为一种不言而喻的客观事实,其实也就遮蔽了刘姥姥言行的复杂性。

不过当我们把巧姐的人生走向跟刘姥姥关联起来分析时,依据的主要是第五回的内容或者一些脂砚斋批语,在实际程印本的小说中,巧姐只是跟刘姥姥去了一趟乡下,躲开可能被拐卖的祸害后,又重返贾府(其间有给大财主说媒事)。这种结尾的不一致,似乎给我们整体理解人物,带来了障碍。不少人曾带点嘲笑的口吻说,当人们在主张《红楼梦》整本书阅读时,却没有意识到,《红楼梦》本身就是不完整的。

当然,我前面也提及,局部与整体的问题,可以有辩证的思考。而对《红楼梦》来说,也有其特殊性。一方面,《红楼梦》的原作确实不完整,即使有人认为后四十还是原作者,但也基本承认它只是一部残稿或者最初的草稿。另一方面,毕竟续作的程印本完整流传已经二百多年,这种情形可以让我们获得整体性的多重思考,即作为原著对人物命运安排的设想中的整体性与程印本留给我们的实际整体性是有差异的。把这两重整体性加以对照,可以说,在小说重要女性命运的安排中,有两位女性的人生走向,是发生了根本改变的。其一是由刘姥姥引出的巧姐,一条走向农村新世界的自食其力道路,因刘姥姥做媒把她嫁给周姓大财主而改变了。其二是香菱,本来是悲剧的人生,翻转成了喜剧。

讨论后四十回与前八十回人物描写的整体性差异,当然可以有许多维度。但因为我们已经无法看到,与第五回判词或者脂砚斋评语等暗示的人物归宿一致的许多具体描写究竟如何,这样就只能从整体结构、人物命运的本质特征来

120

下判断。最近,也有人提出,可以从辩证思维来判断后四十回的作者问题,即一些细节和前八十回预设一致的未必是作者原稿(因为续作者的拘束),不一致的反而有可能是作者手稿(作者对自己作品的处理相对比较自由)。这当然有一定道理,但涉及人物的价值观等原则问题,涉及作品思想的基本定位,这样的分析思路也许并不适用。

因为巧姐和香菱的结局处理,不但改变了作者的基本价值观,也让这种改变,用近乎儿戏的方式表现出来,让人实在难以接受。或许这正是说明了,在文学创作中,思想的平庸与艺术的拙劣往往是互为表里的。

最后需要说明的是,把"刘姥姥进大观园"放在高中《红楼梦》整本书阅读视野中来提升文本的整体分析,当然可以聚焦段落,把第六回刘姥姥第一次进荣国府等相关内容全部梳理出来,或者通读全书,依托全部内容在小说整体中的跨度,来拓宽阅读分析的视野。但暂时立足于局部,意识到因为局部而带来的必然局限,在参透局部与整体的辩证关系中,获得一种深刻理解,这也未尝不是阅读长篇的一种路径。

转折与承接
——谈谈理解杜甫《登岳阳楼》的不同思路

一、问题的提出

杜甫晚年名作《登岳阳楼》被选入统编高中语文教材必修下册。虽然该诗已为人熟知，但为讨论方便，还是把它引述于此：

登 岳 阳 楼

昔闻洞庭水，今上岳阳楼。吴楚东南坼，乾坤日夜浮。亲朋无一字，老病有孤舟。戎马关山北，凭轩涕泗流。

这里先要特别提出来的是，该诗的颔联，曾得到当代不少唐诗学专家的激赏，如傅庚生写道：

这首诗的意境是十分宽阔宏伟的。诗的颔联"吴楚东南坼，乾坤日夜浮"，是说广阔无边的洞庭湖水，划分开吴国和楚国的疆界，日月星辰都像是整个地漂浮在湖水之中一般。只用了十个字，就把洞庭湖水势浩瀚无边无际的巨大形象特别逼真地描画出来了。①

马茂元选注的《唐诗选》，又把颔联跟孟浩然的相似之作《临洞庭湖赠张丞

---

① 萧涤非，等. 唐诗鉴赏辞典[M]. 上海：上海辞书出版社，1983：594-595.

相》中的颔联("气蒸云梦泽,波撼岳阳城")加以比较,认为:

这诗历来与孟浩然《临洞庭湖赠张丞相》并称,以雄阔冠绝千古洞庭湖诗。而细味之,二诗似有不同处。二诗颔联堪匹敌,其中孟诗雄阔而涵泓平大,较少锻炼;而杜诗则于雄阔中见劲道郁勃之气。"吴楚"句从广袤观,殿以"坼"字,力大节促,则乾坤日月,如从这一巨大的豁裂中浮沉吞吐,境界之壮奇,炼字之警绝,与孟诗显然不同,而体现了杜诗一贯的特色。[1]

其实,认为杜甫有关洞庭湖的描写气象恢宏阔大,独步诗坛,是不少古人评点的,如《唐诗品汇》转引对该颔联的评价是"气压百代,为五言雄浑之绝";也认为这种雄浑,超越孟浩然的相关名作,如《苕溪渔隐丛话》转引《西清诗话》道:

孟浩然"气蒸云梦泽,波动岳阳城",则洞庭空旷无际,气象雄张,如在目前。至读子美诗,则又不然,"吴楚东南坼,乾坤日夜浮",不知少陵胸中吞几云梦也。[2]

再如《诗薮》中的评价:

"气蒸云梦泽,波撼岳阳城",浩然壮语也,杜"吴楚东南坼,乾坤日夜浮",气象过之。

也正是因为对杜甫该诗颔联呈现的恢宏气象几乎达成了古今共识,于是从结构转折的角度来理解五、七言律诗的颔联与颈联的关系,对照杜甫该诗,就顺

---

[1] 马茂元.唐诗选[M].上海:上海古籍出版社,2017:391.
[2] 陈伯海.唐诗汇评(增订本)[M].上海:上海古籍出版社,2015:1949.(凡引用古人相关论述均转引自该书,下不一一注明)

理成章印证了转折的具体意味,或者认为这是表现景与情的差异,例如《瀛奎律髓》说的,"中二联,前言景,后言情",又有进一步从诗的境界来阐释,如黄生《杜诗说》认为:

> 前半写景,如此阔大,五、六自叙,如此落寞,诗境阔狭顿异。

那么,究竟如何理解这种转折的差异性效果,即所谓的"顿异"? 差异性中的承接又是如何体现的? 或者,对这种差异本身的理解,是否可以再斟酌? 下面我就试来讨论。

二、颔联的再解读

值得注意的是,写了《读杜心解》的浦起龙是较早讨论这一转折性艺术效果的。他在引述了黄生的说法后,加以论述说:"不阔则狭处不苦,能狭则阔境愈空。"也就是说,他是从艺术反衬的效果,来讨论颔联和颈联关系的。

也有人一方面强调了这种从景向情转折的突兀,另一方面则力图从前后联的语言肌理上,来揭示其中的关联性。比如《闻鹤轩初盛唐近体读本》中,引陈德公的点评说:

> 五、六入情语,骤闻似觉突然,细按之,仍是分承三、四,"东南坼"则"一字"难通,"日夜浮"则孤舟同泛。情景相宜,浑成一片。

这样的说法看似有理,细想来,却觉得流于表面。

因为亲人之间"一字"难通,主要的原因不在于空间的阻隔,如果空间不阻隔,连文字都可以不需要的。文字的功能,本来就在于打破人的直接言语在时空上的制约性。况且,如果因为湖水造成了吴楚的阻隔,下句提到的舟,不恰恰是可以打破这种阻隔的吗? 当初孟浩然写《临洞庭湖赠张丞相》时,就是感叹自己"欲济无舟楫"的(尽管他真实的意图是希望张丞相来提携他)。而"孤舟"句与前句的差异,主要也不在"浮",而在"乾坤"之大,由此营造的境界,才难以与之协调,此正黄生所谓"阔狭顿异"。用"浮"作为前后的肌理联系,反而把这种境界的差异更强化了。也许基于类似的考虑,语文教材在列出原作的同时,也附有一段解读,编者从另一个角度把前后转折带来的断裂感,努力弥合了起来。教材的解说是这样的:

> 这首诗开篇虽只是平平的交代,却蕴含着强烈的今昔对比之感。接下来描绘洞庭湖分断吴楚、吐纳日月,写出它极其恢宏的气象。后四句转写孤舟老病之身世,看似悲戚,可对国家安危、时局动荡的忧思尽在其中,由此可见作者心胸之博大。诵读这首诗,要留意诗人困顿的处境,感受他痛切的心情,更要理解他心系天下的胸怀。[①]

这里,教材编者把后四句连为一体来解释,这样,五、六句似乎是停留在个人悲戚的逼窄境界被超越,因为第七句"戎马关山北"紧随其后,使得境界为之一变。心系天下的博大胸怀,似乎与三、四句中写到的开阔自然境界,有了内在的相通处。于是,转折带来的强烈差异感,借助于打通物与心的界限,在具象和抽象的两种博大方面,得到了有机衔接。

这样的解读,虽然有其合理性,但是结合诸家的解释来看,似乎显示了一个趋同性思路,就是一旦要揭示转折中的那种承接关系,大多是在五、六句或者更后面的文字中找依据,至于对三、四句本身,对三、四句文字给后文的承接留下的预伏,就很少去分析,也较少来加以重新审视。而这种审视,本来是有可能给我们的理解带来新思路的。

稍加梳理可以发现,古人或者今人有关颔联的解释和点评虽然在用词上有所不同,但是基本围绕着景色的雄壮、气象的恢宏、境界的开阔等基调而展开。换言之,认为诗人书写的主要对象是开阔的自然景观,即使这种景观能引发人

---

① 中华人民共和国教育部. 普通高中教科书 语文:必修下册[M]. 北京:人民教育出版社,2019:155.

的情感,似乎也与情感的悲戚、落寞没有多大关系,由此才形成前后的对比效果。但对颔联的这一大家似乎都认可的理解,也潜伏着一个问题。这个问题,其实在浦起龙的《读杜心解》中曾隐约提及,在他看来,"然玩三、四,亦已暗逗辽远漂流之象"。就是说,颔联本身,就有着引发("暗逗")下文的意味。那么,这种"暗逗"的因素究竟是什么?

　　一般而论,把握诗歌浑然一体的意象,似乎不适合我们来进行肢解后的因素分析,但就这首诗的颔联来说,一个被人几乎无视而略过的词语表达,比较特殊,需要提出来讨论。就是"吴楚东南坼"的"东南坼"。许多解读者往往解释为"吴楚之地好像被洞庭湖分作两半"或者吴楚被天然地分割开来,而"东南"则被有些选本解释为吴楚"在我国东南一带"。① 也许这样的解释太过常识化,所以在语文教科书中,干脆没有出注。但恰恰是这一太过常识化的词语用在诗句中,似乎成了一个特殊的"冗余"信息,才使得我们需要格外关注。因为,我们固然可以把"坼"与"吴楚"连起来理解,是指吴楚间的分开,而"东南"主要是修饰"吴楚",即指地处东南的吴楚。那么,实际的表达是"东南坼"而不是"吴楚""坼"则应该出于音律的考虑。但正由于"东南坼"的组合,就有可能给读者一种暗示,是上古神话传说中,因共工颛顼争斗导致的"天倾西北,地陷东南",如"天倾西北,故日月星辰移焉;地不满东南,故水潦尘埃归焉"(《淮南子》)等传说的心理影响积淀,这在《楚辞·天问》中,是已经提出来的问题,即"东南何亏?"②直到《红楼梦》开始写人间的甄家故事,也是以"当日地陷东南"③开头的。据此,我们可以说,这一本是有关自然现象的描述,带来了人为动乱的暗示性。如果揭示这一点尚不算穿凿的话,那么,对颔联的理解就不能仅仅局限于自然景观的开阔、雄壮和恢宏,同时,也应该看到这种景色描写的背后,暗示着整个社会意义方面的分裂、动荡和不稳定。这种看法的获得,倒未必是由"地陷东南"的典故支撑起来的,而是就存在于上下句的整体感觉中。这种蕴含于开

---

① 中国社会科学院文学研究所.唐诗选[M].北京:人民文学出版社,1979:313.
② 聂石樵.楚辞新注[M].上海:上海古籍出版社,1980:54.
③ 曹雪芹,无名氏.红楼梦[M].北京:人民文学出版社,2008:7.

阔景色中的社会动荡意味,这种在广阔气象中包含的复杂深度,才是同为描写洞庭湖,杜甫诗作超越孟浩然诗作的更重要之处。这种超越,也是让颔联向颈联乃至后四句的转折中,仍然保持内在义脉贯通的关键所在;体现的正是何焯《义门读书记》中指出的"上下各四句,直似不相照顾;仍复浑成一气"的特点。

三、呼应的错综性

应该说,在貌似自然意义的"吴楚东南坼"中,也暗示着社会意义的天崩地坼、动荡不安,才导致诗人的"亲朋无一字",才加剧了诗人老病中的漂浮孤独感。进入这一思路展开鉴赏,就可以对全诗的内在联系,包括开头和结尾的呼应,或者前后句等的呼应关系有更深入的理解。

一位批评家在讨论传统和当下创作的关系时曾说过:"在新作品来临之前,现有的体系是完整的。但当新鲜事物介入之后,体系若还要存在下去,那么整个的现有体系必须有所修改,尽管修改是微乎其微的。于是每件艺术品和整个体系之间的关系、比例、价值便得到了重新的调整;这就意味着旧事物和新事物之间取得了一致。"①这虽然是从整个文学传统来谈创作间的关系,但是其对整体与部分之间关系调整的理解,也适用于对作品的阐释。

中国社科院文学所的《唐诗选》认为作品开头是"以夙愿终偿的欣喜始,以家国多难的悲哀结"。这样解说,当然可备一说,但如果考虑到他所见所写的洞庭湖不再是简单地表现单纯的恢宏气象,那么,从"昔闻"向亲眼所见的变化,心情显然不再简单,也很难用欣喜一词来概括,说是百感交集,也许更贴切些。或者也可以倒过来说,因为当时登临的他正处于家国多难的境地,所以登上岳阳楼一观洞庭湖时,才把这种复杂的情绪投射到对象中,开阔雄伟的气象就跟动荡不定的感觉,难分难解地混杂为一体了。

从神话传说看,有东南和西北的方位对应。而在杜诗的颔联中,是以下句"日夜"的时间来对"江南"这一空间名词的。但是,尾联的"关山北",又在隔句

---

① 艾略特.艾略特文学论文集[M].李赋宁,译.南昌:百花洲文艺出版社,1994:3.

中,把这种空间性关联,参差呼应了起来。特别是,"戎马"征战的定位,强化了这种对应性。而时间与空间的对应性,也在首尾得到了呼应。"昔闻洞庭水,今上岳阳楼",强调的是针对同一对象洞庭湖,把时间的差异关联起来,而在尾联,"戎马关山北,凭轩涕泗流",是在同一的时间点,把不相关的空间组合了起来。其最终,都统一在抒情主人公的心理世界,统一在外部的感受和内心的联想、想象以及情感的波澜中。这样,说诗人笔下的自然世界是波澜壮阔的,诗人内在的心胸是深沉博大的,其情感是充溢饱满的,并以外显的"涕泗流"来呼应"洞庭水",以打通心与物、人与自然的界限,大概也不能算是笔者的胡思乱想吧? 不当之处,还望读者诸君批评指正。

论《老人与海》的情节段落及"二度描写"特色

一、问题的提出

海明威名著《老人与海》的部分情节,选入统编普通高中教科书语文选择性必修上册。

该节选与另外三部长篇小说节选一起,组合成一个国外经典小说的阅读单元。① 把总计五万余字的薄薄的《老人与海》跟其他三本小说原著相比较,其节选进教材的文字比例,还是相当高的。尽管从整体把握作品角度看,阅读长篇节选都是在"断章取义",但有时候又是不得已的无奈之举。如果我们不想采用存目方式,让篇幅较长的整本书进入语文教科书,在教材中而不是教材外来直接接触原文,节选可能是唯一的选项了。这样,选哪一部分进教材才是较为合理的,或者说因为不同的节选而带来怎样的理解结果,也就值得分析了。比如对于长篇小说《红楼梦》,选"林黛玉进贾府"还是"刘姥姥进大观园",选"宝玉挨打"还是"香菱学诗"或者"黛玉之死";还有对于《水浒传》,选"鲁提辖拳打镇关西"还是"武松打虎"或者"智取生辰纲"等等,都可以发现其背后不同的编者思路,并会引起一些争议。不过对于《老人与海》来说,似乎不存在选择的争议。

《老人与海》这部小说从篇幅来说,只能算一部中篇小说。从情节角度看,除开头和结尾写老人岸上的活动,小说写老人入海,大致可以分三部分,第一部

① 中华人民共和国教育部. 普通高中教科书 语文:选择性必修上册[M]. 北京:人民教育出版社,2020:43-80.

分是写他刚来到海上的情形,约五千字的篇幅;第二部分是写大马林鱼咬钩后与老人较劲直到它被打死,超过了两万五千字的篇幅;第三部分写鲨鱼轮番来撕咬绑在船边的大马林鱼,老人虽然打死了其中的几条,但是经过辛苦搏斗捕获的大马林鱼,被鲨鱼撕咬吞食得只剩下一副骨架,整个过程的描写有近一万字。

从文本的节选角度看,入海后的第三部分的情节最为紧凑,描写也相当惊心动魄。鲨鱼对大马林鱼轮番上阵吞噬,老人与鲨鱼拼命搏斗以保卫他的"胜利果实"而最终没能成功,那种虽败犹荣的硬汉做派,是典型的海明威式的。把这部分选入教材,似乎是一种共识。在推行统编教材之前,一些地方教材节选《老人与海》,也是从这部分着眼的,如华东师大出版社的高级中学课本语文三年级第一学期就如此(尽管入选的篇幅稍短一些)。

不过,从选入统编教材的这部分内容看,老人在与鲨鱼的轮番搏斗中,那种高潮迭起的紧张感,一切冲突似乎都放在明面上来直接呈现,留给语言之外的形象琢磨、留给那种潜在的意蕴探究的余地似乎已经不多,跟我们经常论及海明威描写所体现的"冰山理论"的"面下"世界似乎就有了一定距离。对此,我们怎么看?

有关老人与鲨鱼紧张搏斗的描写,当然也是海明威风格的体现。但同时,我也认为,恰恰是前面写老人刚刚入海的那种心理活动,特别是大马林鱼咬钩后几乎陷入僵局的两天时间的人鱼对峙,才更加彰显了海明威小说的特色。如果能够把老人与鲨鱼搏斗的情形,与之前捕获大马林鱼的情况连在一起阅读,会对《老人与海》的整体特色有更全面而深入的理解。可惜的是,可能考虑到捕获大马林鱼的过程篇幅过长,而且发生的冲突似乎显得不够紧张、直接,才被所有教材的编者都放弃了。这导致老人捕获大马林鱼的过程,成了语文课程外的一个"面下"的存在。稍稍梳理这种"面下"更大篇幅的存在,尤其是从"二度描写"角度,揭示出小说整体的艺术特点,正是本文的目的。

二、教材而外的"面下"世界

如前所述,捕获大马林鱼在小说中所占篇幅最大,其大致层次又可以分为:

咬饵吞钩、拖船游动、绕船转圈、垂死挣扎四个情节段落。

相对来说,大马林鱼的垂死挣扎是其中最紧张、最扣人心弦的情节段落,但作者却用了最少篇幅,仅仅是几百字的两三个段落;而拖船游动又是最沉闷、最无聊的环节,却用了约二万五千字,几乎占到了整个这部分内容的三分之二。也许,从时间分割的对应性来看,这样的篇幅分配是合理的,因为垂死挣扎是在短时间完成的大开大合的动作,而大马林鱼咬饵吞钩时,虽开始有一些试探性、警戒性的动作,并引发了老人的惊喜、紧张、担心以及最后放心的各种心态,但整个过程发生的时间相对来说还是比较短的。绕船转圈虽然时间要长一些,从转大圈到转小圈,也持续了好几个小时,但是毕竟发生在同一天。只有拖船游动的过程,从老人第一天下海的中午一直到第三天的白天,几乎跨越了整整两天两夜的时间。在这个过程中,又可以把大马林鱼第一次从海下浮上水面,露出它的头、身体和尾巴,让老人直接面对它的存在,而分为前后两部分。在前部分,因为老人没有看到大马林鱼,他的心理是焦虑烦躁,会默默地细数时间,以自己的耐心来表现他的急迫心理,比如先有"我是中午把它钓住的""可是我一直没有看见过它"这样的自言自语,接下来继续写老人的心理活动:

再过两个钟头,太阳就要落下去了,也许它在太阳落下去以前就会上来。要不然,也许它在月亮出现的时候上来。再不然,也许它在太阳出来的时候上来。①

在这里,漫长而又必须熬过去的长夜,通过最单调的太阳和月亮的出现和落下的交替活动来呈现,一个过于简约的描述,将日夜运行的必然性,与相信能够见到大鱼浮出水面的必然性联系在一起,干净简明的语言表达,是以老人的强大(或者努力强大)的耐心所支撑的。但同时,被钓住的大鱼深藏海水中的状况,也让老人感到了自己是多么孤单。

---

① 海明威.老人与海[M].海观,译.上海:上海译文出版社,1979:32.

等到第一次见到了大马林鱼后,老人为它的出奇之大而兴奋,甚至对鱼产生一种崇高感,甚至希望让自己被鱼看到:也"让它看看我是什么样的人"。于是,作为一等一的对手,他甚至想,"我希望我是那条鱼,用它所有的一切来对抗我仅有的意志和智慧"。这样,虽然对老人的心理描写贯串老人身处海上的全过程,但是上钩的大马林鱼在第二天第一次浮出海面,还是给老人的心理带来了微妙变化。以此为分界线,老人前后回忆起两个重要的场景。在看似平淡的耐力比拼中,形成心理激荡的潜流。

第一个场景,是老人在黑暗里想起了曾经钓住了一对大马林鱼中的一头母的,因为公的总是先让母的进食,反让母的不幸上钩,于是母的惊慌失措、没命地挣扎起来,最后在筋疲力尽中,被老人打死后抬上船来。在这过程中,公的那头一直跟在母的身边,直到母的被抬上船,那条公的一纵身跳到船旁边的高空,看一看母鱼被放到了船上哪一个位置,才重新落回水里。这情景引发老人的心理震荡,认为是看到了平生最伤心的事。

第二个场景,发生在老人看到了浮出水面的大马林鱼后。那样的硕大无比,让他想到了他曾经在非洲卡萨布兰卡,跟一个壮硕的黑人赌钱掰手腕,相持了整整一天一夜,其中裁判每四小时换一次班,他们两人却始终僵持着,从星期天的早晨延续到星期一的早晨,最后他终于逼着把黑人的手"往下落,落,一直落到把那只手靠在桌面上",获得了优胜。如果说,在第一个场景中,着重表达了老人的柔肠,并跟此前他同情海上柔弱的小鸟、被宰杀的大海龟等心理贯串起来。那么在第二个场景中,当一头硕大无比的大马林鱼直接出现在他面前时,唤起的是那种男子汉般的崇高感,表现硬汉的坚毅和耐心也得以凸显。而耐心,表现在老人在海上与大鱼的僵持,也成了读者在阅读过程,追随相对平淡无奇的大马林鱼"拖船游动"内容的真切体验。这种平淡无奇其实也为最后环节的大马林鱼的垂死挣扎,起到了蓄势的作用。

大马林鱼在临死前的一次挣扎,与其说是挣扎,不如说是把它与老人同样的那种崇高感,呈现到读者面前:

它从水里一跳跳到天上去,把它的长、宽、威力和美,都显示了出来。它仿佛悬在空中,悬在船里老头儿的头上。然后它轰隆一声落到水里,把浪花溅满了老头儿一身,溅满了整个一条船。①

大马林鱼在显示自己的全部威力和美时,似乎也在向人致意。让人清楚意识到:看看你完成的是怎样的一个伟业。

这种简洁的动作描写,也是人和被人想象中的鱼的心理描写,更是一种精神境界的描写。虽然仅仅从心理描写带来的风格差异看,老人捕获大马林鱼部分与跟鲨鱼搏斗部分,有相对平淡和紧张的总体区别,而相对平淡部分中,也有柔情之美和刚毅之美的区别;但是始终在场的有关老人的心理描写也有一些共通性特点,贯串所谓"面上"和"面下"两个世界,值得提出来讨论。这种特点,我姑且称为心理的"二度描写"。

三、"二度描写":解读《老人与海》心理描写的一个角度

"二度描写",可以理解为是对同一对象或者情状的追加描写,显示了一定程度的重复性,也是对此前已经有过描写的补充、修正和完善。但海明威以追求表达的简洁而出名,被有些作家认为是手拿"一把斧子"对其作品的冗言赘词大加砍削的。比如有作家就举例说,在对话描写方面,此前的作家会对人物的对话添加上许多描述对话者情绪、态度等方面的语言,如"他带着明显表示的愤怒又重复了一遍""她鼓起勇气,用忧郁的音调说""他声音惊恐、结结巴巴地讲"等等,类似的描写,在海明威的对话描写中已经很难见到②。但海明威也不是一概不写,而是把描写的位置做了调整,从而显示了"二度描写"的特点。比如《老人与海》开场不久的这段对话,写老人出海前与他关系亲切的一位小孩的对话:

---

① 海明威.老人与海[M].海观,译.上海:上海译文出版社,1979:72.
② 海明威.海明威短篇小说选[M].鹿金,等译.上海:上海译文出版社,1981:323-324.

"你得吃点什么哪?"孩子问。

"一盆鱼拌黄米饭。你也吃点好吗?"

"不。我回家吃去。你要我替你生火吗?"

"不。过一会我自个儿会生的。不然吃冷饭也可以。"

"我去拿网好吗?"

"当然可以。"

事实上并没有网,孩子记得,他们已经把网卖了。可是他们每天都要编一套这样的谎话。也没有一盆鱼拌黄米饭,孩子也是知道的。①

这里,老人和小孩的对话发生时,没有任何添加的描述,只是当对话暂时告一段落,才有对话者之一的孩子的"知道"的"二度描写":知道没有网可拿,知道没有饭可吃。然后也让读者在进入一个真实的对话情境中,被这种对话的亲切和温馨感动时,发现了虚拟中的亲切、温馨同样感人。也许,我们可以说,如果在对话过程的每一句话下,添加孩子"知道"的说明,感动的效果就会打折扣,没有这么写,是海明威语言表达的一种策略。但问题是,当对话在老人和小孩间你一言我一语这么流畅完成时,那种"编"已经没有了刻意性,是一种无须准备的默契,似乎完全可以在无缝对接中完成。

有时候,这种追加的、反复的"二度描写",可以成为先入为主的阅读感受的纠偏和整合、完善和深化。比如当老人出海没有小孩陪伴,钓到的大马林鱼因其躲在海水深处无法看见,而自己的手又恰恰抽筋了,几种状况交叠在一起,让他感受了深深的孤单,小说是这么写的:

他朝海面上望去,他知道现在他是多么孤单。但是他可以望见深黑的水里的灿烂的光柱,望见伸到前面去的钓丝以及那种平静的奇异的波动。云彩正在堆积起来,等待贸易风来到,他向前望去,看见一群野鸭从水面向上飞去,蚀刻

---

① 海明威.老人与海[M].海观,译.上海:上海译文出版社,1979:7.

似的映衬在天空,它们一忽儿消失了,一忽儿又在天空出现,他知道,没有一个人在海上是一直孤单的。①

"他是多么孤单"是他知道的,"没有一个人在海上是一直孤单的"也是他知道的。这自相矛盾的"知道",说明了他意识的流程,并在这流程中发生了改变。因为知道自己的孤单,所以需要从自己的孤单中走出去。在把自己的目光也是心情专注于海面与天空的各种景象时,再次把自己置于这样的画面中,与那些景象构成同一幅巨大画面,他就不再孤单。这是意识流的真实状态,多少也显示了主人公超越自己的一种努力。

当然,这里举出的两个"二度描写"的例子,前一个是由孩子的主观心理视角来纠正此前的对话描写,后一个则始终停留在老人自身的内心世界里并向前推进、纠正,是否能称为"二度描写"还有待斟酌。之所以仍然纳入这里讨论,是因为在这过程中,意识指向的对象发生了微妙变化,从特定的"他"(he)改为泛指的"人"(man),从时间意义的"此刻"(now)变为"一直"(ever)。但也有一些描写,是由叙述者直接上场,来把对象加以追加描写。这样"二度"的特征就更为明显了。

在统编高中语文教材所选的段落中,老人跟鲨鱼进行"面上"搏斗时,有这方面的两个典型例子:

鲨鱼的头从水里钻了出来,后背也正露出海面,老人听见大鱼的皮肉被撕裂的声响,把渔叉猛地向下扎进鲨鱼的脑袋,正刺在两眼之间那条线和从鼻子直通脑后那条线的交点上。这两条线其实并不存在。真实存在的只有沉重而尖锐的蓝色鲨鱼脑袋,大大的眼睛,还有那嘎吱作响、伸向前去吞噬一切的大嘴。

"呀!"他大声叫起来。这个字眼是无法翻译的(一译:这个声音是无法表达出来的),也许不过是一种声音,像是一个人感觉钉子穿过自己的双手钉进木

---

① 海明威. 老人与海[M]. 海观,译. 上海:上海译文出版社,1979:44-45.(最后一句译文原来是"一个人在海上决不会孤单的",根据英语原文作了校订)

头里的时候不由自主发出来的。

当叙述者交代鲨鱼头部纵横两条线时，马上补充说，这两条线其实并不存在。这是老人感觉世界中，给出的一个衡量、一个聚焦，以达到准确致命的效果，显示的是老人扎鲨鱼的经验和力量，似乎鲨鱼脑袋上已经画好了两条线，准备让老人来精准刺扎。而叙述者提出的"真实存在"，则回到了鲨鱼立场，或者说以更为客观的立场，恢复了鲨鱼的凶猛、它吞噬一切的可怕。在这里，老人的动作和意识流动与叙述者相对客观的呈现，在追加描写中，达到了主客统一的立体感，也更容易让读者产生身临其境的效果。

至于"呀"的一声描写，是老人扎死了前来攻击的一条鲨鱼后，又发现有鲨鱼浮出水面向他袭来而表示的一个反应。这是大大的意外，还是特别的惊恐，或者深深的绝望？因为这是无意中发出的声音，无法准确地从词汇中找出一个对等的字音来表示，似乎用"叫"都是不贴切的。所以叙述者在表达之后又追加了一个比喻性描写，以说明自己难以准确表达老人对于此情此景的反应，只能用一个迂回的方式来稍稍加以说明。从而让读者能依稀贴近当时的意外、惊恐等复杂的心理状态。

然而，在统编高中语文教材所选的"面上"段落中，很耐人寻味的"二度描写"，是老人拖着疲惫的身体，硬撑着驾驶小船接近港口，知道自己回家不成问题，心情得以稍稍放松后的一段心理描写，这段描写也是带有全书总结意味的：

不管怎么说，风是我们的朋友，他想。接着他又想，那是有时候。还有大海，海里有我们的朋友，也有我们的敌人。还有床，他想。床是我的朋友。就是床，他想。床是一件很不错的东西。你给打垮了，反倒轻松了，他想。我从来不知道竟会这么轻松。是什么把你给打垮了呢，他想。

"没有什么把我打垮，"他大声说，"都是因为我出海太远了。"

这段描写，最让人惊讶的是，意识流动过程中，插入了那么多的"他想"，似乎完全没有必要,整个过程,不都是"他"在想吗?用一两个词交代一下,似乎就够了。而且这样的处理方式,好像也不符合海明威语言简洁的特点。但核对英语原文,确实有这么多的"想",除开第二处的"接着他又想"的"又想"是译者根据原文"又加一句"的意思补上的,其他的"想"都是忠实于原文翻译的。

这是为什么?

这说明,当老人处在极度疲乏中,当他已经在反复念叨一张床时,他的意识,其实已经处在断断续续的半停摆状态了。不断插入"他想",正说明了意识的停顿或者暂时的休止和调节。在这种状况下,"他想"本身就超越了交代、说明意识发生者是谁的意义,获得了描写的独立价值,而反复地追加描写,成了让意识在停顿中连贯起来、理性起来的一种努力。比如当海上的风让老人驾船顺利回家时,他的第一感觉,就是把风作为朋友。而又追加想一想,补充了"有时候",也把风暴给出海造成的困难或者带来的海难考虑进来,这就更客观、理性了。但这一段话,最具总结意义的,是老人关于"打垮"的思考。当他想"是什么把你打垮了"时,是假定了自己已经被打垮。而当他进一步思考打垮他的对象时,又否认任何打垮他的对象的存在,而把捕鱼失败,归结为自己"出海太远"。这实际上以看似无关紧要的理由否认了他真正被打垮的实质。这样,追加的心理描写,把他的意识纠正了过来。

值得一提的是,也正是老人说的"都是因为我出海太远了",让一些学者提出了所谓的生态文明问题,认为:

老人的失败能给我们什么启示呢?那就是:人类的生存与发展不能伦理越位,不能毫无限度地入侵大自然留给其他生物的领域。老人在思索是什么将他打败的问题时,实际上已经给出了答案:"只怪我出海太远了。"这是老人的自我反省。①

这样的论述,可能也直接影响到《教师教学用书》,认为老人"反思自己因为

---

① 聂珍钊.《老人与海》与丛林法则[J].外国文学评论,2009(03):88.

出海太远,违背自然规律",所以认为其"感受或许有着更深刻的启示:我们要崇尚人对自然不屈不挠的斗争,也要崇尚人与自然的和谐共处"。可惜的是,无论是学者的论述还是《教师教学用书》的说法,都是断章取义的,是缺乏说服力的。老人怪自己出海远,其主要目的是不承认有对手可以打败自己。就如同《教师教学用书》引用老人对大马林鱼抱歉的话:"很抱歉,我出海太远了。我把咱们俩都毁了",却没有完整引用上下文。[1] 原来的一段话是:

> "半条鱼,"他说,"你原来是一整条。很抱歉,我出海太远了。我把咱们俩都毁了。不过,咱们杀死了好多条鲨鱼呢,你和我一起,还打垮了好多条。你杀死过多少啊,鱼老弟? 你头上的长矛可不是白长的啊。"

由此可发现,老人之所以对大马林鱼感到抱歉,倒不是它被自己杀死,而是它被鲨鱼撕咬得不成样子,失去了一条死鱼应该有的尊严。而老人又以进一步言说,以杀死好多条鲨鱼,作为一件值得夸耀的功劳来弥补自己觉得的遗憾,这其实也是在出海很远的条件下才能做到的。所以由出海很远引出所谓的生态文明的思考,把个体的生存搏斗连接起来人类的文明问题以及与自然和谐关系的思考,多少有点牵强附会,至少是违背作品的基本意图的。

四、余论

提出"二度描写"话题,是希望对《老人与海》的整体意义的心理描写,不论是选进教材的"面上"还是没有选进教材的"面下"内容,有贯串性的特色的把握。这样的描写在形成小说整体艺术特征中起到多大的作用? 划入"二度描写"范畴讨论的对象,是否都合适? 比如是否要在人物视角和叙述者视角间进一步区分? 这些都有待笔者更深入地思考。不足之处,还望方家不吝指正。

附记:本文的初稿承蒙乐燎原老师审阅,提出了很好的修改建议,特此致谢。

---

[1] 人民教育出版社,课程教材研究所,中学语文课程教材研究开发中心.普通高中教科书教师教学用书 语文:选择性必修上册[M].北京:人民教育出版社,2019:114.

谈《改造我们的学习》的整体性理解

一、引论

全面抗战时期毛泽东在延安干部会议上所作的重要报告《改造我们的学习》作为延安整风运动的主要文献之一,曾多次入选各种版本的高中语文教科书。近年来又被选入统编高中语文教材选择性必修中册的第一单元,同其他著名思想家的文章组合成经典理论作品的板块。相比于同单元的其他文章,《改造我们的学习》或许是中华人民共和国成立以来出现在语文教科书中频率最高的,内容文字也颇为直白,理解起来应该没有什么困难。围绕这篇文章虽然已经有了不少解读,但是仍有问题等待澄清,有些问题似乎就是因为解读不够精准而带来的。举例来说,与教科书配套的《教师教学用书》的"课文解说",曾就该文的第三部分加以分析:

先讲主观主义的态度(第14—16段)。其表现是:对现状不作系统的周密的研究,对历史只懂希腊不懂中国,对马列主义理论的研究是无的放矢的。其类型可分为两种:(1)研究工作中的教条主义;(2)实际工作中的经验主义。其特点是:只凭主观,忽视客观;夸夸其谈,华而不实。①

---

① 人民教育出版社,课程教材研究所,中学语文课程教材研究开发中心.普通高中教科书教师教学用书 语文:选择性必修中册[M].北京:人民教育出版社,2020:9.

这段文字虽基本是对原文论述的摘要,但恰恰在依据解读者自己的理解来概括主观主义态度的两种类型时,其用"经验主义"概念来概括做"实际工作的",却有欠斟酌。因为从原文看,毛泽东认为他们这类人是"不注意客观情况的研究,往往单凭热情,把感想当政策",这就很难说是"经验主义"的问题,撇开哲学意义的"经验主义"不说,就是从日常生活角度来理解,也未必合适。也许,根据上下文,说是"热情冲动主义"或者"热情盲动主义"才勉强可以。关键还在于,从当时的背景看,毛泽东本人也不大可能用"经验主义"来形容主观主义的这样一种具体表现。因为也是在 1941 年,在他作《改造我们的学习》报告的前两个月,他在撰写的《〈农村调查〉的序言和跋》中,就曾对有人把他主张"没有调查就没有发言权"的观点与"狭隘经验论"联系起来而加以了反驳,他是这样写的:

"没有调查就没有发言权",这句话,虽然曾经被人讥为"狭隘经验论"的,我却至今不悔;不但不悔,我仍然坚持没有调查是不可能有发言权的。有许多人,"下车伊始",就哇喇哇喇地发议论,提意见,这也批评,那也指责,其实这种人十个有十个要失败。因为这种议论或批评,没有经过周密调查,不过是无知妄说。我们党吃所谓"钦差大臣"的亏,是不可胜数的。而这种"钦差大臣"则是满天飞,几乎到处都有。①

他最后总结道:

除了盲目的、无前途的、无远见的实际家,是不能叫做"狭隘经验论"的。

正因为他人有那样的论调存在,所以如果要把他反对的不做调查的主观主义态度的一种类型以"经验主义"来概括,就有可能带来理解的混乱。

---

① 毛泽东.毛泽东选集:第三卷[M].北京:人民出版社,1991:791.

当然,上述问题仅仅是文章中的一个局部问题,甚至有可能是见仁见智的,这里提出来,是想作为一个引子,以分析时采用的文本内部上下文关系和外部背景联系的思路,来谈更重要的关于文章理解的整体性问题,这也正是本文撰写的目的之所在。下面我们依次讨论。

二、文章的整体结构

毛泽东的整篇文章大致可以分引言和主体两部分,从整体结构看,涉及多层次的整体关系,这里不妨以引言作为讨论的一个抓手。

1. 引言所引出的多层次关系

这篇文章共有三处引言。即:

(1) 我主张将我们全党的学习方法和学习制度改造一下。其理由如次。

(2) 为了反复地说明这个意思,我想将两种互相对立的态度对照地讲一下。

(3) 依据上述意见,我有下列提议。①

第一处引言置于全文开头,第二、第三处引言是放在文章标出的第三、第四部分序号的下面。

这三处引言,引出的是不同层级的文章内容。第一处引言提出"主张"的第一句话是相对于全文而言的,紧接着的第二句话作为"理由",与第三处引言中的"提议"构成并列的二级内容关系,而第二处引言因为承接前面内容,内含于第一处引言的第二句"理由"的下位,作为提炼出的"态度",成为与前面内容构成的更下位关系(下节再具体讨论)。换言之,依据引言的提示,整体文章的层次结构,在一级层次分为引言和主体两部分;再在主体部分的二级层次,分为"理由"(即文章第一、二、三部分)和"提议"(即文章第四部分)两部分。也是在

---

① 中华人民共和国教育部.普通高中教科书　语文:选择性必修中册[M].北京:人民教育出版社,2020:7-12.

二级层次,"理由"部分最先提出的三种"很大的缺点",即表现在"研究现状""研究历史""学习国际的革命经验,学习马克思列宁主义的普遍真理"三方面问题,在"提议"引出的部分,有了针对性的三条建议。

2."理由"部分的相互关系

虽然文章主体分为"理由"和"提议"两大部分,但是"理由"部分又是文章主体中的主体,是毛泽东用最大篇幅加以论述的,其中又进一步细分为三部分,并以序号依次标明。那么,这三部分究竟构成怎样的关系呢? 从整体逻辑看,构成两组对比关系。

第一组对比,是标出序号的第一部分和第二部分的正反对比;第二组对比,是在标序号的第三部分内部展开的,是从反面回到正面的对比。

文章虽然主要是谈问题,谈主观主义、教条主义的问题,但是第一部分却主要是从中国共产党建党二十年的成就谈起,谈二十年来,当中国共产党把马克思列宁主义的普遍真理和中国革命的具体实践相结合,才使得一百年来救国救民的道路有了进一步的发展,使革命面目为之一新。这实际上为革命理论和具体实践相结合的成功经验提供了历史证明。由此就跟第二部分指明的很大的缺点而妨碍伟大事业的更进一步形成了对比。也因为文章是谈问题为主,所以在进行正反两方面对比时,篇幅是不对等的,第一部分谈革命成就的篇幅就简略得多。而在比较详尽的第二部分,又可以细分为两个层次,首先是把问题分为三方面的表现,其次再从中提炼出检验是不是马列主义的一条基本原则,即理论和实际相统一还是相分离。这样,文章罗列的问题的三方面表现,并列中有着不并列,因为其中提及的第三方面问题,即"学习国际的革命经验,学习马克思列宁主义的普遍真理"应该有两层含义,其一是作为对象化知识理论的学习,其二是作为主体的立场站位、态度的取向和方法论的学习。当这种学习实现了两者的统一,能够自觉运用马克思列宁主义立场、态度和方法时,其"研究现状""研究历史"的很大缺点也会因此得到改变,这样第三点又可以作为基本原则起到对前两点的统领作用。正是有此基本原则的提炼,有对立场、态度和方法的揭示,才进而转入文章的第三部分,展开两种相对立的态度对照的论述。

概而言之,从第二部分的三种表现中,提取出一种根本原则,才转而进入文章的第三部分,对这一种根本原则进行反面的"主观主义的态度"和正面的"马克思列宁主义的态度"之间的对照分析。这样,在第三部分虽然只是用一种态度来进行反面和正面的对比,但是在实际行文展开中,已经把第二部分列举的三种缺点表现都概括进去了,其开始三次排比使用的"在这种态度下"引出的内容,正是对应了"研究现状""研究历史"和"研究马列理论"三方面。

三、文章的整体肌理

肌理一方面是指行文细节的语言处理,另一方面又强调了这些语言细节不是纯然碎片化的断裂,而有着如同纹理般的对整体意义的指向。

初读该文章,不少人都会感到其中有着"惊人"的重复现象。有人是从文学修辞角度讨论了其重复的意义,这里不再赘言。① 我想强调的是,这种"重复",也许首先跟这篇文章是作为用于口头表达的报告体,也可以说演讲体有直接关系。因为需要在讲述时吸引现场听众对话题的注意,也便于他们理解内容的连贯,在语言肌理上就有了较多的一些看似重复的语句处理。这里分两方面来讨论。

1. 前后衔接的一般分类

在看似文章语言重复的论述中,有着如下两种衔接方式。

其一是递进式。请看第二部分开头一段话:

但是我们还是有缺点的,而且还有很大的缺点。据我看来,如果不纠正这类缺点,就无法使我们的工作更进一步,就无法使我们在将马克思列宁主义的普遍真理和中国革命的具体实践互相结合的伟大事业中更进一步。

在这里,"缺点"和无法"更进一步"构成一个并不重复的因果关系。但是

---

① 人民教育出版社,课程教材研究所,中学语文课程教材研究开发中心. 普通高中教科书教师教学用书　语文:选择性必修中册[M]. 北京:人民教育出版社,2020:45-46.

就"缺点"和无法"更进一步"分别而言,又都是在重复中有所递进的。前一句是程度的递进,后一句是从普遍到特殊、从概括到具体的递进。

其二是并列式。请看第三部分引言后的一段文字:

在这种态度下,就是对周围环境不作系统的周密的研究,单凭主观热情去工作,对于中国今天的面目若明若暗。在这种态度下,就是割断历史,只懂得希腊,不懂得中国,对于中国昨天和前天的面目漆黑一团。在这种态度下,就是抽象地无目的地去研究马克思列宁主义的理论。

这段文字用排比句式并列出"在这种态度下"的三种具体表现,其实就是呼应了前一部分的"很大的缺点"的三方面表现。

2. 前后衔接的错综关系

语句的重复,从结构形式看是一种空间的回环,有着并列结构的意味。但是从这篇文章基本内容看,不但文章主体部分从改造的"理由"到改造的"提议",递进关系是更基本的一种关系,而进入具体词语的肌理,这种递进关系也在并列关系中,或多或少地渗透着、错综着。就如上述三次重复"在这种态度下"并举而言,前两次从"对于中国今天的面目若明若暗",到"对于中国的昨天和前天的面目漆黑一团","漆黑一团"不但深化了前一句形容的"若明若暗",也是对前部分中提到的"很大的缺点"在两方面的表现,即"不论是近百年的和古代的中国史,在许多党员的心目中还是漆黑一团"进行了概括。而第三次舍弃这种形象化用词,直接用理论化术语来概括,如"抽象",如"无目的",是因为如我们上一节论及的,关于马克思列宁主义理论,本身就具有态度立场的统领性和概括性,跟前两点关系而言,既并列,又涵盖。

此外,在前后词语的正反使用中,也常常会让读者产生一种重复的感觉。就如同在第三部分用"主观主义的态度"和"马克思列宁主义的态度"两面比较时,通过"不是"和"而是"、"不作"和"作"的不同修饰限定,使一些核心词句重复出现。但也正是在这貌似的重复中,对于文章涉及的关键概念,不仅仅是反面使用和正面使用的简单翻转,也有着黑格尔所谓的从"熟知"向"真知"的递进。

最典型的例子是第三部分列出两种态度,在"主观主义的态度"中提到了"不是有的放矢,而是无的放矢""无实事求是之意,有哗众取宠之心",其中的"有的放矢""实事求是"在"马克思列宁主义的态度"中被再一次提及,不过对此作了阐释和说明。关于"有的放矢"中把"的"比作"中国革命",把"矢"比作"马克思列宁主义",固然起到了形象化的解释功效,但如果稍加深入分析,提及"的"和"矢"的问题,就不仅仅是用比喻来谈理论和实践是否结合的关系,还蕴含了结合的先后顺序问题。根据常识,我们总是在先有目标("的")的情况下,来放箭("矢"),用马克思列宁主义的基本原理来解释,就是实践对理论的优先性。(正是这种优先性,可以延伸到对毛泽东的《人的正确思想是从哪里来的?》的理解)而其对"实事求是"的解释,从认识事物的一般方法和路径入手,更带有了哲学提升的深刻意义,请看:

"实事"就是客观存在着的一切事物,"是"就是客观事物的内部联系,即规律性,"求"就是我们去研究。

在这里,强调事物的"一切",强调事物的"内部联系"和"规律性",就跟文章中反复强调研究的"系统""周密"和"科学"联系了起来。正如有些论者说的:

"实事求是"本来是人们早就说过的一句老话,毛泽东给予它新的解释,写在党的重要文件里,将其明确为"一个共产党员起码应该具备的态度",这还是第一次。从此,它便逐步深入人心,成为衡量是非的基本尺度。它在中国思想史上产生的深远影响,也许比许多长篇大论要大得多。[1]

① 金冲及.从延安整风到中共七大[J].历史研究,2021(03):10.

这种深远影响,是因为毛泽东不但对耳熟能详的老话作出了独特的阐释,令人耳目一新,而且其对事物规律提出的认识路径,本身也是符合规律的,从而简洁又深刻表征了马克思主义作为知识论和方法论两者融合和统一。

四、作为社会背景和文本接受的整体性

如果从文本内部走向外部,我们应该关注什么?一是文本产生的背景,二是文本产生后被接受的环境。

《改造我们的学习》这篇文章的诞生,当然缘于毛泽东在文中提出的当时党内存在着比较典型的主观主义态度,但这样的"有的放矢",似乎还比较笼统。如果确有具体所指,有两个情况,可以纳入背景来考虑。

一个是大家谈得比较多的,就是从苏联回国而自诩为共产国际代言人的王明,常常坚持自己的"左"倾教条主义路线,在1940年3月,又把宣扬他的"左"倾教条主义路线的旧著《两条路线底斗争》在延安出了第3版,那么毛泽东在《改造我们的学习》一文中提及的"自以为是,老子天下第一,'钦差大臣'满天飞"是不是就在暗示王明这一类人?毛泽东发表他的反对主观主义、教条主义的文章,是不是有着理论上的针对性?只不过王明当时已不是党的重要领导人,其边缘化的位置已经没有资格作为毛泽东的对手来予以较量,更何况毛泽东的文章是从党的最大范围内的典型问题着眼的,所以就不会也不应该直接提及具体的人名。还有一个情况是,有学者指出,因为1941年1月发生了震惊中外的皖南事变,而事变发生后几天,毛泽东在中共中央政治局会议上就指出:原因在于"有同志没有把普遍真理的马列主义与中国革命的具体实际联系起来","没有了解中国革命的实际,没有了解经过十年反共的蒋介石"。[①] 这种教条主义的危害,有着惨痛的后果。所以文章说这是"害了自己""害了别人""害了革命",是"大敌当前",并无多少夸张。

从文本接受看,毛泽东的许多文章对后来的社会研究工作和实际工作方方面面产生的重大影响是大家熟知的。教科书把这篇文章和毛泽东另一篇《人的

---

① 金冲及. 从延安整风到中共七大[J]. 历史研究,2021(03):9.

正确思想是从哪里来的?》组成一课,在"学习提示"中又强调了无论在延安整风运动时期还是社会主义建设时期,理论联系实际作为马克思主义基本学风的一贯性,包括在这一单元中,还选进了新时期的著名文章《实践是检验真理的唯一标准》,这都有助于我们对文本的整体理解和深刻领会。但这种整体性理解,倒未必一定要把相似的议论文体集合在一起,来构成群文式的整体理解。事实上,在选择性必修上册第一单元选入新闻特写《县委书记的榜样——焦裕禄》一篇也同样有助于我们对《改造我们的学习》一文形成更开阔、更深入的整体性理解。在该新闻特写中,记叙了为了治理自然灾害,焦裕禄被党组织派往兰考县开展工作,从 1962 年冬天上任到 1964 年 5 月 14 日去世,主要就是在做基础性的调查研究工作。短短的一年多时间里,全县总计 149 个大队,他已经跑了 120 多个,开展了大规模的调查研究,使县委基本上掌握了当地涝、沙、碱三害发展的规律,把全面抗灾工作部署,置于扎实而科学的基础之上。文中特别提到,焦裕禄是带着《毛泽东选集》前往兰考的,在去世的病榻床头,还放着《毛泽东选集》,所以在这篇特写中,记者把《改造我们的学习》中的主旨作为焦裕禄思想动机来描写,是完全合理的。其中有些文字,就直接引自毛泽东的这篇文章,如:

他想,按照毛主席的教导,不管做什么工作,必须首先了解情况,进行调查研究,"没有调查就没有发言权"。要想战胜灾害,单靠一时的热情,单靠主观愿望,事情断然是办不好的。即使硬干,也要犯毛主席早已批评过的"闭塞眼睛捉麻雀""瞎子摸鱼"的错误。①

这样,关于焦裕禄的特写作为《改造我们的学习》延伸的一个具体案例来学习,也许能给学生更大启发。更进一步说,在学习中把学习者自身带入"我们"中间,让自己的学习本身成为理论联系实际的落实,也许是达成"改造我们"的学习的真正目的。

---

① 中华人民共和国教育部.普通高中教科书 语文:选择性必修上册[M].北京:人民教育出版社,2020:19.

记念的真与诚

——重读鲁迅《记念刘和珍君》和《为了忘却的记念》

目前大单元教学的讨论,就语文学科来说,有不少是以新教材的课文编排为例的。从文本解读角度对教材单元的各篇文章进行组合式的从结构到要素的讨论,已成为语文界的一个热点。其中,也有一些讨论是围绕着几篇文章组合为一课而展开的。后一种解读,可以理解为是从单篇到单元整体解读的过渡,其重要性也不容忽视。本文就以普通高中教科书语文选择性必修中册第二单元,把鲁迅《记念刘和珍君》《为了忘却的记念》两篇文章编为一课为例,[①]提出一些组合解读的不成熟思考,供大家批评参考。

一

就教材所选的两篇文章看,无论写刘和珍还是"左联五烈士",鲁迅都不是简单地从理想角色来定位其写作对象的,而是用了较多篇幅写他们作为普通人、作为生活中人的真实性。这体现鲁迅文章中真与诚的鲜明特色。

鲁迅当然也写到了一种理想人格,在《记念刘和珍君》中,他提到了"敢于直面惨淡的人生,敢于正视淋漓的鲜血"的"真的猛士"。因为这种理想人格主要是在作者想象中、希望中出现的,带有一定期待性,所以对于真的猛士内心世界会有"怎样的哀痛"或者"幸福"感受,鲁迅是以疑问的方式来表达的。只是在该文写作的一星期后,在《淡淡的血痕中》一文里(最初发表于《语丝》,后收入

---

① 中华人民共和国教育部.普通高中教科书 语文:选择性必修中册[M].北京:人民教育出版社,2020:38-51.(关于这两篇文章的引文都出自此版本,下不一一出注)

《野草》),他以更多笔墨,刻画了"叛逆的猛士",这也可说是对"真的猛士"具体化,或者说是一种补充性说明,这里特别强调了猛士超凡的见识,这就把真的猛士、叛逆的猛士与一般意义上光凭勇气往前冲的莽夫区别开来(上海交大附中乐燎原老师也提醒笔者,单就勇气而言,鲁迅也不认为真的猛士是该徒手的),这大概也是鲁迅之所以在"猛士"前,加一个"真的"修饰语的用意所在吧。关于"叛逆的猛士",鲁迅是这样刻画的:

> 叛逆的猛士出于人间;他屹立着,洞见一切已改和现有的废墟和荒坟,记得一切深广和久远的苦痛,正视一切重叠淤积的凝血,深知一切已死,方生,将生和未生。他看透了造化的把戏;他将要起来使人类苏生,或者使人类灭尽,这些造物主的良民们。①

鲁迅记念的刘和珍等热血青年当然还不是他笔下的真的猛士(尽管不少一线教师和有些鲁迅专家会这么认为)。至于作者五年后写《为了忘却的记念》时,对于作者笔下的"左联五烈士",似乎也不宜简单地把他们划在真的猛士一类里,且不说其时与塑造"真的猛士""叛逆的猛士"的语境已经不同。至于鲁迅本人,更没有把自己定位于猛士,而是如他在文章中提到的,是"后死者",是"苟活者"。当然,如果认为鲁迅笔下的猛士纯然是一种非现实的理想人物,是与现实绝对隔离的,那也未必符合实情,因为毕竟,在《记念刘和珍君》的结尾部分,鲁迅也预设了:

> 苟活者在淡红的血色中,会依稀看见微茫的希望;真的猛士,将更奋然而前行。

似乎苟活者和猛士也是可以同在一个世界的。但是,说鲁迅虚拟猛士的形

---

① 鲁迅.鲁迅全集:第二卷[M].北京:人民文学出版社,2005:226-227.

象主要偏于理想,不是用于类比他笔下所要记念的现实人物,而鲁迅写记念文章,主要也不是为了赞美猛士,而是在给普通人(包括自己)以安慰的同时,树立起一种人格的标杆,这一结论应该大致成立。

立足于现实中的真的人,于是我们看到,在《记念刘和珍君》中,作者既写刘和珍,是"常常微笑着,态度很温和",也写为母校前途担忧时"黯然至于泣下";既赞叹她和她的同伴有"干练坚决,百折不回的气概"和"在弹雨中互相救助,虽殒身不恤"之类的特质,但又对她们徒手请愿的做法不敢苟同,认为过于天真,是牺牲太大,意义甚少。这跟猛士的那种"洞见""深知"和"看透"等,自不可相提并论。

同样,《为了忘却的记念》提及"左联五烈士"时,说白莽翻译诗歌不够客观;说柔石做人迂腐,没有实际经营能力,从事朝华社出版只能亏本了事,做人又太天真,看不到别人的坏,也认识不到政府的野蛮;冯铿又有点"罗曼谛克",急于事功……这些都是着眼于记念对象的现实性,写出真的人的风格体现。

但鲁迅把这样的材料呈现于笔端,不是有意矮化烈士。文章从生活的真人出发,即便回忆的对象投身于公共的伟大事业,也并没有因这种公共性、事业性遮蔽了个人化的感情。或者说,把生活中的私人化情感与公共世界的意义结合在一起展示,使鲁迅这类记念性的文章获得了一种因真诚面对而抵达的深度。这种深度,有一部分来自鲁迅对烈士自身情感世界复杂性的洞悉和揭示。在《为了忘却的记念》中,有一段文字和配图,是深深击中笔者的内心世界的:

我记得柔石在年底曾回故乡,住了好些时,到上海后很受朋友的责备。他悲愤的对我说,他的母亲双眼已经失明了,要他多住几天,他怎么能够就走呢?我知道这失明的母亲的眷眷的心,柔石的拳拳的心。

然后作者提到了选珂勒惠支的题名《牺牲》的木刻给《北斗》刊物,这是从母亲角度来一笔双写地刻画柔石内心情感的复杂性的:

是一个母亲悲哀地献出她的儿子去的,算是只有我一个人心里知道的柔石的记念。

柔石的悲愤和母亲的悲哀,这样的情感叠加在鲁迅笔下的柔石身上,也叠加在鲁迅的心里。如果说这里有多种力量拉扯下的难以平衡的无奈,那么,把这种无奈真实地呈现,选一幅木刻而主要不是形诸文字(文字虽然有,却是一种古典对偶式的内敛表达,即"母亲的眷眷的心""柔石的拳拳的心"),在一定程度上,也反映了记念对象的那种难以言说的复杂与深沉。

二

鲁迅写作的真与诚,既是朝向记念对象的,也是朝向他所处的写作语境的,这种真实的写作语境,聚焦于他所面对的读者群体。

鲁迅写作有清醒的读者意识,他清楚自己用笔的分量和意义,所以无论是《记念刘和珍君》还是《为了忘却的记念》,他的记念,不时在"说"与"不说"间游移。并以这种游移,或直接或间接透露了他面对的读者群体形成的接受语境。

在两篇文章中,情感郁积的强烈,都有文字抒发无以名状的困难,比如鲁迅说的"出离愤怒",教材把"出离"解释为"超出",强调了情感的强烈,这当然可以。但是这样的解释,无法捕捉到文字表达与情感的微妙关系,难以解释清楚用文字的概念化、抽象化的"愤怒"表达人的具体、真实的愤怒的困难性。

相比之下,《为了忘却的记念》中的"不说",是客观上不能说,不便说。就像鲁迅在烈士遇害后写到的,是"吟罢低眉无写处",而"要写下去,在中国的现在,还是没有写处的",是"不如忘却,不说的好罢"。因为环境过于黑暗,使得当时的报章也"都不敢"报道五烈士的事。

但在《记念刘和珍君》中,鲁迅的不说,则侧重于主观上的"不愿说""不想说"。

如果把该文提及的除"我"之外的各色人等排列,大致有这样一些有名有姓或者无名无姓的个人与群体。有刘和珍、杨德群等逝者,受伤的张静淑、程毅志等学生,有阴险论调的学者文人;有真的猛士,也有庸人,有阴险的杨荫榆、刘百昭等,有凶恶的段政府卫队、中国军人、八国联军、中外的杀人者等,还有恶意散布流言的闲人和作谈资的无恶意闲人,苟活者;还有牺牲者的亲族、师友、爱人等。

当鲁迅提到各色人等时,当这一庞大群体构成他写作的真实语境时,他不能不想到,这些人看他的文章会有怎样的感受,他的文章会产生怎样的效果。这在很大程度上给他写还是不写,或者究竟如何写,造成了困扰。

一方面他很悲愤,要把悲愤表达出来(尽管他也说了,他是出离愤怒的)。另一方面他又想到,这样的情感流露,类似的言说,可能会增加刽子手和流言家的快感,也有可能加深觉醒者的痛苦。这样的念头曾经久久盘旋在作者的心头。在《答有恒先生》中,他曾经向一位询问的青年解释过一段时间以来自己沉默的原因,他是以中国人喜欢吃醉虾来比喻的:

中国的筵席上有一种"醉虾",虾越鲜活,吃的人便越高兴,越畅快。我就是做这醉虾的帮手,弄清了老实而不幸的青年的脑子和弄敏了他的感觉,使他万一遭灾时来尝加倍的苦痛,同时给憎恶他的人们赏玩这较灵的苦痛,得到格外的享乐。我有一种设想,以为无论讨赤军,讨革军,倘捕到敌党的有智识的如学生之类,一定特别加刑,甚于对工人或其他无智识者。为什么呢,因为他可以看见更锐敏微细的痛苦的表情,得到特别的愉快。倘我的假设是不错的,那么,我的自己裁判,便完全证实了。

所以,我终于觉得无话可说。①

只是当他愤怒、悲凉、哀痛到忍无可忍,他又不得不说时,才无奈、沉痛而又恨恨地说出了这样一段话:

---

① 鲁迅.鲁迅全集:第三卷[M].北京:人民文学出版社,2005:474.

我将深味这非人间的浓黑的悲凉；以我的最大哀痛显示于非人间，使它们快意于我的苦痛，就将这作为后死者的菲薄的祭品，奉献于逝者的灵前。

以前笔者读这段文字，最感疑惑的就是，如果"它们"会快意于"我的苦痛"，"我"为何又愿意"使它们快意"呢？也许，这固然说明了作者的无奈，他在要把自己郁积心中的感情抒发出来，让刘和珍周边的师友、亲人得到安慰时，也难免会让险恶者快意。但是，恰恰是"它们"（注意，作者这里不用人称代词）的快意，反过来加深了非人间的黑暗和自身的痛苦，从而让自己与所处的非人间彻底对立起来，在情感上与逝者得以更紧密地联系。

也因为《记念刘和珍君》"说"过程中的"不说"，有着更多的主观上不愿说、不想说的侧重，所以其开头方式，跟《为了忘却的记念》有明显的差异。

当然，比较开头的差异，需要从整篇文章的结构差异、表现对象的不同、写作时间与事件发生时间的远近等角度切入，但这里以"说"与"不说"的比较作为分析的补充，也是一种思路。

我们先把两篇的开头转录下来：

中华民国十五年三月二十五日，就是国立北京女子师范大学为十八日在段祺瑞执政府前遇害的刘和珍杨德群两君开追悼会的那一天，我独在礼堂外徘徊，遇见程君，前来问我道，"先生可曾为刘和珍写了一点什么没有？"我说"没有"。她就正告我，"先生还是写一点罢；刘和珍生前就很爱看先生的文章。"（《记念刘和珍君》）

我早已想写一点文字，来记念几个青年的作家。这并非为了别的，只因为两年以来，悲愤总时时来袭击我的心，至今没有停止，我很想借此算是竦身一摇，将悲哀摆脱，给自己轻松一下，照直说，就是我倒要将他们忘却了。（《为了忘却的记念》）

前一个开头，主要以叙述和描写为主，后一个开头则是叙述中夹有直接的议论和抒情。前一个开头中,读者几乎看不到作者的感情流露;而后一个开头,作者直接告诉了读者,他两年来心灵时时受到悲哀袭击。前一个开头,写到了刘和珍的同学来劝作者写记念文章,尽管鲁迅自己也说过要写一点文字,但别人的直接期待,也是一个动因;后一个开头,则是作者自己主动提出来要写的。但不管是哪一个开头,在细细阅读下,我们能深切感受到理智与感情交织后的不同方式。

在前一个表面看不到情感字眼的开头中,读者却在最长句子中,感受了一种被强压下去的、透不过气的压抑和憋闷。这种压抑和憋闷的感受,是在没有断开的"那一天"前的长长修饰语中传递给读者的。这样的表达方式,似乎暗示了一方面作者想用自己的理智通过选用最无感情色彩的字眼来尽量压抑或者说回避自己的情感(因为作者认为流露自己的感情不但意义不大,而且会增添险恶者的快乐),但那句拉长的长句,又把情感的真实状态曲折地表现了出来。

而在后一个开头中,当作者采用叙议与抒情结合的方式在说自己被悲哀袭击,让自己活得过于沉重,所以需要通过抒发情感来使自己变得轻松一些时,其用词的貌似轻松,比如"竦身一摇"(似乎可以像摇落肩头的树叶一样将悲哀摇落),句子短小,比如"将悲哀摆脱""给自己轻松一下"等等,其实是在表面上努力显得轻松的描写中,说明了内心挥之不去的悲哀现实。

也就是说,两种开头方式中,我们都能感受到作者理智与情感的交织乃至搏斗。在这里,表面的不动声色与内心的情感压抑,表面的放松诉求与内心遭受的悲哀袭击,这些情感的张力与复杂状态,都是通过恰如其分的遣词造句,真实地呈现在读者面前的。

从读者感受说,当作者在前一个开头没有直接说出他的悲愤时,读者却在长句的阅读中,真切体会到了这一点;而在后一个开头,当作者直接说他被悲哀袭击时,读者的感受却并没有像前一个开头那么具体而强烈。因为在前一个开头中,情感直接化解在语言形式中,让语言有了一种情感的物化;而后者,用概念来直接表达情感,语言的理性化倾向,就更充分一些。其中的原因当然复杂,但时间带来的冲淡意味,或许也值得一提。

三

不过,认为鲁迅《为了忘却的记念》开头,借着貌似轻松的书写来反衬出自己内心的沉重悲哀,仅仅触及了问题的一面。换一个角度说,鲁迅确实需要让自己轻松一下,得以"延口残喘",把自己的生命延续下去。这样的写作动机,也是真实存在的。这恰恰构成鲁迅写作中,真诚地袒露自己、反思自己的又一面,并且贯串文章的始末。

在《为了忘却的记念》中,鲁迅主要回忆的是和自己有交往的白莽和柔石二人,但在文中提及这两人时,却都是以对《文艺周刊》刊登文字的一段事实加以纠正为引子的。

提及白莽和自己的关系时,鲁迅说:

这里所说的我们的事情其实是不确的。白莽并没有这么高慢,他曾经到过我的寓所来,但也不是因为我要求和他会面;我也没有这么高慢,对于一位素不相识的投稿者,会轻率的写信去叫他。

在接下来提到自己和柔石的关系时,又是以这事实的澄清为引子的:

我的决不邀投稿者相见,其实也并不完全因为谦虚,其中含着省事的分子也不少。由于历来的经验,我知道青年们,尤其是文学青年们,十之九是感觉很敏,自尊心也很旺盛的,一不小心,极容易得到误解,所以倒是故意回避的时候多。见面尚且怕,更不必说敢有托付了。但那时我在上海,也有一个惟一的不但敢于随便谈笑,而且还敢于托他办点私事的人,那就是送书去给白莽的柔石。

这两段文字围绕着"我"与他人的交往风格而展开,既是一种结构意义的自然过渡,把从写白莽顺势转换到写柔石,也是把鲁迅自己的为人特点、与青年交往时的待人接物风格与原因,从行为到思想动机,包括他是怎么理解文学青年的,层层深入地揭示。在写出所记念的人物真实的同时,也写出了一个真实的自己,这就不单单是结构的技巧性问题,也是"修辞立其诚"的问题。

这是对自己的袒露,也是对自己的反思。

在《记念刘和珍君》中,鲁迅曾有这样的反思:

在四十余被害的青年之中,刘和珍君是我的学生。学生云者,我向来这样想,这样说,现在却觉得有些踌躇了,我应该对她奉献我的悲哀与尊敬。她不是"苟活到现在的我"的学生,是为了中国而死的中国的青年。

这里,把人放在一个大视野中,具体说,是放在人类命运的事业中来重新看待自己和学生的关系,其意义,一如他构拟的"真的猛士""叛逆的猛士",是为自己也为他人树立起一种理想人格来审视、反思自己与他人,从而使鲁迅在记念人物所直面的"真"和袒露的"诚",同时也成了一种可以被伟大人格所感召的善的发展动力。

总之,记念一些真实的青年,揭示一群真实的读者,袒露与反思一个真诚的自我,这是两篇文章编为教材中的一课而可以切入的重要点。

值得注意的是,在该教材的第二单元,鲁迅的《记念刘和珍君》《为了忘却的记念》两篇文章为第一课,夏衍的《包身工》为第二课,而孙犁的《荷花淀》、赵树理的《小二黑结婚》(节选)和王愿坚的《党费》,则编入第三课。如此编排,从写实与虚构的关系看,意味着不同文体从写实向虚拟的渐次递进。那么,如何看待不同文体、不同文章中,作者在书写中体现的真与诚问题,其间,如何理解真诚作为一种精神实质与创作手法的辩证关系,包括在鲁迅的写实散文中,也不绝对排斥理想人格的塑造,这是一个更为复杂的问题,有待我们深入研究。

附记:2021年春天,笔者参加了上海交大附中乐燎原老师在上海虹口区景云书房有关鲁迅两篇记念文章教学的集体备课,虽然课后也谈了一些感想,但是总感觉思考得太简单,有些遗留问题不时盘旋心头。直至 2022 年春节长假,才利用空闲把后续的想法写出来。乐燎原老师既邀笔者参加他们的集体备课,又对这篇不成熟的文章提出修改意见,当初本学院的薛毅老师对我参与集体备课,也贡献了部分意见,这里一并致谢。

谈《包身工》"新闻性"对"文学性"的制约

一、引论

统编高中语文教材选择性必修中册第二单元共编有 3 课 6 篇作品,即鲁迅的《记念刘和珍君》《为了忘却的记念》2 篇为第 1 课,夏衍《包身工》为独立的第 2 课,孙犁《荷花淀》、赵树理《小二黑结婚》(节选)和王愿坚《党费》3 篇作品组合成第 3 课。如果从文体角度看,鲁迅的 2 篇作品都是"以写人记事为主的纪念性散文",《包身工》为报告文学,最后 3 篇作品都是小说。这样,虽然可以把 6 篇作品归入文学大类中,但是从文学特性看,散文和小说的文学性没有引起过多少争议,倒恰恰是报告文学的"文学性",特别是如何理解这种文体文学性的特殊含义,曾经引起过不少争议,甚至被认为是"长期得不到解决"的问题。[①] 而在语文教材的《包身工》"学习提示"中,对报告文学的文体特性予以了提示和学习方面的要求:

这篇报告文学用文学的语言和手法报道社会生活中的典型事件,真实再现了包身工晨起与做工时的悲惨状况,字里行间饱含同情,阅读时要多留意其新闻性与文学性是如何做到有机统一的。[②]

---

① 章罗生."新五性"与报告文学之"文学"观念变革[J].江苏社会科学,2011(01):182.
② 中华人民共和国教育部.普通高中教科书 语文:选择性必修中册[M].北京:人民教育出版社,2020:60.(关于课文引文及课后"学习提示"均出于此版本,不一一注明)

该提示对文学性有如此明确的指向,相形之下,对新闻性则当成不言而喻的特性一笔带过。不过,在我看来,探讨新闻性的特点,尤其是讨论新闻性对文学性的制约条件,或者说,在"报告文学"这一偏正结构中,讨论"报告"对"文学"的特有限制、限定,可以成为理解该作品新闻性和文学性有机统一的切入点,下面就根据《包身工》文本,结合相关论述,具体讨论此问题。

二、真实性与叙述的逻辑

《教师教学用书》的课文分析,对其所具有的新闻性先加以强调说:

新闻性是指报告文学所反映的人物事件,必须是现实生活中真实存在的、具有新闻报道价值的真人真事。这个特点蕴含在"报告"二字之中,它意味着报告文学不同于小说创作,即它必须真实准确,不能虚构。[①]

夏衍在《回忆与感想》一文中也说:

这是一篇"报告文学",不是一篇小说,所以我写的时候力求真实,一点也没有虚构和夸张。她们的劳动强度,她们的劳动和生活条件,当时的工资制度,我都尽可能地作了实事求是的调查,因此,在今天的工人同志们看来似乎是不能相信的一切,在当时却是铁一般的事实。[②]

这样,其对文学性加以的第一层制约,就是从文学性包含的既可以虚构也可以非虚构的两大类中,剔除了虚构类。而这种非虚构类的表达,不但可理解为是材料的真实,有着夏衍所说的铁一样的事实,而且,在具体表达时,需要通过一种精确化的处理,把这种真实感传递出来。那么,《包身工》是如何做的呢?

① 人民教育出版社,课程教材研究所,中学语文课程教材研究开发中心.普通高中教科书教师教学用书 语文:选择性必修中册[M].北京:人民教育出版社,2020:86.(关于课文分析及相关活动设计均出于此版本,不一一注明)
② 夏衍.包身工[M].北京:人民文学出版社,1978:36.

其一，文中有许多量化的材料进入叙述过程。比如交代三井系的东洋纱厂在特殊优惠保护下，靠着廉价劳动力的滋养而膨胀，从光绪二十八年创办第一家厂时不到二万纱锭，到三十年后已经有了六个纱厂、五个织布厂、二十五万个纱锭，还有交代工人吸入体内尘埃的精确数据，交代包身工的工资，交代她们拥挤住处的具体面积，等等。这都是一目了然的事实。问题是，当这些量化的真实材料成为文学表达的一种制约因素时，并不是为了把文学性遮蔽、抹除，而是让文学性带着新的方式呈现。因为，常常是这些数据在叙述的动态中呈现，从而构建起文学性的那种戏剧冲突和张力。比如，因为包身工"芦柴棒"被老板压榨得骨瘦如柴脱了人形，有人实在看不下去，向老板提议放了她，接下来有这样一段对老板言语和神情的描写，以及作者随后的插入语：

"放她？行！还我二十块钱，两年间的伙食、房钱。"他随便地说，回转头来瞪了她一眼。

"不还我，可别做梦！宁愿赔棺材，要她做到死！"

芦柴棒现在的工钱是每天三角八分，拿去年的工钱三角二分做平均，做了两年，带工老板在她身上实际已经收入了二百三十块了！[①]

这里，老板好像是振振有词的一番话，在作者插入语的工资量化计算中，根本无法成立，也在前后间形成了巨大反差，呈现一种老板的主观计算与作者客观的、精准计算的戏剧性对比。但恰恰是作者的这种客观性插入语，不是场景中的人物直接和老板对话，也就让这种公正的客观性，产生了一种有理无处申的愤懑阅读效果。顺便一说的是，原文中，"回转头来瞪了她一眼"后加句号，在教材中改为"回转头来对她一瞪"再加冒号。这一改写，针对性、现场感会更强烈一些，也不能说有错。但细细品味，原文那么写，似乎又是合理的。因为老板始终是在跟另外一个人对话，而不是直接跟芦柴棒说话。只是在对话过程中，

---

① 夏衍.夏衍选集：下[M].北京：人民文学出版社,1980：799.

通过回头来瞪一眼芦柴棒,其实也是在警告在场的芦柴棒,彻底打消旁听后可能心存的侥幸。老板这种围绕着芦柴棒而反驳别人的提议,其实要比直接对芦柴棒说话更体现蛮狠力量。

其二,有关特定场景的描写,基本采用限知视角。但如何理解这里的限知视角,可能会存在理解上的误差。有学者认为,"夏衍采用有别于五四一代作家偏重心理分析的文体风格,将人物的内在心理同外在躯壳剥离,撇开不分析任何人物的内在心理,而只是冷静地记录人物的言行举止,其他的言外之意则让读者自己去理解品味"①。这种分析看似有理,其实未必符合事实,特别是把略去心理描写作为作家有意追求的留白效果,让读者自己去领会,以显示其文学特征,更是没有点到问题的实质。实质是,这固然是一个文学性问题,但更是一个新闻的真实性问题。因为夏衍虽然起早摸黑,从 4 月到 6 月,进入工厂调查、观察包身工的状况,有两次还进到她们的居住区里,但就是没有办法和包身工交谈,了解她们内心的真实想法和感受。而帮助他一起调查的青年女工,一位青年团员叫杏弟的,也无法跟包身工有亲密的接触。夏衍在《回忆与感想》中写道:

由于她们受着三重四重的压迫,遭受过无数的磨难,所以这些小姑娘们是不敢轻易和人讲话的,不仅像我们这样的人,即使同厂做工的"外头工人",要和她们讲话也是很困难的……在那种情况下,要真真听到她们心里想说的话,要了解她们心底的苦痛,是很不容易的。②

也就是说,因为作者包括协助他调查的女工没有和包身工说上话,无法了解她们内心的痛苦的具体感受,所以他只能采用一种非常节制的限知视角叙述,把描写停留在人物的外在表现上,这当然也包括作者对那些老板、打手描写的限知性。于是当描写在具体展开中,就有了一种特殊的曲折性,这种曲折性,

---

① 郭志云.论《包身工》的报告文学特征[J].荆楚理工学院学报,2012(03):33.
② 夏衍.包身工[M].北京:人民文学出版社,1978:35-36.

其实也体现出对现实的更精准认识。比如当凶狠的打手折磨、驱赶着病中的芦柴棒去做工时，有这样一段描写：

"假病，老子给你医！"

一手抓住了头发，狠命地往地上一摔，芦柴棒手脚着地，很像一只在肢体上附有吸盘的乌贼。一脚踢在她的腿上，照例第二、第三脚是不会少的，可是打杂的很快就停止了。后来，据说，因为芦柴棒"露骨"地突出的腿骨，碰痛了他的足趾！打杂的恼了，顺手夺过一盆另一个包身工正在揩桌子的冷水，迎头泼在芦柴棒的头上。这是冬天，外面在刮寒风，芦柴棒遭了这意外的一泼，反射似的跳起身来，于是在门口刷牙的老板娘笑了：

"瞧！还不是假病！病了会好好地爬起来？一盆冷水就医好了。"

在写打手用脚踢了芦柴棒一脚后，意外地停止了。这时，作者加上插入语交代说，"后来，据说，因为芦柴棒'露骨'地突出的腿骨，碰痛了他的足趾"。把前后描写连起来看，这是先果后因的"反自然"顺序写法。为什么这里没有让事件发生的先后顺序和叙述的顺序保持一致？因为如果要先交代原因，写打手自己脚趾碰痛的感觉，就得采用全知视角了，而强调真实性的作者在这里是不便采用这一视角的，以免引起读者对叙述真实性的怀疑。所以他宁可让叙述顺序颠倒，并通过插入的说明"后来，据说"，把事后得知的信息补充进当时的情景中。可以说，作者在叙述时为了保持一种现场的真实感，对自己要求到了苛刻的地步。但恰恰是这种自我要求的苛刻，这种叙述因果的特意颠倒，让描写产生了悬念，增加了打动读者的力量，而在旁的老板娘把芦柴棒遭受的非人待遇当作喜剧来欣赏，又进一步加深了阅读的强烈反差。于是，恰恰是真实性对文学性的制约，才引发了一种特殊的文学意味，例如叙述的曲折、悬念效果的产生、不同人物心态的实际反差等等。

三、时效性与人事的反常

新闻性的另一要义是它的时效性。对此,《教师教学用书》也有一段说明:

报告文学的新闻性,也要求报告文学具有一定时效性,虽然不必如新闻通讯那样快速,但也应与社会热点、社会现象保持一定的时间关联度。

在这里,其所谓"与社会热点、社会现象保持一定的时间关联度"说得比较抽象,并且容易引起误解,还需要在对具体文本的阐释中,加以理解。

社会现象的时间关联度,就《包身工》来说,是跟一个特定的时代背景联系起来的。

文章提到,1925 年五卅惨案后,具有自由身的工人更具有凝聚力,成为反抗资本家特别是外国资本家的力量。资本家就急需通过使用廉价而没有团结力量的包身工,来替代普通工人(即文中所称的"外头工人")。特别是,对包身工的管理,又有着相当便利的诸多方面。其一,她们事先跟带工老板签下近似卖身契的数年合同,这样,在合同期内,包身工失去了任何自主性,成了任由带工老板支配的工作机器。其二,包身工又往往是老板的乡邻,从乡下被带到陌生城市,带工老板将她们隔离在封闭的区域内,几乎没有与外界社会接触的可能,日常管理变得十分简单。其三,半殖民地的社会背景,常常使得包身工的不合理现象,能够寄生于外国资本家开设的工厂里,包身工所经受的非人待遇,似乎成了无人过问的法外之地。在夏衍写作《包身工》的 1936 年的晚些时候,他还写下了《"包身工"余话》。这篇文章提到,恰恰是在东洋纱厂,在包身工最集中的地方,对于存在的这种非人制度,"当局"却不敢碰一碰。用作者的话来说:"在那'法律之外'的日商招牌之下,别说慢性的剥削,就是用凶器杀伤几个中国'奴隶',有治安之责的人照例是不敢闻问的!"①

---

① 夏衍. 夏衍选集:下[M]. 北京:人民文学出版社,1980:31.

不过,当《教师教学用书》说到"社会热点"时,可能会引起一种误解,即包身工现象已经是当时社会普遍关注的问题了,而事实恰恰相反。

《包身工》中,有一段议论是非常深刻的,即:

在这千万被饲养者中间,没有光,没有热,没有温情,没有希望……没有法律,没有人道。这儿有的是 20 世纪的烂熟了的技术、机械、体制和对这种体制忠实服役的 16 世纪封建制度下的奴隶!

如果说,20 世纪的技术是关联到时代的,那么 16 世纪封建制度下才有的奴隶,又恰好是反时代的。正因为是反时代的,所以它就有了反常性,又正因为是反常性,所以在人们习惯了的现实的认知世界中是被误解的,或者视而不见的,更不用说带工老板对包身工采取的隔离措施了。这样,撰写《包身工》这样的报告文学,其新闻性不但意味着关联了时代,也关联了人们当下一种被常识遮蔽了的"秘密"世界,就像捷克报告文学作家基希的书名《秘密的中国》向人们暗示的那样,把人事在常识遮蔽下的反常揭示出来、暴露出来,就能引起人们的震惊效果。

也是在《"包身工"余话》中,作者提到,当他把包身工的情形告诉一位正直和刚毅的律师时,发生了下面的这段对话:

"真有这样的事吗?"

"岂止有,多着呢,上海就有几千几万!"

"我们一点也不知道。"他感叹地说,"假使她们的工作情形和生活状况和你所说的一样,那明白地是构成犯罪的!"

从这一意义上说,正是被社会忽视的、尚没有构成"热点"的那种时效性,才获得了具有报道的更大价值。因为新闻性除了有时间意义的"新"之外(时效性),也有接受心理意义的"新",一种出人意料。也是从这一整体意义来考虑,《包身工》题材本身,就是对人们习惯了的接受心理的常态、常识的一种挑战。

这一反常态的整体意义的写作触角,也延伸到了具体的局部性的内容。

比如,芦柴棒形象之所以十分生动,给人留下深刻印象,是因为作者精准地描写了这一形象的反常态性。笔者前文举过例子,她在非人的生活中瘦到皮包骨头,使得折磨她、踢她的打手,居然会让对方突出的硬骨头伤到自己的脚趾,这是一种反常态,当然特别让那凶恶的打手大感意外、万分恼火。另外,笔者上文提到带工老板反驳别人要求他放走已经瘦得脱了人形的芦柴棒。在这描写前,还有一段这样的文字:

她的身体实在瘦得太可怕了,放工的时候,厂门口的"抄身婆"(检查女工身体的女人)也不愿意去接触她的身体:

"让她扎一两根油线绳吧! 骷髅一样,摸着她的骨头会做噩梦!"

但是带工老板是不怕做噩梦的!

这里,一种对现实反常态现象的精准捕捉,比如芦柴棒身体的反常,连以抄身为职业的人都不愿意触碰芦柴棒的身体,跌宕起伏地烘托出了带工老板远离常人的那种狠毒。这样的笔触力量,既是扣紧时代的,也是超越时代的。

四、余论

由于此次统编教材对作品的整合作了较大调整,更强调单元中作品的比较性阅读,所以《教师教学用书》也设计了相关的学习活动,比如有要求"比较叙事散文与报告文学的异同",大致是:

《记念刘和珍君》《为了忘却的记念》属于写人记事为主的回忆性散文,《包身工》是报告文学。两者同为非虚构文学,但在真实性与文学性方面还是有差别的。完成下面的表格,进一步了解其异同。(学生自主增补比较点)

（1）写人记事的真实性比较

人物、事件、环境……

（2）作品的文学性比较

形象塑造、细节刻画、氛围营造……

这样的比较当然也可以，但我觉得，恰恰在设计的基本比较项，而不是具体的细目中，还是有待斟酌的。也就是说，除开列出的"真实性""文学性"外，两种文体不同的议论方式，也是区别的重点。叙事散文和报告文学都有作者直接出来议论的方便，不像小说，往往要把自己的立场和态度隐藏在小说的背后，但报告文学中的直接议论更多的是一种政论，是作者站在公正和道义的立场，代表一种社会责任，来揭露问题，发出呼吁，改造社会。而记人叙事散文的议论，如鲁迅的两篇作品，即便也有社会责任在，但另有较多的个人感情色彩，有作者和笔下人物的私人化情意的流露。

笔者特别想提出的是，时下的单元组合，由于各作品之间无论内容和形式，都有较大跨度，组合得不好，会造成对具体作品理解的抽象或者架空，所以在教学中，教师也应该充分发挥阅读教学的主动性和创造性，对相关篇目不妨尝试新的组合。比如教学《包身工》时，可以把夏衍的另一篇紧密相关的《"包身工"余话》和基希报告文学集《秘密的中国》中的《纱厂童工》组合起来，这三篇题旨、手法等更贴近的组合，也许要比时下这种过于宏观的组合，对于文本的深入理解，是更便于落到实处的。2001 年，笔者和同事薛毅合编《现代语文读本》时，在第 3 册的第 10 单元，就是以此方式来组合的，也曾得到部分一线教师的认同。时至今日，或许对阅读教学的单元组合，还有一点参考价值。①

---

① 薛毅，詹丹. 现代语文读本：第三册[M]. 上海：文汇出版社，2002：241.

语言的品味

——谈编者对孙犁《荷花淀》的几处改动

一、引言

作家把作品投寄给期刊、出版社，或者作品被收入大学、中学语文教材，编辑往往会对作品加以文字改动。有改动成功的，如写了《天使，望故乡》的美国作家托马斯·沃尔夫，其文字就经过编辑珀金斯大刀阔斧地删改，从而使作品大放异彩。但也有编辑并不能理解作家苦心，反而把作家精心打磨的文字改动得不尽合理甚至惨不忍睹。此前我曾撰文批评统编教材对老舍作品《北京的春节》的删改，后来发现该教材重印时，多处不合理的删改，已恢复了老舍文字的原貌，虽然我一厢情愿地认为这是编者听取了我的意见后改进的，但是也可以理解为是他们自身意识到问题后的完善举措。这里再就孙犁名作《荷花淀》的改动谈一些自己的看法，如有一得之见，希望能给教材编辑和语文教师提供参考。

《荷花淀》曾经在很长一段时间里，被选入了中学语文各种版本的教材，近来又被选入统编高中语文教材选择性必修中册的第二单元。此前，因为人教社出版的高中语文课本，就已经选入此小说，所以统编教材继续选该篇作品时，采用的还是老教材的版本。

老教材对该选文曾出注：

选自《白洋淀纪事》，经作者同意，略有改动。[①]

[①] 人民教育出版社语文二室.高级中学课本 语文：第二册[M].北京：人民教育出版社，1988：75.(本文所引用的老教材原文包括注解均出于此版本，下不一一注明)

新教材出注:

选自《白洋淀纪事》(中国青年出版社 1958 年)。有改动。①

后者在书名后,补充了出版信息。我这里强调统编教材用老版本,包含两层意思:第一,统编教材沿用了老教材所依据的版本;第二,统编教材不是绕过老教材,直接从《白洋淀纪事》选文然后修改的,而是直接接用了老教材中已经修改过的现成的文字,仅作了极个别的文字改动。为什么我要强调这两点?

因为在中华人民共和国成立后,《白洋淀纪事》虽然发行最广,但是文字未必是孙犁最满意的,所以在后来出版的《孙犁文集》和《孙犁文集》(补订版)等版本中,都不断地修改。而如果我们依据统编教材的选文来讨论《荷花淀》文字修改的种种问题,也不是现在才出现的问题。先作这样的说明,下面就来具体分析。

二、表达的规范、逻辑与语境

表达的规范化常常是语言发展过程中的一种精准化,它和时代的要求有相当大的联系,而语言逻辑,除了要照顾前后文关联外,更要受特定语境的制约。

《荷花淀》最初在延安的《解放日报》副刊发表时,结构助词"的""得""地"基本不分,一概用"的"字,后来出作品集、文集,也没有纠正。选入教材时,编者根据文字规范化要求,作了区分。如原文中,"今天怎么回来的这么晚""大船追的很紧""他们摇的小船飞快""水在两旁大声的哗哗"等,前面三句中的"的"都改成了"得",最后一句中的"的",改成了"地"。这样的改动,新、老教材中的选文是一致的。但如"女人看出他笑的不象平常",在老教材中,"的"改成了"得",而"象"没有改,在统编教材中,类似的"不象平常",还有"水象无边的跳荡的水银"等句子中的"象",都一概改成了"像",这种出于文字规范化的改动,

---

① 中华人民共和国教育部. 普通高中教科书　语文:选择性必修中册[M]. 北京:人民教育出版社,2020:61.(本文所引用的新教材原文包括注解均出于此版本,下不一一注明)

也是和不同时代的要求紧密关联起来的,应该说是合理的。

但还有一些改动,情况就比较复杂,比如关于后缀"们"用还是不用的问题就值得再斟酌。请看下面节选的水生对妻子说的两段话:

"他们不敢回来,怕家里的人拖尾巴。公推我代表,回来和家里人们说一说。他们全觉得你还开明一些。"

"不要叫敌人汉奸捉活的。捉住了要和他拼命。"①

在前一段话中,新、老教材都把"家里人们"的"们"给删除了,或许是因为写成"家里人"比较通畅,而"家里人们"的说法太拗口。但推敲水生说话的原意,是要他不仅跟自己的家里人打招呼,也要跟那些躲着不敢回家的其他小伙子的家里人去说,这是推举水生做代表的意义。这样,就需要加一个表示复数的"们",以显示水生代表的广泛性和言说对象的多面性。从下文看,小说写水生和他女人说了几句后,就出门到别人家里去,直到鸡叫才回来,呼应了添加的这个"们",如此,正体现出作家斟酌语境后的严谨描写。

在后一段话中,"敌人汉奸"当然是一个群体,那么原文为何不写"要和他们拼命"来与前一句话呼应呢? 这不又显得作家的描写不严谨了吗? 教材把这个"们"加进去,不是更合理吗? 其实不然。为了人物的言语逻辑的连贯性,不能仅仅看字面的意思,还要理解特定语境中的人物心理,这种心理包括对言说者的心理和言者对言说对象的心理揣摩。第三人称有单数和复数之分,没有远指和近指之别。不过,当其作为一个"拼命"的对象被引入时,"他"相对于"他们"是更为确定而具体的,因为添加后缀"们",不但让单数变成复数,有时也将一种可计量的名词变得不可计量了。所以,水生的"和他拼命"的嘱咐,就要比"和他们拼命"更有针对性,也更有力量。如果进一步考虑,水生的话里,是否多少也有些回避、不舍得的意思? 毕竟,要他的女人去和一个群体

---

① 孙犁.白洋淀纪事[M].2 版.北京:中国青年出版社,1978:254-255.(本文所引用的早期版本的《荷花淀》原文包括注解均出于此版本,下不一一注明)

拼命,好像有点要求过高、太苛刻。总之,这里对"们"的添加和不添加,都有着作者描写的艺术匠心,可惜教材编者拘泥于文字的表面逻辑,作出了并不恰当的改动。

说到编者拘泥于文字的表面逻辑,还可以举小说中的一例,就是几个女人聚集在一起,七嘴八舌表达她们对上战场的丈夫的牵挂。

原文是:

"听说他们还在这里没走。我不拖尾巴,可是忘下了一件衣裳。"

"我有句要紧的话得和他说说。"

水生的女人说:

"听他说鬼子要在同口安据点……"

"哪里就碰得那么巧,我们快去快回来。"

"我本来不想去,可是俺婆婆非叫我再去看看他,有什么看头啊!"

新、老教材修改为:

"听说他们还在这里没走。我不拖尾巴,可是忘下了一件衣裳。"

"我有句要紧的话,得和他说说。"

"听他说,鬼子要在同口安据点……"水生的女人说。

"哪里就碰得那么巧,我们快去快回来。"

"我本来不想去,可是俺婆婆非叫我再去看看他——有什么看头啊!"

这里主要改动了几处标点,还有一处是交代言说者的位置。

标点的改动是,把其中有两句话没有断开的,都加了标点,这样所有女人说的话,中间都有了停顿,形式似乎都很整齐。还有一处,因为交代"女人说"从她说话前移到了说话后,随着位置的变化,"女人说"后面的冒号改成了句号。这样,这一段对话独立分成的五行,都是以句号作结,又一次保持了形式的整齐。

但这样的改动,其实又是拘泥于文字表面的结果。

因为中间两处没有逗号的连贯表达,即"我有句要紧的话得和他说说",看似中间意思可以分层,但恰恰因为"要紧",含有急于一口气说出来的效果,中间停顿,反而欠妥。而水生女人的回答,是想阻拦她们去,所以有着话赶话的不停顿感,接下来,终于连她话都没让说完就被打断了。这样,从开始闲聊起来的有停顿,到没有停顿,到不但没有停顿,而且有人不能把话说完,就有了一群人对话的节奏变化。也因为水生女人流露担心的话是被别人打断的,所以这一行的话用省略号收尾,其言说被别人插话打断的感觉才凸显。

这里,对话的主旨当然是在反映这些女人对丈夫的思念,但因为这样被插话打断的冲突,又跟下文遭遇鬼子的情节有机衔接起来,在一定程度上,也可说是一种伏笔。编者添加逗号和调整言说者的位置,似乎照顾了语言形式的整饬,其实正削弱了当时语境中,对话过程中那种冲突的形象感,是令人颇感遗憾的。

三、修辞的运用

修辞的运用既可以指向修辞格,也可以笼统地说是对词语选用和位置安排的考量。换句话说,就是选合适的词放在合适的位置。

小说第 2 段有这样的文字:

要问白洋淀有多少苇地?不知道。每年出多少苇子?不知道。只晓得,每年芦花飘飞苇叶黄的时候,全淀的芦苇收割,垛起垛来,在白洋淀周围的广场上,就成了一条苇子的长城。

在新、老教材中,第二个"不知道"前,加了一个副词"也",把本来并置的两个"不知道"改为"不知道"和"也不知道"。编者之所以要加一"也"字,可能考虑到前后两句有一种雷同关系,所以用"也"来强调这种相似性,以加固前后句子的联系。考虑这种前后关系而作的副词添加，看上去表达严谨了，却没有意识到，两个并置的"不知道"，是用了反复的修辞格，以强调作为一个土生土长的白洋淀人对白洋淀之大、苇子之多的自豪感。而这种自豪感，又是跟朗读"不知道"的强音结合在一起的。可惜的是，这种本来可以通过反复加强、通过重读（是重复的重，也是重要的重）得来的自豪感，却被"也"字这一委婉的读音所弱化，而且，也把反复的修辞手法一并给抹去了。抹去的不仅是这一修辞手法本身，而且，因为"也不知道"在读音上造成的弱化效果，使得本来两个"不知道"与紧接着下一句的"只晓得"在发音上的差异没能得到有效凸显。而由这一弱化读音"只晓得"引出的"每年芦花飘飞苇叶黄"带来的舒缓节奏，也多少失去了与前面句子急促响亮所产生的对比感。

更为复杂的是，女人正午在白洋淀的情景，在作者早期的版本中，是这样描写的：

现在已经快到晌午了，万里无云，可是因为在水上，还有些凉风。这风从南面吹过来，从稻秧上苇尖吹过来。

在后来作者自己编定的"文集"中，由作者把"从稻秧上苇尖吹过来"中的"上"字调整到"苇尖"后面，成为"从稻秧苇尖上吹过来"。①

我觉得这一改动是合理的。虽然风是从稻秧芦苇的上方吹过来，但是苇尖已经提示了是芦苇的上端，所以在稻秧后面而不是苇尖后加"上"，是可以理解的。但毕竟"上"是仄声字，且发音过于响亮，加在稻秧后面，造成阅读的顿挫，让稻秧和苇尖间，形成了断裂，而把"上"挪到苇尖后，让稻秧和苇尖连成一片，从风吹角度看，不可能因为稻秧在陆地、苇尖在湖面而分开吹的，它是整片吹过来的，这样，把"上"移到"稻秧苇尖"后，让其停顿在状语和谓语之间，从语法结构关系和实际表达效果来看，更能让人体会到那种凉风连绵而来的舒缓感。所

---

① 孙犁.孙犁文集：第1卷[M].天津：百花文艺出版社，1981：94.

以,作者的改动,体现出艺术感觉越来越精细化的追求。而教材编者,恰恰走了一条与作者不断改进的相反道路。不是把插在稻秧和苇尖之间的那个"上"移到后面,而是在保留原来"上"的位置前提下,再添加一个"上",成为"从稻秧上苇尖上吹过来",看似把风吹的方位都准确标出了,但是两个生硬的仄声字插入,彻底分割了风吹的连绵感,那种朗读时不断停顿的感觉,又哪里还有被凉风吹拂的舒缓感?倒像是在大风劲吹下的晃荡了。总之,在修改原文时不仔细斟酌原文的合理性,以及作家自身不断锤炼语言的精准性和精美性,只是固守一套似是而非的规则或者满足于表面的逻辑自洽,这是教材编者修改作家的作品屡屡让读者不能心悦诚服的重要原因之一。

四、一个流行甚广且甚久的传言

孙犁在 1981 年为自己文集写序时,就吐槽"很长一个时期,编辑作风粗率,任意删改别人文章"。而他之所以这么说,是因为:一方面,他的写作过程确实经历了如同"吟安一个字,捻断数茎须"那样的苦苦思索,用他的话来说,"我对作品,在写作期间反复推敲修改,在发表之后,就很少改动";另一方面,他的作品,特别是名作《荷花淀》,又多次遭遇中学语文、大学现当代文学教材编辑删改。因此,在 1963 年和 1980 年的不同时期,根据不同版本中的删改情况,他写下《关于〈荷花淀〉被删节复读者信》《被删小记》等短文,以表示自己的痛心疾首。

作者的原作与编辑的改动,本来是一个经过比对就清楚明了的事实,但围绕着改动会有一些离奇传闻,从而让这一删改问题变得扑朔迷离了。

语文出版社 2006 年出版的高中《语文》第三册教材,在选入的孙犁作品《山地回忆》后面,设计了这样一个练习:

一个标点符号的不同往往会造成很不一样的表达效果。孙犁的《荷花淀》写到水生嫂在送丈夫上前线时这样对他说:"你走,我不拦你。家里怎么办?"有的选本把这句话中的句号印成了逗号,孙犁看到后很不高兴,说这是一个非常严重的错误。你也这样认为吗？在这句话中用句号与用逗号有什么不同？①

因为这个传言流传甚广，所以有不少语文教师在开展课堂教学时，也会讨论这里的区别，有的还发表文章加以分析。比如，《语文月刊》2016年第2期的一篇文章《比较：感受语言美的有效载体》，就相信且讨论了这个传闻，并得出结论说：

"我不拦你"若用逗号，在语法上并没有什么错误，不过这样全句的重心就落在"家里怎么办？"上面了，整句话就变成了不依不饶的责问。水生嫂不就成了用家务来拖丈夫后腿的"落后分子"了吗？这显然与前面的交代不符，与作者塑造的温柔、体贴等待丈夫归来的解放区进步妇女的形象不符……改用句号，强调了"我不拦你"，说明了水生嫂支持丈夫参军，表现了她顾全大局、深明大义。但是想到家里上有老下有小的重担难以承担，随后脱口而出"家里怎么办？"表现出她对丈夫的深深依恋。语气停顿稍长的一个句号，完美表达了两个方面的意思。家常生活的语言，恰到好处的停顿，把水生嫂细腻丰富而又复杂微妙的感情、温柔而又刚毅的性格表现得淋漓尽致。②

尽管说得头头是道，但这一传说的真实性是非常值得怀疑的。因为除开通行的各种版本语文教材用了句号外，首发在《解放日报》1945年5月15日副刊上的《荷花淀》第一部分，在"我不拦你"后面，是用逗号的。而流行甚广、教育部推荐给中学生的课外读物《白洋淀纪事》中，《荷花淀》中的同样位置处，也是用的逗号，特别是，由孙犁生前校定的《孙犁文集》，同样没有在"我不拦你"后用句号。如果孙犁为此真的很生气，他是有许多机会让编辑改正的，为什么从没有改正过？这不得不让人怀疑，这样的传说得以流传，不过是有人一厢情愿

① 语文出版社教材研究中心.普通高中课程标准实验教科书　语文：必修第三册[M].北京：语文出版社,2006：80.
② 朱永芳.比较：感受语言美的有效载体——以《荷花淀》为例[J].语文月刊,2016(02)：39.

地为"拔高"水生女人的形象，来有意无意寻找一点合理性而已。但细细想来，如果用了逗号使得水生女人说"我不拦你"这句话停顿不够，显得支持水生参军缺乏诚意，或者即便水生女人确实有为小家考虑的一面，因为只有在"我不拦你"的前提下，家里才发生了困难，那么，这样为家担忧，就真的有损水生女人的形象吗？联系到前文她对丈夫说"你总是很积极的"，在支持丈夫参军中不无调侃和埋怨；后文说"你明白家里的难处就好"，又带有求丈夫安慰甚至些微撒娇的心理，等等。这里，对话表现亲人感情的复杂性，是不能完全用"顾全大局、深明大义"的标签所涵盖的。而这，不正是孙犁所要塑造的女性艺术形象的丰富性吗？遗憾的是，在最新出版的统编语文教材中，这个句号还被一种看不见的神圣光环笼罩着，没有改回到本应该是的逗号。

有意思的是，1952 年，孙犁就曾接到过一批文学青年的来信，批评他的《荷花淀》有歧视女性的倾向。孙犁写了《关于〈荷花淀〉的通信》，认真作了回答。而他的回答，正是提醒他们要注意"当时的情调，理解人与人之间的关系"，不只是从"抽象概念"来理解女性形象。[①] 如今，以传闻中的句号来替换掉事实上的逗号，在一定意义上，是在呼应留恋不去的概念化的、教条式的对女性形象的理解。

也许，对标点符号的斟酌使用，对个别文字的改动理解，我的解读也未必正确，还有待进一步讨论。但由此引出的一个重要问题是，我们理解作品在多大程度上能够不受教条式心理驱使，能够不信未经证实的种种传言？哪怕这种传言是多么有力地支撑了我们的心理预设——总之，言必有据的严谨态度，如同关注表达的细节一样，都是欣赏文学的一个重要前提。

---

① 孙犁.孙犁文集(补订版)：第 6 卷[M].天津：百花文艺出版社,2013：338－339.

把"落后"作为解读革命小说的一个方法

——谈《小二黑结婚》到《荷花淀》《党费》的组合性理解

一、问题的提出

统编高中语文教材选择性必修中册第二单元把《荷花淀》《小二黑结婚》（节选）和《党费》作为红色经典小说组成一课。课后的"学习提示"和"单元研习任务"，也是把这三篇小说整合在一起来分析和讨论的。这提示教师开展课堂教学要有把三篇小说整合起来的自觉意识。尽管围绕着语文教材的单元组合和一课中的群文阅读教学，语文界曾引起激烈的争论，一些竭力主张单篇教学的教师认为，强调教学中的多篇文章整合，对个性化的文学作品来说，容易导致牺牲单篇作品具体的特殊性，形成对文学作品教条化、公式化的理解。对于这样的看法，我不敢苟同。这不仅仅因为脱离了具体课例的抽象讨论并无多大意义，而且，事实上，中华人民共和国成立以来，语文教材阅读文章的编排，主要就是以单元来呈现的，语文教师在实践中也曾经有过不少的尝试。记得笔者1980 年代中期刚进入中学任教，在钱梦龙校长督促下写的第一篇稚嫩的科研论文，就是探索阅读教学的单元组合问题。2002 年，和同事薛毅老师一起编选《现代语文读本》四卷，一方面在序言中讨论了文章阅读的单元文本组合问题，另一方面，由我们两人分头撰写置于每个单元前的"阅读提示"，基本也是从文章组合式角度来分析的。此外，沪上名师沈蘅仲的备课札记《知困录》，也不时建议教师把许多古诗文阅读的相关资料补充进课堂，形成群文阅读方式，比如把不同作者的四篇《六国论》、不同时代的作者写下的石钟山游记结合在一起备课，或者把民歌《折杨柳枝》和《木兰辞》互为印证，都是组合式的阅读教学策略。流传较广的沈祖棻《唐人七绝诗浅释》把多篇绝句组合起来阅读鉴赏，也对语文教师的教学产生过深刻影响。类似的文本解读或者语文教学实践，跟当前新教材推行的单元教学，有着千丝万缕的联系。

有些教师包括一些知名学者把单元文本组合式的阅读教学一概等同于篇与篇之间的共性概括，其实还是把单元教学理解得机械化、简单化了，或者他们所接触到的一些并不成功的教学实例是机械的、教条的，误导了他们，从而让他们得出了未必恰当的判断。其实有时候，教师恰恰是通过群文组合，借助引入一个特定的理解范畴，让篇与篇之间具体的特殊性得以彰显，提高了不同作品个性差异的辨识度。

当然，时下的新教材在传统阅读文章的单元内部组合基础上，又增加了一课多文的形式，但依然保留了一课一文的形式，比如我们将要讨论的选择性必修中册第二单元，既有前述的一课三篇小说，也有如《包身工》这样的一文一课，这样，是立足于一课一文，还是一课多文，或者单元整体开展阅读教学，可以让教师根据文本特点和具体学情，作自主选择。

就选择性必修中册第二单元来说，我曾对其中的《荷花淀》，从版本角度作过比较分析。而我的同事冷嘉老师则对其中的《小二黑结婚》作过单篇的文本分析，受冷嘉老师分析结论的启发，我这里尝试提出三篇小说组合阅读的一个角度，就是所谓的"落后分子"或者说"落后"性。之所以提出这样的角度，首先依据的是该单元"研习任务"的要求，该要求是从小说塑造的"典型形象"角度，让学生选择"最喜欢的一个人物形象，分析其性格特征，并结合作品的时代背景和小说中的社会环境，说说人物的典型性体现在哪里"。但如果从客观而不是主观的喜爱度来梳理三篇小说的典型形象的谱系，那么《小二黑结婚》这篇作品起码为我们展现了三类人物，其一是作为故事正面形象的关键人物小二黑和小芹，其二是作为反面形象的黑恶势力兴旺和金旺，但真正塑造得个性鲜明的却是落后人物二诸葛和三仙姑。这两个人物形象既比反面形象饱满，也远比正面形象小二黑和小芹生动，冷嘉老师就有相关论述来比较两类不同人物的塑造效果：

> 小二黑和小芹虽是故事中的关键人物，但这两个人物形象缺乏个性，甚至谈不上有多生动——远不如二诸葛和三仙姑予人印象深刻。他们争取婚姻自主的行动虽是推动情节发展的核心事件，但这一事件本身并未展现出诸如主体精神成长等层面的现代意义，而更像是一个汇聚并呈现村庄中各种旧势力的枢纽。

> 《小二黑结婚》的一个重要主题是"反对封建思想，封建习惯"，二诸葛和三仙姑是具有封建意识的落后农民的突出代表，作者对这两个人物做了夸张和滑稽化的处理。但在小说中，这两个人物既是被批判、被改造的对象，又是作者顾念的乡邻乡亲。由此可见，赵树理思考中国革命意义的起点，正是在这群"旧人物""落后人物"的身上。在他所构想的新世界图景中，不仅活跃着进步的新人"小二黑""小芹"等，而且通过"前进的带着落后的"，落后人物在心理和情感上得到疏导和调适，最终被吸收到新的伦理氛围中。①

正是把分析的视野聚焦于小说中的"落后分子"，打开了我们对其他两篇小说的分析思路，换言之，小说凸显的对"落后分子"的描写，也成了理解其他红色经典的一种方法和推进思考的概念。当然，以此为方法和思考的概念，不是要用《小二黑结婚》里出现的栩栩如生的落后分子来代替、遮蔽其他小说里近似的人物形象，得出一个普遍存在的同质化的人物典型和同质化的小说立意的分析结论，而是在这样的落后分子的比照中，发现不同小说在人物形象的似乎相近元素中，其中深刻而又参差变化的那种不一致，借助形象驱动中的相关概念内

---

① 冷嘉. 文学如何书写革命——赵树理《小二黑结婚》解读[J]. 语文学习,2021(10)：56-57.

涵的内在裂变,或者一种要素的空缺,来发现作家构思的一条路径。

下面先讨论《荷花淀》。

二、"落后"概念背后的情感和生活

先要明确的是,《荷花淀》中并无二诸葛、三仙姑那样典型意义的"落后分子",但反过来说,引入"落后分子"这个概念,也不是为了说明这类形象或者这类形象的一些要素在该革命小说中的完全缺席。提出"落后分子"以及近似"落后"的概念来理解《荷花淀》人物形象,是因为小说描写到的女人们的言行,包括男人对她们的评价,确实涉及这些词语。

比如,小伙们在区里报名参加游击队后,不敢回家跟自己妻子说,只让水生一个人回来,就有水生对自己妻子说的一番话:

"他们几个也报了名。他们不敢回来,怕家里的人拖尾巴,公推我代表,回来和家里人说一说。他们全觉得你还开明一些。"

其中,"拖尾巴"意味的"落后"以及不够"开明",是村里男人们对大多数女人们的看法。顺便一说,孙犁原作两次提到"家里人",第二次后面有个"们",[1]课文删除后一个"们"未必合理。笔者另有文章讨论,此不赘述。[2] 关键是,围绕着文本内部的所谓"拖尾巴"以及后文的"落后分子"等说法,导致了读者的一种误解。

因为后来小说写几个女人思念参加游击队的丈夫,冒冒失失结伴去探亲,结果遭遇鬼子而划船逃跑,正好把鬼子带到了游击队在芦苇丛里布置下的包围圈,让游击队打了一个漂亮的歼灭战。在打扫战利品时,游击队长、水生和他的妻子间,有了一段微妙的对话:

---

① 孙犁.孙犁文集(补订版):第1卷[M].天津:百花文艺出版社,2013:93.
② 詹丹.语言的品味——谈编者对孙犁《荷花淀》的几处改动[J].语文学习,2021(07):59.

（队长问女人们：）"你们干什么去来呀？"

水生的女人说："又给他们送了一些衣裳来。"

小队长回头对水生说："都是你村的？"

"不是她们是谁，一群落后分子！"说完，把纸盒顺手丢在女人们船上，一泅，又沉到水底下去了，到很远的地方才钻出来。①

在这里，游击队长既在对水生的女人说，又回头对水生说，虽然都得到了直接的回复，但是这回复，又似乎是说给在场的其他人听的。送衣服是给"他们"送，因为女人不是直接对着自己的丈夫说的，那种关爱之情，便有了几分内敛。水生指责女人是"落后分子"也是对着队长说的，同样免去了直接指责女人的几分尴尬。但也可以理解为，有了先予声明的"落后"，一种把自己置身事外的态度，可以化解面对队长的尴尬。特别是指责的同时，又把饼干纸盒丢在女人们船上，似乎有点安抚的意思。而潜水很远才冒出来，既像潜水本领的卖弄，又像要跟近前来看他的女人故意躲开去捉一下迷藏。这样一来，语言的直白、生硬与行动的柔情且富有弹性，给"落后分子"的概念添加了许多异质化的情感内涵，甚至可以认为，正因为有这样的表面指责，掩护了夫妻间微妙的感情传递。

可惜的是，一些头脑教条的读者在阅读理解中，却抽空了概念本身的弹性，简单填充了在思想政治方面的内涵，从而得出了孙犁歧视女性的看法。

1950 年代，有一批爱好文艺的在校生，就曾写信给孙犁表达了她们的不满。其中举到水生和游击队长的对话作为例证。对此孙犁认真给予了回复：

因为队长问："都是你村的？"水生说了一句："不是她们是谁，一群落后分子！"你们又说这是对女人的"嘲笑咒骂"，是给"远来送衣的爱人以凶相"。

水生这句话可以说是嘲笑，然而在当时并不包含恶意，水生说话的时候，也没有表现"凶相"。他这句话里有对女人的亲爱。这并不等于给她们做鉴定，肯

---

① 中华人民共和国教育部.普通高中教科书　语文：选择性必修中册[M].北京：人民教育出版社,2020：65.

定她们是"落后分子"。在日常生活里面,夫妻之间是常常开这样的玩笑的。

我们看作品,不能仅仅从字面上看,还要体味一下当时的情调,理解人与人之间的关系。不只和概念理论对证,还要和生活对证,就是查一查"生活"这本大辞书,看究竟是不是真实,如果不是这样,许多事情都是无法理解的。①

值得注意的是,那些在校生对小说中人物的言行都作了简单的、字面上的直接理解,或者说,这也是从概念出发的机械、教条的理解,而孙犁提出的"生活"、提出的"当时的情调"以及"人与人之间的关系",其实就是时下反复强调的,阅读理解要从具体情境出发。正是对特定情境的体味,使得"落后分子"这样一个似乎侧重于指向政治思想的概念,有了情感的内涵,它更多地包含着俗语所谓的"打情骂俏"的意味(当然不是在贬义上来使用)。水生和其女人借助游击队长完成的那种间接对话,把赋予其中的复杂情感,从向队长传递的信息中剥离出来,隔空传递到了另一边人的心里。生活的广阔性和人际关系的复杂性,使得《小二黑结婚》中"落后分子"中那种鉴定人物的政治思想色彩(尽管在二诸葛和三仙姑身上也掺杂着特殊的心理文化问题,详见冷嘉的分析),在《荷花淀》中是比较单薄的。如同水生女人低着头说水生"你总是很积极的"这句话时,思想情感相当复杂,至少,埋怨和赞扬、荣耀和不舍是兼而有之的。但孙犁写出这种复杂性,写出女人们对走向前线的丈夫有摆脱不了的情感依恋,那种似乎是革命精神不彻底的"落后"元素,倒并不被认为是一种需要清除的杂质,而恰恰是带给了男人们情感与暖意,说明了女性的可爱与伟大。而那些在校生写信指责孙犁歧视女性,恰恰是把话说反了。

如同孙犁在描写女人们对丈夫的依恋表现出"拖后腿""落后"的一面与支持丈夫们上前线的进步的另一面完全相容的一样,女人们投身战场的崇高性,也是与她们爱面子、争口气的小心思相容的,而后者,似乎又成为在校生指责孙犁把女人塑造得落后的一个证据。他们举出女人们说笑着要学会打仗把丢了

---

① 孙犁.孙犁文集(补订版):第6卷[M].天津:百花文艺出版社,2013:337-338.

的面子挣回来的话,说:"作者将这些妇女们武装自己的动机,没有放到这一正义的伟大的基础上,却将它写成是为了个人争口气,为了使自己的丈夫看得起自己。"①

对此,孙犁的答复是:

我以为在一个具体的场合下,妇女说这样几句话,并不掩盖更不抹杀她们素日的抗日要求。这个要求,就是你们说的"正义的伟大的基础"。在这个基础上,还可以有临时的激刺,和临时的影响的作用。②

这样,在提出追求正义的前提下,又把特定情境中的临时的刺激因素加进去加以描写,同样体现人的复杂性和生活的丰富性。如果这种个人爱面子的刺激是一种对"落后分子"才有的刻画的话,反映在《荷花淀》中,又体现出孙犁对人物和生活理解的广度和深度。也是由于类似的原因,晚近时期,不少人强调水生女人对丈夫说的"你走,我不拦你,家里怎么办?"中"不拦你"后用句号才是正确的,才能体现出女子的深明大义,才是真正理解了孙犁的创作意图,其实都是对小说出现"落后"因素及其相关称呼所作的简单粗暴而又机械的理解。这个问题笔者另有文章讨论,此不赘述。

三、"落后"的另一种形式:孩子及孩子气

那么,《党费》呢?

也许,相比《荷花淀》出现的"拖尾巴""落后分子"等言说,小说《党费》似乎并没有给"落后分子"留下多少栖身的场所,其中,革命者与国民党兵的严峻对立、残酷斗争以及鲜明站队的不同立场,也使处于中间立场的所谓"落后分子"的空间被大大挤压了。不过,并没有与作为革命者的主人公形象黄新在思想行为上保持高度一致的人物还是出现了,这就是黄新的女儿妞儿。

---

① 孙犁.孙犁文集(补订版):第6卷[M].天津:百花文艺出版社,2013:342.
② 同①338.

尽管就这一课中的三篇红色经典来说，《党费》在思想的丰富性和艺术的独创性来说相对单薄，人物形象的层次感也比较单一，但恰恰是借助塑造黄新身边的妞儿形象，小说增添了一定的厚实感。而才五岁的妞儿生理上的不成熟与心理上的不坚定，又跟黄新拉开了一段政治思想的距离，也或多或少有了一点"落后分子"的影子。

关于妞儿的形象，在小说中是随着担任游击队的交通员"我"跟白区的党员黄新取得联系后，慢慢进入"我"的视野的。最生动的一些细节描写，几乎都是围绕着妞儿而展开的。包括"我"第一次下山和白区的党员黄新接头，对妞儿不经意的一笔描写："地铺上一堆烂棉套子底下躺着一个小孩子，小鼻子一扇一扇的睡得正香。这大概就是她的小妞儿。"[①]但重点渲染的，是"我"去黄新家取山上急需的腌菜，这些腌菜因为是革命群众从自己嘴里省下而凑起来的，妞儿平日也吃不到，于是就出现了全篇可能最生动形象的一段描写：

妞儿不如大人禁折磨，比她妈瘦得还厉害，细长的脖子挑着瘦脑袋，有气无力地倚在她妈的身上。大概也是轻易不大见油盐，两个大眼骨碌碌地瞪着那一堆堆的咸菜，馋得不住地咂嘴巴。她不肯听妈妈的哄劝，还是一个劲儿地扭着她妈的衣服要吃。又爬到那个空空的破坛子口上，把干瘦的小手伸进坛子里去，用指头蘸点儿盐水，填到口里吮着，最后忍不住竟伸手抓了一根腌豆角，就往嘴里填。她妈一扭头看见了，瞅了瞅孩子，又瞅了瞅箩筐里的菜，忙伸手把那根菜拿过来。孩子哇的一声哭了。[②]

这里，妞儿忍不住偷吃，其实也是人的正常需要，搁在儿童身上更无可指责，似乎谈不上"落后"问题，只是黄新的近乎狠心的坚定政治觉悟，才把作为没有长大的孩子衬托得有些"落后"了。但是接下来，"我"的一番举动，又把革命

① 中华人民共和国教育部. 普通高中教科书　语文：选择性必修中册[M]. 北京：人民教育出版社，2020：74.
② 同①76.

者和人情味的那种可能断裂,较好地衔接了起来:

> 我看看孩子,孩子不哭了,可是还围着个空坛子转。我随手抓起一把豆角递到孩子手里,说:"千难万难也不差这一点点,我宁愿十天不吃啥也不能让孩子受苦!……"①

耐人寻味的是,"我"的人情味体现,对妞儿的照顾,是以牺牲"我"的食物为前提的,在这种牺牲中,"我"的革命性与人情味似乎得到了协调。但接下来的情节发展,似乎又表明了,在真正的革命原则下,那种认为借牺牲自己以拯救他人所体现的人情味,在特定场合也会显示出幼稚、不成熟的一面,因为在革命的根本原则前,牺牲或者不牺牲自己,都是服从组织需要的。于是,生理不成熟的妞儿在小说中再次发挥了所谓"落后"的功能性作用。

当黄新为了掩护躲在阁楼上的"我"而被国民党兵抓走,"我"一时冲动,不顾承担的责任,准备与国民党兵拼个鱼死网破,小说这样写:

> 我刚打算往下跳,只见她扭回头来,两眼直盯着被惊呆了的孩子,拉长了声音说:"孩子,好好地听妈妈的话啊!"②

这里,黄新口中的"孩子"一语双关,表面上指在场的妞儿,还没长大的她,实质上是指"我",指"我"没有完全摆脱"落后"的那种不成熟、不坚定。而小说也借助"我"的心理描写,对黄新口中的"妈妈"作了新的阐释:

> 我用力抑制住了冲动。但是这句话也只有我明白,"听妈妈的话",妈妈,就是党啊!③

---

① 中华人民共和国教育部.普通高中教科书　语文:选择性必修中册[M].北京:人民教育出版社,2020:76.
② 同①78.
③ 同②.

从最直接的字面来理解,黄新此刻似乎成了党的代言人,听黄新的话而不冲动行事,就是在听党的话。但进一步说,黄新挺身而出救交通员的"我",也是在听党的话。这样,在听党的话这一点上,即使是对党内同志而言,也有相对落后和更为进步的区别,区别出的相对"落后"一面,那种理性的不坚定,在不同场合,体现出或者是人情味或者是幼稚盲动的不同特征。凡此描写,都丰富了小说所塑造的人物和人物形象的层次感。

四、余论

对于革命小说中的人物形象来说,如果用一种稍显机械的方式加以阵营划分,那么,"落后分子"往往是敌我对立两大阵营的中间分子。而当我们把"落后分子"的称谓或者某些"落后"元素挪用在革命队伍内部的人物身上,往往是让思想给感性腾出了更大的空间,让原则给具体实践以复杂的面向。从一方面说,实际的生活情境中,有人会挪用类似"落后"的概念而注入其新的意义;另一方面,有些作家也会有意识地利用这样的概念,构拟出反讽式的含义空间。而从根本意义上说,相对于革命原则的彻底和绝对,行动中的革命人,总存在着相对的不同层级的落后性,因为这是革命前进中的落后性,所以才会被融入革命的大家庭中,并进一步发展出人类命运的共同体。尝试揭示这样的意义,既是对人物形象的塑造而言的,也是对小说整体世界而言的。这里提出初浅的一些讨论,欢迎方家批评指正。

一题而三命意：谈《五代史伶官传序》的逻辑推进

一、问题的提出

欧阳修的史论名篇《五代史伶官传序》常被选入各种版本的中学语文教科书。统编高中语文教科书选择性必修中册，又把两篇史传《屈原列传》《苏武传》以及史论《过秦论》和《五代史伶官传序》组成第三单元。①

相对于两篇史传文章都是独立成一课，《过秦论》和《五代史伶官传序》是两篇文章组成一课的。也许秦朝和后唐的速亡有明显的相似性，所以把两篇史论放一起来总结教训并加以比较性讨论，可能有相对的合理性。与之配套的《教师教学用书》，就有相关的比较分析和组合式的活动设计。而新近推出的一些教辅类书籍也多有从单元整体设计教学的。不过，当我们着手解读或者设计教学活动，把该篇作品与其他篇建立外部关联时，其文本内部的一些基本关系，似乎并没有得到充分讨论，也没有形成清晰认识。比如《教师教学用书》设计的"学习活动"安排有这样的内容：

课文中三处观点句，哪句话才是本文的中心论点？

（1）盛衰之理，虽曰天命，岂非人事哉？

（2）忧劳可以兴国，逸豫可以亡身……

---

① 中华人民共和国教育部. 普通高中教科书　语文：选择性必修中册[M]. 北京：人民教育出版社，2020：81-98.

（3）夫祸患常积于忽微，而智勇多困于所溺……①

而从《教师教学用书》本身的解读来看，其对此问题，特别对"哪句话"的指向性，就作了模糊处理。是把第一处观点和第二处观点糅合在一起来说明中心论点的，即"通过论述后唐庄宗得天下与失天下的历史教训，阐明'盛衰之理'多由人事，'忧劳可以兴国，逸豫可以亡身'的道理"。而对第三处观点则认为是对前面观点的"进一步阐发"。

类似的归并处理，并非个别。流行甚广的朱东润主编的《中国历代文学作品选》有关这篇作品的题解，就把三处观点整合在一起论述：

这篇文章是把"庄宗之所以得天下与其所以失之者"作为教训，说明"忧劳可以兴国，逸豫可以亡身""祸患常积于忽微，而智勇多困于所溺"，指出一个王朝的兴亡主要决定于人事，在当时历史条件下，有其进步意义。②

而有些欧阳修作品选集的编者论及此文时，把第一处观点句称为"全文的主旨"，把第二处称为"结论"，是让主旨更明晰，又把第三处称为揭示"带有更普遍意义的教训"，同时又认为这是回顾了第一处的论点，"扩大和深化了主题"。③ 这样，三处观点句似乎又都跟中心论点有关了，也很难落实《教师教学用书》设计活动中要求指出的"哪句话"了。

事实上，吴小如在 20 世纪 80 年代论及该文的主题时，曾加以明确而又简洁的概括：

这篇文章的主题，归纳起来不外这三层意思：首先是盛衰治乱兴亡之理，由

① 人民教育出版社，课程教材研究所，中学语文课程教材研究开发中心.普通高中教科书教师教学用书　语文：选择性必修中册[M].北京：人民教育出版社，2020：162.
② 朱东润.中国历代文学作品选：中编第二册[M].上海：上海古籍出版社，2002：228.
③ 陈必祥.欧阳修散文选[M].上海：上海古籍出版社，1997：262.

于"人事"而未必由于"天命",这是一篇的主干。其次,所谓"人事",主要表现在两个方面,即"忧劳可以兴国,逸豫可以亡身"和"祸患常积于忽微,而智勇多困于所溺"。①

笔者也基本认同这样的整体性概括。所以,即便《教师教学用书》虽然设计了"哪句话"的指向,但是我们实在不必纠结于此。关键是,把三句话整合起来考虑时,其间究竟有着怎样的逻辑关系? 这是本文所要讨论的核心问题。

二、观点句的三点与"三观"

虽然吴小如在提出主题的三层意思的同时,也对内部关系作了基本分析,认为第一处观点句是主干,后两处是具体的表现,大致体现出总—分—分这样的逻辑关系。但我的看法稍有不同。

从逻辑的分类看,后两处的观点确实都属于"人事"的范畴。但从观点的抽象到具体的递进程度或者说从"人事"的普遍性到特殊性来看,其间的关系又是步步深入的。

由于第一处提出的观点"盛衰之理,虽曰天命,岂非人事"中的"人事"毕竟没有具体内涵,所以这是从一个宏观角度,提出了与"天命"相对的观点,来构成盛衰之理的具体内涵。也就是说,相对于纷繁复杂的"人事"来说,这个概念本身是抽象而又空洞的,只是当作为与"天命"对等的一个概念,把传统的认同"天命"的观念也向"人事"有所转向,才有其具体的针对性。

也正因为"人事"概念本身的抽象和空洞,所以它反倒像虚位以待的框架,可以容纳丰富的内容。其实,庄宗失天下的原因本来就复杂,《旧五代史》关于庄宗本纪的最后评价说:

然得之孔劳,失之何速? 岂不以骄于骤胜,逸于居安,忘栉沐之艰难,徇色

---

① 吴小如. 读《五代史伶官传序》[J]. 文史知识,1983(09):49.

禽之荒乐。外则伶人乱政,内则牝鸡司晨。靳吝货财,激六师之愤怨;征搜舆赋,竭万姓之脂膏。大臣无罪以获诛,众口吞声而避祸。夫有一于此,未或不亡,矧咸有之,不亡何待!①

其罗列出的林林总总,所谓"咸有之",正说明了这一点。当然"伶官传序"似乎更要突出其重点,所以在林林总总的"人事"中,强调了人的行为上的"忧劳"和"逸豫"这一组概念对比。这样就把抽象的宏观的"人事"递进到相对具体的中观层面。这当然是有庄宗的具体行为可以呼应的,这里且举一事为例。

《新五代史》曾有这样的记录:

同光三年夏,霖雨不止,大水害民田,民多流死。庄宗患宫中暑湿不可居,思得高楼避暑。宦官进曰:"臣见长安全盛时,大明、兴庆宫楼阁百数。今大内不及故时卿相家。"庄宗曰:"吾富有天下,岂不能作一楼?"乃遣宫苑使王允平营之。宦官曰:"郭崇韬眉头不伸,常为租庸惜财用,陛下虽欲有作,其可得乎?"庄宗乃使人问崇韬曰:"昔吾与梁对垒于河上,虽祁寒盛暑,被甲跨马,不以为劳。今居深宫,荫广厦,不胜其热,何也?"崇韬对曰:"陛下昔以天下为心,今以一身为意,艰难逸豫,为虑不同,其势自然也。愿陛下无忘创业之难,常如河上,则可使繁暑坐变清凉。"庄宗默然。终遣允平起楼,崇韬果切谏。宦官曰:"崇韬之第,无异皇居,安知陛下之热!"由是谗间愈入。②

在这里,身为一国之主不顾民间疾苦而只想着自己安乐,庄宗过往忧劳与当下逸豫的鲜明对比,成为一种肉体的真切感受,而不听忠臣进谏、尽受小人蛊惑,常常又是关联在一起的。《资治通鉴》也记录了这一史事,胡三省加注感叹:"郭崇韬之言,其指明居养之移人,可谓婉切,其如帝不听何!"③

① 薛居正,等. 旧五代史:卷三十四[M]. 北京:中华书局,1976:479.
② 欧阳修. 新五代史:卷二十四[M]. 北京:中华书局,1974:248-249.
③ 司马光,胡三省. 资治通鉴:卷三百七十三[M]. 北京:中华书局,1956:8934.

此外,观点句中,"兴国"和"亡身"对举,"国"和"身"还有互文足义的意思,所以文章最后提出庄宗"身死国灭",就有了词语肌理上前后呼应的连贯性。

值得注意的是,虽然庄宗后来的"逸豫"事例班班可举,但是文章从《尚书》中的"满招损谦受益"引出该文的观点句"忧劳可以兴国,逸豫可以亡身",还是说明这种现象具有相当普遍性。这样,把这种虽具体但依然普遍的观点,推进到庄宗个人境遇的特殊性,也就是作为"序"而指向"伶官传"的特殊性,所谓"忧患常积于忽微,而智勇多困于所溺",这是呈现第三处观点句的意义所在。相对第一处的宏观和第二处的中观来说,这第三处的观点句,就是微观了(尽管结尾的"岂独伶人也哉"一句,显示了作者也努力要把这种特殊的微观回扣到普遍性中)。

把三处观点句放在一起比较,发现第三处与前两处除开有相对的抽象和具体、普遍与特殊的区别外,还有一个细微差别是,尽管事例依然是盛衰对举,但着眼点主要是从"衰",从宠幸伶官、被伶官所困之"衰"这一面切入的。但形成反差的是,观点进入具体又特殊的微观层面时,相关的事例叙述却是最为简单的。《教师教学用书》曾为该单元的研习任务设计活动加以落实,其中就提及:

《过秦论》中列举的一些史实与客观历史过程可能并不相符,《五代史伶官传序》中用来支撑观点的史料偏少。学生可以查询资料,比较、查验史料,然后就论据的准确性、充分性提出完善意见。①

这里且不讨论《过秦论》。如果说《五代史伶官传序》中,支撑观点的材料偏少,那么涉及庄宗和伶人关系的正是最少的。问题是,这里是不是需要学生在查阅史料后,对此加以材料的"充分性"的"完善"? 在笔者看来并无必要,甚至设计这样的活动近乎迂腐和教条。因为这本来就不是一篇独立的文章,而是置于《伶官传》开头,和后面所传的伶官"敬新磨、景进、史彦琼、郭门高"等连为

---

① 人民教育出版社,课程教材研究所,中学语文课程教材研究开发中心. 普通高中教科书教师教学用书　语文:选择性必修中册[M]. 北京:人民教育出版社,2020:158.

一体的。在开头序论中省略或者加以简洁叙述的史料,在后文有详尽的展开,这正是作者详略处理的策略。如果真要提出这样的一种所谓"偏少"问题,也一定要从整体的视野中来讨论,否则,把这视为一种缺憾,把本来并不独立成篇的文章当作独立的篇章来要求,其实有误导师生之嫌。

三、序论和本传的关系

当然,有学生在预习该文章时,固然注意到了这篇序论和后文传记的关系,但也因此产生了困惑,比如"有学生提出疑问,《五代史伶官传序》为什么主要是在写庄宗,而不是伶官?"①换句话说,置于开头的"序"对于下文的本传来说,是否有离题之嫌? 这是笔者当初处于学生时代也有过的疑问。现在回头检讨这一问题,似乎能够发现前后比较合理的逻辑关联。这可以从三方面来讨论。

第一,从文章立意说,为伶官立传不是根本目的,根本目的乃是总结历史教训,得出天下盛衰、兴亡、治乱的理据,是对治理国家的君主起劝诫、警示作用,是劝诫治国者的智勇不要困于所溺,要从细微的祸患中有所警戒,以避免酿成大祸。这样,把庄宗之所以得天下与失天下作为序论开头,又以本传结尾的议论归结到庄宗,所谓:

《传》(即《左传》)曰:"君以此始,必以此终。"庄宗好伶,而弑于门高,焚以乐器。可不信哉! 可不戒哉!②

其直接向治国者呼吁的立场,是非常清楚的。在序论中通过三层命意揭示的主题,其实也贯串《伶官传》全文。

第二,从人物关系看,正是由于庄宗此类的特别爱好,才使伶官有机会进入权力阶层,操弄政治,最终让自己受困于伶官郭门高,导致身死国灭的后果。就此而论,庄宗的出现,是伶官进入政治舞台,是他们身世沉浮、得以入传的直接

① 季丰. 统编高中语文名师单元教学设计:选择性必修[M]. 济南:山东教育出版社,2022:140.
② 欧阳修. 新五代史:卷三十七[M]. 北京:中华书局,1974:402.

原因,也是反过来导致伶官可以终结庄宗生命的直接原因。写庄宗与写伶官,即使在具体的人物关系层面,也有着割不断的联系。不过,《伶官传》中重点所写的四人,也并非全是奸佞小人,其最先提及的敬新磨,倒是不时用幽默方式对庄宗的种种荒唐之举进行有力规劝,所以关键还在于庄宗自身的态度。

第三,从庄宗趣味看,其自身沉溺于戏曲,缺乏君主该有的严肃,言行处置不得体,也让他成为一个特殊的"伶官",使得《伶官传》的序论从庄宗开头,就特别意味深长。

事实上,不但传序中主要论述的是庄宗,而且在本传中,也是让庄宗作为一个戏曲人物登场,其间特别提道:"自其为王,至于为天子,常身与俳优杂戏于庭,伶人由此用事,遂至于亡。"乃至诛杀了郭崇韬、王温,囚禁了李存义等,面临如此严重又严肃的事,却又对伶官郭门高戏语道:"汝党存义、崇韬负我,又教王温反,复欲何为乎?"此类戏语,让郭门高大为恐惧,也在一定程度上促成了他的谋反。这大概是"君以此始,必以此终"的又一层含义吧?

四、余论

最后需要说明的是,在理解三处观点句互相间从宏观到中观再到微观的递进关系时,我们都是以"人事"为立论前提的。在这过程中,作者所谓"虽曰天命"一句,似乎被抛到了一边。我们固然可以说,作者强调了"人事"的重要性的同时,并没有完全否认"天命"的存在,但其向下文延伸的肌理性关系,似乎已经被我们无视。我们没有意识到,在其论述的递进过程中,那种似乎已经隐身的"天命"意识,其实际内涵已悄然发生了改变。

许多教师在引用第二处观点句时,无意中遗漏了"忧劳可以兴国,逸豫可以亡身"的后一句"自然之理也"。而这似乎从"人事"中逸出,是不能被主观世界完全掌控的普遍性、规律性之理。因为以颇为"自然"的方式出现,使得我们忽视了其存在。而这,恰恰能够跟同样不受人的主观控制的"天命"互为相通,形成一种肌理性联系。

日本学者沟口雄三在谈到唐代向宋代有关天的观念变化时,认为是从"天谴的天向天理的天的变化",也就是"主宰者的天向理法的天的变化"。① 唐以前的人们习惯认为,作为主宰者的天似乎有着人格意志,可以借助自然灾害,对君王犯下的错事做出谴责,以提醒君王纠正过错,所谓"天谴事应"。此类观念到宋代已经受到了一些政治家和学者的挑战。欧阳修和宋祁主持编撰的《新唐书》,就讨论了"天谴事应"的问题,并对此有所质疑。在"五行志"中,认为后世之人是在"曲说以妄意天",所以他们编写的体例就"著其灾异,而削其事应"。② 而《五代史伶官传序》中提出不受人意控制的自然之理,正是从"天命"向"天理"过渡的桥梁。当把天理内在于人事中来理解(沟口雄三称之为"欧阳修的天地人之理"③)成为一种规律时,认识到这种规律、这种天理的存在只是一件稀松平常的事。不过,当人们总是通过自己的言行来反复证明这个规律的存在,不断重蹈覆辙时,才是一件使人不胜感叹的事,也难怪欧阳修会在他的史论中,常常劈头就感叹一声"呜呼"了。

---

① 沟口雄三.中国的思维世界[M].刁榴,牟坚,等译.北京:生活·读书·新知三联书店,2014:
  5.
② 欧阳修,宋祁.新唐书:卷三十四[M].北京:中华书局,1975:873.
③ 同①222.

空间的毁坏与修补
——对《项脊轩志》思路的另一种理解

一

《项脊轩志》是明代散文家归有光的名篇,被选入不同版本的中学语文教材。教材编者和语文教师在引导学生解读此文时,常从其中的一句过渡句入手,来分析文章结构和作者思路,进而归纳全文蕴含的思想感情。比如沪教版附于该文后的"思考与练习"第一题:

课文第二段首句"多可喜,亦多可悲"一语,在篇章结构上起到了什么作用?文中分别写了哪些可喜和可悲之事,体现了作者怎样的思想感情?[1]

且不说这样的思考题对一个高中生来说已经缺乏基本的思维含量,所要求的结构练习"承上启下"等答案属于机械反应的概念套用,而内容的练习指向,又基本可以从文章字面的描写中轻易检索出来,而且,从"可喜和可悲之事"中来分析作者的思想感情,其实近乎停留在现象的同义反复,因为这些事显然和喜悲的思想感情无法剥离,并不能有助于对作品本质特征的深入理解。苏教版的高中必修教材,在该文后,也有类似的"文本研习"题:

《项脊轩志》中作者写道:"予居于此,多可喜,亦多可悲。"说说作者因为什

---

① 上海市中小学课程改革委员会.高级中学课本　语文:一年级第二学期[M].上海:华东师范大学出版社,2007:88-89.

194

么而觉得可喜,又因为什么而觉得可悲,他是怎样表达这些感情的。①

除了把怎么表达的形式问题与内容结合起来放在同一道题目中讨论(这在沪教版中是分开的),其拈出"多可喜,亦多可悲"一句来实施教学指导设计,与沪教版并无两样。如果检索一下网上的各种教案,教学思路大多也是围绕这一句话而展开。这样做,看似没有疑义,但由此展开的教学路径,把作者的情感与所描写的事件直接对接,恰恰忽略了作者在客观对象呈现中蕴含的文化心理特质以及描写所依托的空间结构关系,以一个写作策略上过于显性的过渡句,遮蔽了隐性的作者思路的内在展开,从而没能真正把握这篇文章独到的思想艺术价值。

应该承认,"多可喜,亦多可悲"这句话在文中,确实具有承上启下的转折作用。但这种转折,绝不是像有些教学设计者认为的,是上部分写喜下部分写悲这么简单。如果感情的脉络走向确实发生了变异的话,那么先于讨论描写这种情感及相关事件变异的,应该是空间结构发生的深层变化。

《项脊轩志》所记录的,首先是一个特定的物理空间,这一点虽然也被不少教材编者和语文教师所留意,但是他们往往忽视这一特定的物理空间,在作者写下"多可喜,亦多可悲"后发生了深刻的变异。尽管描写依然围绕同一空间展开,但物理性的因素条件及其改变,基本不再成为作者主要关注的对象,而是把笔触拓展到家族人伦空间。由此带来的问题是,物理空间与家族人伦空间之间,前后形成怎样的关系?

强调悲喜情感过渡作用的,会认为前后空间构成一种自然与人事的对比关系,比如有教师认为:"物与人的比照中,衬托了人生的短促不定和虚无,让人感到了'物是人非'的悲凉,增加了无比的伤感。"②虽然也有另一些教师在情与景的关系上分析得更细腻,但是认为第二段写家居环境的杂乱是跟第一段整修后

① 丁帆,杨九俊.普通高中课程标准实验教科书 语文:必修五[M].南京:江苏教育出版社,2008:49.
② 陈祝华.经典常读常新——《项脊轩志》文本意义新解[J].名作欣赏,2004(24):112.

的项脊轩构成对比的基本意思，并没有改变。^① 而这，恰恰是我不能认同的。因为这是把作者所说的喜与悲关系，作了简单化理解。

这里的关键在于，当作者在文章第二段写到家族人伦空间时，其中的悲情，不是一以贯之而渗透到每个部分的。不能把描写因兄弟分家而造成的家族空间乱象，与回忆去世的母亲和祖母作为同样显示家族凋零的因素来看待。把死亡视为凋零和毁灭，视为家族衰败的延续，不过是人们的思维惯性。而在这篇文章中，作者恰恰是把母亲和祖母生前的言行作为家族衰败的异质化因素来与之相对抗的。或者说，当家族的分崩离析给这个人伦空间带来了让人难以直面的乱象而产生空虚、悲痛感时，人的那种发自内心深处的情感，对家人的关心和关爱，对后辈者如"我"的殷切期望，那些一言一行，哪怕在人去世后，也会在当下空间停留不去，让人感觉如在目前，并产生温情，产生奋发生命的动力。

在文中，作者有意几次提到门户是耐人寻味的。作者写道，在叔伯父们分家而让一个大家族几乎颠覆，礼仪空间的和谐性被各自的门户分割得惨不忍睹，一派鸡飞狗跳时（"内外多置小门墙，往往而是。东犬西吠，客逾庖而宴，鸡栖于厅"），母亲以手指叩门的询问，祖母以手阖门的呵护，以及自己默默闭门苦读，成了对这败坏了的人伦空间的强有力的修复和重振。于是，作为第一段和第二段过渡句的，就不是仅仅从"多可喜，亦多可悲"字面上理解的，是喜情向悲情的转化，而是悲喜渗透交织空间的同构性的层次转移，也就是以物理空间的败坏与修复的完成向着家族人伦空间败坏与修复同构过程的努力转变。文章第一段，写作者修葺百年老屋而让其焕然一新时，也同样呈现出在宗法礼仪败坏的基础上，家族人伦的空间，借助人的情感重温和意志的努力来修复的可能。正是从这一意义上，作者写到老妪对自己已经去世的母亲的回忆，写自己回忆祖母生前的话语，虽然也落泪，甚至号哭，但不是那种令人绝望、虚无的悲痛，而是带着温暖而非凄凉的伤感。其对生命的感召力，是向上的、奋发的。正因为有这样的基调贯串，作者才能以巨大的意志力，把自己禁闭在斗室中，为将来出

---

① 刘祥.《项脊轩志》抒情方式解读[J].语文建设,2013(05）：51.

人头地、振兴家族而努力读书。并且相信,项脊轩作为保存着情感、意志力记忆的小屋并不是仅仅让人产生痛苦和绝望,而是得到上苍保佑的("轩凡四遭火,得不焚,殆有神护者")。也是这个原因,作者才对自己的未来有相当的信心,并在最初成稿的总结中,如此议论:

> 项脊生曰:蜀清守丹穴,利甲天下,其后秦皇帝筑女怀清台。刘玄德与曹操争天下,诸葛孔明起陇中。方二人之昧昧于一隅也,世何足以知之? 余区区处败屋中,方扬眉瞬目,谓有奇景。人知之者,其谓与坎井之蛙何异?

可惜的是,这一段文字在选入语文教材时却被删除了(选入统编教材时同样作了删节),使得悲伤而又不失昂扬的基调弱化,也在一定程度上导致语文教师过于简单地只用纯粹悲情来解读文章的后半部分了。

二

需要强调的是,在文章中间部分,关于母亲和祖母言语的描写,其显示的意义可以用古代"情志"这样的概念来概括(这里的"志",不同于"项脊轩志"中"志"作"记"的意思,《项脊轩志》也有版本作《项脊轩记》)。"情志"本身具有两种指向,即"'情'单指人的情感心理体验,'志'则在情感体验外,还具有意向规范与引导的性能"[①]。这也或多或少对应着这两人的语言描写,即关于母亲的侧重于"情"而关于祖母则侧重于"志"。当然,就像"情志"本身的混合性,这两种指向,特别是"志"和"情"有相当的重合性,所以写到祖母的话语时,是情感关爱与志向引导兼而有之的。不过从作者原文的落脚点来看,是卒章显"志",着眼的是祖母对自己励志的呼应,这是否意味着,他觉得从这一点来修补家族人伦的毁坏更有效果呢? 或者这样的立意才易于得到世人认同呢? 如果这样的判断大致成立的话,那么,其后补写的一段,就在一定程度上改变了原来的思

---

① 陈伯海.中国诗学之现代观[M].上海:上海古籍出版社,2006:78.

路走向。

这是妻子去世多年后,归有光回忆与妻子生前在项脊轩的日常生活片段。不过关于这种相处的情景却没有任何细节描写,只是概括说她"从余问古事,或凭几学书"。接下来的文字,转述其归宁后小妹的询问:"闻姊家有阁子,且何谓阁子也?"才让人联想到,项脊轩在其妻心里占有很重要的位置,因为这似乎成为归宁后与姐妹议论的一个话题。当她把姐妹的询问转述给作者时,那种隐含的情感与珍惜之意,才让人不胜叹息。文章结尾的一句景物描写,寄托着对去世妻子的深情,却写得相当内敛含蓄,一直为世人所提及:

庭有枇杷树,吾妻死之年所手植也,今已亭亭如盖矣。

有人认为:"在功业意识占据绝对主流位置的文化背景下,归有光对亡妻的思念,无法用直抒胸臆的方式呈现,便只能借助铭刻在灵魂深处的某些细节、某些物品,委婉表达内心的无尽伤痛。"这样的观点,也许有一定道理,但与前文对照来看,感人的力量同样不在写自己的哭泣中而是体现在客观的细节描写中。所以,妻子的一个相关物的描写,虽然是完成了"项脊轩志"全篇后多年的补记,但是风格还是一气贯注的。不过,主旨的变化也是明显的,就是原文对自己的励"志"的取向,摇摆到了抒"情"的一面,也因此让读者看到了作者本人的心理空间在人生的经历中显示的一种内在张力。这种摇摆,在正统文人眼里却变成了一种缺憾。桐城派大家方苞在评此文时说:"去其半,脉络乃通,滓秽尽洗。"①这是从文章整体效果来看的,没有意识到其补记本身的相对独立性。

当然,我们还应该注意,以文体为评价标准看到的前后两部分相对独立,在文字书写的自然意义上是连为一体的。于是,当早年完成的《项脊轩志》在作者议论结束后,显示传统文章学的作为一个完整的有机体文完意足后,因为作者自己的人生经历的发展,这种结构的封闭性被打破了。补记的加入,是对人生

---

① 黄霖.论震川文章的清人评点[J].上海师范大学学报(哲学社会科学版),2007(01):36.

记录并不完整的一次修复,也是对作者心理空间的一次修复。由于修复本身的片段性、非圆满自足性,所以文章的结尾是以一种回到自然物态的方式,向人生世界开放,并让人生的情感记忆充溢其间。这样,作者个人的记忆、老妪和祖母的记忆等,把情感的力量凸显出来,其价值显然超越了作者个人奋斗后的出人头地,超越了其小群体范围的家族重振,进而显示出一种不绝如缕的文化传统的延续性和发展性,显示出在一个礼崩乐坏的世界里,情感的记忆和书写对人间世界有着多么重要的维系力和对个体生命的感召力。这样,作者个体化的写作思路,在中国传统文化的发展轨迹中得到了更有效的解释和揭示。

附录

文本解读与语境自觉意识之待望

——从 2022 年高考语文上海卷古诗文阅读测试题谈起

文本解读需要顾及语境,似乎已成为语文教师的常识。但在实际操作中,这一常识是否能入脑入心,成为教师的自觉意识则未必。这里固然有观念落实到操作的偏差问题,但也涉及对语境的理解停留在浅表层面,远没有达到透彻与辩证的境界。下面我以 2022 年高考语文上海卷的古诗文阅读测试题为例,来说明存在的一些有待讨论的问题,这种讨论,本身也是对自身可能失误的提醒。

一

2022 年高考语文上海卷的古文阅读部分,第二篇文章选用的是清代张惠言的"庄达甫《摄山采药图》序"。文章后面有一道主观题(第㉓题):"第②段借药材说理,颇具特色,请加以赏析。"第②段的原文是这样的:

然余窃尝论国家之用人也,如臾跗、扁鹊之蓄百药焉,取之必择其地,聚之必当其时,储之必备其物。一旦有用,出之箧中而不匮焉者,其求预也。事方其急而号之山泽之间,其捆载而来者,必柴胡、桔梗也,人参、紫芝、丹砂、石乳,未有能致者焉。人参、紫芝、丹砂、石乳之用,而投以柴胡、桔梗,其不足以愈病而速之死也明甚。见柴胡、桔梗之不足以愈病,而以为天下之药皆若是,其惑岂细耶？

据此，命题组给出的答案示例是：

第②段以类比进行说理。以医生储药、用药，分别比国家储备、使用人才；又用普通药材、珍贵药材比庸才和真才；并借对药材储备、使用的结果来比国家选用真才不足的后果。全段说理显豁，生动形象，层层推进，发人深思。

虽然后来的阅卷过程中，在"类比进行说理"的答案基础上又补充了"比喻说理"作为两可的答案（对比喻和类比的区分理解一直是争论不休的话题，关键是古人和今人分类的标准发生了根本变化。一般认为，同类的两个事物是类比而不是比喻，不同类的才成为比喻，但古人有"万物一体"的观念，在此影响下，今人看来不同的类别，在古人是可以视为同类的），但拟制答案的主体内容基本没有变化。而这样的内容，作为赏析答案，看似比较全面，从揭示手法到概括层次再到最后归纳效果，似乎一应俱全，但其实却是值得再斟酌的。关键是题干指向的"特色"，没有说清楚。我们看答案第一句揭示的手法，不论是比喻说理还是类比说理，都很难说是"这一篇"文章的特色，因为中国传统中的说理文，从先秦诸子开始，就形成了理不直指，借物、借事来说理的思维习惯。而最后一句"全段说理显豁，生动形象"一类的话，更是一种套话，可以与开头揭示的比喻、类比一类手法机械衔接，没有多少思维含量。也许，最具实质性的内容，是答案的中间部分与结语的"层层推进"。当作者拿药材与人才来类比时，并没有"一次性消费"完毕，而是对这种类比（比喻）进行了复杂化的、多层次的论述，让所说之理借助形象之物变得饱满起来。可惜的是，答案以描述性的"以……比""又用……比"和"并……比"等词语串联内容时，是把类比（比喻）说理的复杂性、层次性仅仅停留于现象的概括，就是没有用分析手段，把这种类比的实质，这种不同于其他类比（比喻）的"特色"，鲜明地予以一语道破。而这种没有揭示，在一定程度上又跟命题时语境意识的阙如，有一定关联。为何要这么说？

细究起来,教师命题为了不使测试的知识点前后交叉,最习惯的做法,就是分段落来命题,也要求在段落内部来思考答案,而命题者拟制的参考答案,也是这样来划定边界的。一般而论,这样的做法无可厚非。但恰恰是关于这道问题的设计,如果局限于第②段来回答,是无法真正揭示作者"借药材说理"的特色的。因为这里有借药材说理的一个原点、一个基础,或者说前提需要揭示出来,因为它构成第②段说理的真实语境,是理解第②段内容无法绕开的关键。那就是,这篇文章的题目,就是在说庄达甫的《摄山采药图》,采药本身,就是他文章需要讨论的一个话题。作者由这幅图画自然引出药材作为"比"的手法,同时,在文章第①段又讨论了庄达甫个人的遭遇,他曾经的雄心勃勃,以及后来的常年事业受挫及可能带来的不一样心境。于是,作者在第②段借用药材类比(比喻),是一种"就地取比"的特色,而其引发的一番大道理看似泛泛,实际是暗扣图画者的人生遭遇和可能的心境。总之,物中固然有理,但理中有人,人中有心灵的呼应,这才是这篇文章借药材说理的"特色"所在。这是立足语境的问题,也是整体把握的问题。如果割裂语境,拘泥于第②段的内容来回答,甚至不点明对文章标题的呼应,只能使拟制的答案流于表面与抽象,特别是题干所要求的"特色",未能得到落实,不无遗憾。

二

自觉的语境意识当然有助于对文章的理解和分析,但这种理解和分析往往又是在不同层面发生的,当我们把这些层面混而为一时,又往往会导致对文本简单化乃至错误的理解和分析。这里要谈到试卷中第一篇古文的词义理解问题。该篇文章是苏舜钦写的《韩亿传》,对韩亿为官的贤良能干、智勇双全、刚正不阿等品质,有具体事例的记叙。其中有一个事例写道:

> 合肥有陂可溉田,久为右姓专其利,公决导以济下户,得以衣食者不可胜数。

相关的试题要求,是对加点的"济"一词提供的四个"义项"进行选择(第16题第2小题)。这四个义项依次是:A. 救济 B. 灌溉 C. 资助 D. 疏浚。遗憾的是,参考答案给出的选项B,似乎还有斟酌之余地。

在华东师范大学举办的2022语文教育评价研讨会上,围绕着古诗文专题,发言的上海中学樊新强老师首先对该答案提出了商榷意见。后来,上海师范大学的沈之杰老师也认同这一判断,并进一步解释道:"从词义的角度看,'济'的意义应该是帮助、救助,'济'与'下户'的搭配意义很是显豁,即'帮助贫苦之家'。在上下文里这种帮助才具体表现为'灌溉'。"

笔者也持同样观点。

查工具书《辞海》,读第四声的"济",给出5个义项:"渡""救济""有益""成功"和"停止",没有解释为"灌溉"的。① 《辞源》中,读第四声的"济",增加到9个义项,也没有直接释为"灌溉"的。② 再查《汉语大字典》,读第四声增加到15个义项,其中收入了方言俗语例句而解释为"忧愁""比得上"等,但还是没有直接解释为"灌溉"的。③ 换言之,"灌溉"是不能作为"济"的义项之一的。如果说,从"济"能得出"灌溉"的意思,那是由"救济"作过渡并依据文本语境推导出来的。说到语境,本身就有具体和概括不同层面之分,这种具体与概括,有时候则表现为"小"语境与"大"语境的区分,表现为词语之间是直接还是间接的搭配组合。相对来说,"济"与"下户"的搭配,更为直接,更为上位,而通过一个"以"把前提条件的"决导"引入句子,则相对要间接一些。这样,假如用"灌溉"来对应"济",直接翻译成"灌溉穷苦人家"就未必合适。而这就带来一个问题,作者为何不直接用"溉",比如表述为"溉下户之田"? 如果从表达效果来推测,用"济"一词,既是为了避免与前文"溉田"之"溉"重复;同时,正因为这是概括性的更抽象的词语,就要比具体的"溉"一词,更有评价性的褒义色彩。上海师范大学的刘辉老师则提出,从语法关系看下句的"得以衣食者不可胜数",只能

① 夏征农.辞海[M].上海:上海辞书出版社,2000:1113.
② 吴泽炎,等.辞源[M].北京:商务印书馆,1979:1894.
③ 徐中舒.汉语大字典[M].武汉,成都:湖北辞书出版社,四川辞书出版社,1992:744-745.

是与上句的"下户"而不会是"下户之田"衔接。但参考答案选 B 项的"灌溉"而不选更合适的 A 项"救济",似乎提醒了我们,对语境的理解,还需要更精细化的层次解析。我由此想,对这道选择题,似乎可以根据选项采取分类赋分的方式,即选 A 项是 2 分,选 B 项是 1 分,选 C 和 D 不得分,这样处理,是否更合理?

三

当然,上述针对古文解读答案提出的不同意见,其实是在假定语境相对稳定的情况下发生的,如果对具体语境本身的理解还存有争议,那么解读就需要以更开放的姿态来对待理解和分析的差异性问题。

2022 年高考语文上海卷古诗歌阅读选了刘禹锡的《城中闲游》("中"一作"东"):

借问池台主,多居要路津。
千金买绝境,永日属闲人。
竹径萦纡入,花林委曲巡。
斜阳众客散,空锁一园春。

有关这首诗,命题者特意给出一个注释:"本诗作于诗人被贬归来,闲居洛阳时。"这其实是作为阅读测试内容的语境,提示给学生的。那么,如何理解这个"被贬归来,闲居洛阳"的语境,就变得十分重要。

试卷设计的一道主观题是:"结合全诗,具体分析诗题中'闲游'所寄寓的情感。"(第 14 题)命题者拟制的答案示例是:

诗人被贬归来,春日闲游城中。首颔二联,写池台主人身居要津,却无暇欣赏美景,对比自己投闲置散的处境,暗含自嘲;颈联写诗人流连园景,透露出他的闲情和一丝寂寞;尾联借斜阳客散、春色空锁,暗寓诗人怀才不遇、遭受冷落的不平和无奈。

据答案可知,重点落实在被贬和闲居,又把自嘲、寂寞、遭受冷落的不平,作为一条主线贯串下来。这样说当然不是没有道理,但也有一个内在的逻辑悖论需要克服,就是当抒情主人公以闲游花园来彰显自己被冷落时,被闲人游着的花园倒是不冷落的。这样,如何在抒情主人公的闲人立场与冷落的花园暗喻人的立场之间得到自洽,其实还需要提供思路推进乃至转换的支架。此外,该答案所概括的主旨,基本是指向自我的。其实,从诗歌本身来说,首颔两联,其指向外部的讽刺更明显,而这种讽刺他人,结合被贬归来的语境也说得通。因为如果有过受打击的经历,就更容易愤世嫉俗。而最后结语之"空",也同样可以说是在讽刺主人空有花园,辜负了满园春光。事实上,瞿蜕园的《刘禹锡集笺证》就认为该诗是讽刺批评权贵之作。其中"笺证"部分提道:

唐代仕宦中人多营园墅于洛阳,诸家诗中已屡见。宋李格非《洛阳名园记》云:"方唐贞观开元之间,公卿贵戚开馆列第于东都者号千余邸"是也。白居易亦有《题洛中第宅》一诗云:"水木谁家宅,门高占地宽。悬鱼挂青鬓,行马护朱栏。春榭笼烟暖,秋庭锁月寒。松胶黏琥珀,筠粉扑琅玕。试问池台主,多为将相官。终身不曾到,唯展宅图看。"与禹锡此诗语气绝相似,而白集亦编在罢苏州归洛阳时,尤似与禹锡同时有此作。要之讽刺贵游中人,不言可喻。①

此外,吴在庆在其编选的《刘禹锡集》中,对该诗加以"品评"时,也引用了《洛阳名园记》和白居易的诗,论述道:"此诗所言这些宅地虽然千金所购置,但只能'永日属闲人';尽管风景绝佳,但也只能'空锁一池春'(笔者按:这里'园'作'池',不知所据何版本)。诗人的这一感叹,实在颇能击中时弊。"②又陶敏、陶红雨对刘禹锡全集编年校注时,也在该诗下附录了《洛阳名园记》相关内容和白居易的诗句。③

---

① 刘禹锡,瞿蜕园.刘禹锡集笺证:中[M].上海:上海古籍出版社,1989:619.
② 吴在庆.刘禹锡集[M].南京:凤凰出版社,2007:173-174.
③ 陶敏,陶红雨.刘禹锡全集编年校注:上[M].长沙:岳麓书社,2003:412.

有人认为，该诗在刘禹锡的集子中，往往是和《罢郡归洛阳寄友人》《罢郡归洛阳闲居》等诗排列在一起，而在这两首诗中，倒是有些不平哀怨之气，如前一首中的"门闲故吏去，室静老僧期"；或者表达入世未衰之志气，如后一首中的"闻说功名事，依前惜寸阴"。这可能让命题者联想到，其同期所写的《城中闲居》也是在为自己哀叹？这不好说。但需要指出的是，人的心理复杂性与创作的多样性，是可以容纳在相对宽泛的语境中，是未必能用一种思想情感基调来统一的。特别是依据具体文本而提出另一种解读也有很大可能时，就应该以开放的赏析答案，来给语境延伸出的复杂心态，为艺术创作的多样性提供教学的积极导向。正是基于这一立场，我觉得与"答案示例"不同，应该把主旨定位在讽刺（笔者认为，不仅仅是颔联显而易见的讽刺性，首联的那种明知故问，就已经有了这意思）。而有些老师提出，仅仅从审美着眼，从因为被贬归来而摆脱了俗世的纷争，能够静下心来欣赏美景，能够为难得的一份悠闲而自得，就像"竹径萦纡入，花林委曲巡"所描写的；或者为不能尽情享受而遗憾，所谓"空锁一园春"，也不失为一种参考意见（尽管笔者更容易感受诗歌的讽刺性）。于是"被贬归来，闲居洛阳"的语境，跟讽刺权贵、不平哀怨、心系园林等种种差异性心绪，都是有可能协调的。但是，不管如何分析，给出的结论最终要达成逻辑的自洽，不造成自相矛盾是必须的。而恰恰在这一点上，试卷中呈现的另一道题目作为对该诗艺术风格的判断，还是需要再斟酌的（第13题）。

该题对于诗歌艺术风格，列出了4个选择项，依次是：A. 深沉哀怨　B. 清雅委婉　C. 瑰奇明丽　D. 高古淡远。C项和D项概括的风格离原诗风貌较远，可不予考虑。而A项和B项，则似乎都比较接近。问题是，既然答案认为诗人是把一种哀怨不平之气寄寓在表面的闲情逸致背后，假如要认同下一道主观题的答案，那么关于这首诗歌风格的判断，选项A的"深沉哀怨"才是较为贴近的（尽管"深沉"一词程度偏重，但总比用"清雅"来概括该诗风格更合适一些）。遗憾的是，答案给出的却偏偏是B，是"清雅委婉"。这样的答案，就自身思维逻辑的前后一致性来说，也有点说不通。

走笔至此，想起2021年几位老师围绕着阅读分析发生的一场争议，还是不无感叹的。因为当时有两位名师是主张取消阅读分析考试的,或者起码取消有标准答案的阅读分析考试。尽管笔者并不认同他们的结论性意见,但是如何让主观题给学生以更大的思维活动空间(这种空间当然也有边界,假如有人依据"竹径萦纡入,花林委曲巡"一联,认为此诗是在抒发园林幽会的隐秘情思,大概很难得到大家的认可),如何让我们对作品和语境的关系有更辩证的理解,这还是有待我们自身深入思考的。

　　附记:本文写作过程中,听取了樊新强、王从仁、查清华、沈之杰、张寅彭、刘辉等诸多老师的意见,乐燎原老师还腾出时间对初稿作了细细批注,他们的看法,都给笔者不少启发。但定稿仍会存在欠妥处,还望方家不吝指正。

材料作文"三步"曲

——谈 2022 年高考语文上海卷写作题材料

针对 2022 年高考语文上海卷写作题材料,我想先进行层次分析和概念辨析两步,在此基础上,再进入第三步,展开写作思路的简单讨论,为如何着手材料写作的教与学,提供案例参考。

一、层次分析

这里用表格形式对这则材料加以层次分析,然后说明我这样划分的理由。这样的分析方法可以适用许多材料写作题。具体如下表所示:

一级事实(话语)			一级态度(话语分析)
二级事实	聚焦	二级态度	
小时候人们喜欢发问长大后往往看重结论	对此	有人感到担忧	请写一篇文章谈谈你的认识
		有人觉得正常	
		你有怎样的思考	

首先是对材料作一级划分,分出事实和态度两部分。

前者指命题者设定情境的所有事实,也包括写作者在情境中的思考,这当然也是命题者以文字呈现的话语方式。后者指命题者要求写作者把事实对象化、客观化后,落实的写作态度和行为,这也可以视为话语分析。

然后是二级划分,进入呈现事实的具体内容。

这则材料与 2021 年高考语文上海卷写作材料相比较看,就是在客观化的

对象中,又把事实和态度,作了明显切割。2021 年的写作材料是:

有人说,经过时间的沉淀,事物的价值才能被人们认识;也有人认为不尽如此。你怎么看?请写一篇文章,谈谈你的思考。

这里,开头直接用"有人说"来引出事实,这样主观性就大大强化,让对象中的态度和事实混杂在一起了。而 2022 年的材料则不然。开头以陈述事实的口吻出现,那种貌似的客观性,似乎已经不容置疑。接下来,主要是举例说明对于这样的事实,人们会采取怎样的不同态度,此所谓"对此"。

"对此"所处的位置,是紧接着事实陈述的后面,而不是"有人感到担忧"等后面,并且在概述了"有人"的两种态度后,没有用句号隔断,而是用逗号把写作者"你"的思考也引入。这样,"你"和"有人",其实是处在一种并列的位置,是一起来面对同样的事实。犹如在说,有人这样了,有人那样了,你会怎么样?

由于"你有怎样的思考"和"谈谈你的认识"中的"你"是在两个层面出现的,于是,"你"的立场既有入乎其内进入特定情境的"思考"态度,又有一种出乎其外对事实、对"有人"、对自己态度的整体认识和反思。

这种反思,当然会涉及命题者意图,涉及命题者呈现事实和态度的那种措辞方式。

比如以材料开头的"小时候"和"长大后"对举来说,本来,在表述中,把"人们"提到最前面,表述应该更顺,但现在移到"小时候"后面,就凸显了"小时候"与"长大后"的对比关系,隐含着命题者的主观态度。这些,都构成广泛意义的事实,也是以文字为载体的话语方式,成为写作者整体认识的对象。据此,无论是事实还是态度,至少可以分出两级层次。而二级层次中陈述的事实,就是开头两句,应该是整个材料的核心,是一切态度的基础。

厘清了材料关系,就要对材料涉及的概念加以澄清。

二、概念澄清

面对这则材料写文章,可以说容易,也可以说难。

说容易,是因为最关键的第一组两个概念,"发问"和"结论",似乎形成了一种对照乃至对立关系。而当下强调学生学习的主体性,强调问题意识,强调所谓的"世纪之问""钱学森之问"等氛围,让我们觉得都有满嘴的话要说。但仔细一想,真要从对照关系来展开讨论,似乎又不是那么一回事。

因为提问本身就蕴含对结论的重视,几乎很少有单单为提问而提问的小孩子,而结论又总是开始于发问。所以有老师就发问说,题目是否想表达:人们成年后往往只接受现成观点,而不再主动提出问题?也有老师发问说(注意,他们也都开始于发问):成年人是"没有"问题了吗?成年人是"看重"结论?也许成年人也喜欢发问,只是觉得问也没用,甚至在许多环境中,不允许问,只允许接受结论,或者自身也有发问的种种顾忌,就像不愿意说出皇帝没穿衣服的成年人那样,只有小孩子无所顾忌地问了,所以才给人留下了小时候喜欢发问的感觉。

这就带来第二组两个概念的辨析,"喜欢"和"看重"。

郭长江老师在命题公布后,结合他主办的几次讲座,就讲座时围绕着"发问"和"结论",对学生"喜欢""看重"的习惯性举动发表了他的观察。一般而言,小学生喜欢当场发问,他们固然求结论,也追求一种现场的表现欲,而中学生特别是高中生,更愿意在讲座结束后向讲演人提问,更注意发问的私密性,这种差异,是不是也是造成小孩子喜欢发问和大人看重结论的差异性态度?而根据我的理解,小孩子问得多,兴趣却转移得快,不像成人,发问后,会锲而不舍求结论。或者说,小孩子是向别人发问多,而大人是在自问中寻求结论,这是不是也容易给人小时候喜欢发问,长大了看重结论的印象?这就引发了一个问题。因为"喜欢"和"看重"都是内在于人的一种态度,这样,从内在态度外显给别人而形成一种客观判断,其间就有诸多制约因素,或者说,也许我们思考的未必就只是小时候喜欢,而是显得喜欢了;长大后也未必只是看重,而是显得看重了。

从内在到外显,这才是需要我们着力思考的空白地带,也有可能是我们思考的盲点。

第三组是"小时候"和"长大后",开个玩笑说,这就是2021年的"时间的积淀"吗? 这是在说明,小孩子的提问没有经过时间的积淀,未必都有价值,也未必都能有结论;而长大后,才会专注于发问有结论的内容,是所谓"看重结论"吗? 其实,这里关键是,小时候和长大后,是指同一批对象的历时转化,还是指共时的对照,比如儿童与成人的对照? 如果专注于历时,那么是不是可以引出乃至替换成"过程"与"结果"的一组概念? 然后提出"过程"与"结果"哪个更重要的立意。有老师就这么提出来了,也有老师认为这是偏题。但真要把"过程"和"结果"用来对应"发问"和"结论",就需要在"过程"与"发问","结果"与"结论"间作许多辨析,但也只能作为思考的支架而不是观点,如此而已。

说到过程,特别需要说明的是,在这里,把事实部分涉及的概念拆解出三组,其实只是思考的过程,是这思考过程中的一个起始环节,如同发问不是过程全部而只是一个起点。推进这个过程,需要在一个整体的框架中,并且进一步把材料的整体放回到生活的具体中来思考,才能得出合理的结论。

第四组是有关对事实态度的概念:"担忧"与"正常"。这两种态度也是以一组内化的心态来呈现的,是"感到担忧"和"觉得正常",而不是侧重外显的"表示"。这里虽涉及人的心态,但不是要辨析有人面对事实的多愁善感而有人则顺其自然,重点不是要进行心态的分析。而是要在"感到担忧"与"觉得正常"中,引出对事实的现实性与合理性或者说实然和应然的思考。

最后一组是"思考"与"认识"。作为主体的实践活动,"思考"应该比"认识"更狭窄,主要侧重于抽象的思维活动。虽然高考写作一般不对文体有严格限制,2022年也只要求写文章而不是议论文,但是"思考"的指向,似乎暗示了更应该写议论文,不然就应该说"你有怎样的感受",或者两者并举,"你有怎样的感受,又有怎样的思考"。单列"思考",命题的意图还是比较明显的。如层次分析所示,把"你"定位在二级态度中,把"有人"和"你"并列,"你"直接面对事实加以论述,是仅仅把有人感到担忧或者觉得正常作为一种参考,还是定位在一级态度上,也把他们的不同态度一起纳入"你""认识"对象的论述中?这应该根据个人的思考能力来决定。至少我认为,展开论述中,没有顾及"有人"的感觉,也可以。倒是有老师认为,文章的立意主要就应该来讨论"有人"的两种态度,这就有偏题之嫌疑了。当然,同处于二级层次的态度中,相对于"感到担忧"和"觉得正常",思考作为一种心理活动,层级又要更高些,其延展性也更长,所以能够把"有人"的态度纳入其中,也算合理。而后置于一级层次的"认识",则又可以把自己的思考纳入其中,进入反思层面,就更高级了。

三、思路展开

首先是面向材料的思考,要精准把握材料涉及的概念及内在关系。如果初步的判断是,在貌似对立的关系中,有关事实的基本概念的表述难以形成一种对立,而命题意图中又提供了从对立关系入手辩证思考的可能,怎么办?

那就退到态度层面来分析。

比如有网民认为,"喜欢发问和注重结果,逻辑上并不矛盾,只是面对问题的不同角度。那么担忧何来?又有什么不正常?"是的,如果你认为这不应该担忧,也没有不正常,那就是正常。而正常,正是材料给出的"有人"的一种态度。这样,有关事实的讨论,就可以转化成话语方式的讨论。这当然可以。

而从正常态度入手,就像余党绪老师给出的解释,喜欢发问和看重理性,不过是人成长阶段从天性趋于理性化的体现,本身不应成为非此即彼的矛盾关系,除非让"看重"滑向"只重",才成了问题。

当然,也有人会固守事实的矛盾对立面。这就需要在概念的阐释方面,下一番功夫,把似乎没有对立的潜在因素召唤出来,比如许佳老师就是通过她的分析,得出这样的结论:

"小时候人们喜欢发问"——指的是孩子喜欢探索未知;"长大后看重结论"——指的是成人固守经验。这样的解释,题目就说得通了。立足于这个论点,不管是聚焦个体,还是推及宏观,都说得通。

但还有一种更彻底的退路，就是把材料本身当作话语来分析，把所谓的客观事实仅仅当作人为话语的方式来分析。这就是我以前说过的，如果你确实认为表述有问题，那么对材料本身质疑，当然也可以。但开展这样的思路，一定是基于你有强大的思考分析能力。这是思路的一种转换，其实这种转换，是基于对自身思维局限的反思。即，如果你觉得材料表述或者提供的事实本身有逻辑的漏洞或者世人的误解，那么这样的逻辑漏洞和误解，是不是也是跟你自身的思维方式相通的？这样，分析误解本身，其实就是在反思自身的思维局限。

其次，思路展开的另一重要方向，是对学情的分析。这不是教师为了教学的学情分析，而是为了让你的写作更有独创性、避免人云亦云的分析。"作"的本义就是从无到有，是一种创造性的劳作。而对选拔性考试来说，你也需要在立意上，有个人的见解，能够让自己的文章脱颖而出。这样，分析学情，分析别人可能的立意，就成为分析材料后不可或缺的一步。

所以，分析成长过程中，从"喜欢发问"到"看重结论"的转化，分析个体和社会的原因，让对此的正常心态基于理性的认知（上海市教育考试院的官方发布就有此立意导向）；或者担忧长大后发问的减少、好奇心的丢失而大声疾呼"发问吧"（其实从材料本身未必能得出这个结论），都有可能成为趋同性的立意。

那么，或者强调"小时候喜欢发问"和"长大后看重结论"也许只是一种表象，甚至假象，是所谓的"熟知而非真知"；或者强调人类文明的延续主要来自经验性的结论传授而不必太纠结于是否喜欢发问，就有可能给人以新意。但这种所谓新意的获得，只是相对于其他考生的可能立意而言的，也许只是笔者本人的一种错觉。而真正的新意，应该是在对材料和社会的深刻认知，对自身和他人思考能力把握的基础上获得的，这里有多维度的制约因素，需要在平时的积累中全面提高素养，才能写出让人耳目一新的文章。个中道理，就不用我赘述了。

谈《合欢树》的几个核心问题

——读步根海《合欢树》教学实录札记①

我所说的核心问题跟《合欢树》这篇文章的整体脉络有关。根据我的理解，加上阅读步老师教学实录的体会，可以提炼出以下几个问题加以分析。

一、母子感情关系怎样展开

作品主要写母亲对"我"的感情和"我"对母亲的感情。这篇文章的大部分问题都围绕这两点展开，原文开头一段就是从这两点展开的：

十岁那年，我在一次作文比赛中得了第一。母亲那时候还年轻，急着跟我说她自己，说她小时候的作文做得还要好，老师甚至不相信那么好的文章会是她写的。"老师找到家来问，是不是家里的大人帮了忙。我那时可能还不到十岁呢。"我听得扫兴，故意笑："可能？什么叫可能还不到？"她就解释，我装作根本不再注意她的话，对着墙打乒乓球，把她气得够呛。不过我承认她聪明，承认她是世界上长得最好看的女的。她正给自己做一条蓝地白花的裙子。②

那时候母子之间的关系是平行的，史铁生年轻时，母亲也还年轻。

---

① 郑桂华,王荣生.语文教育研究大系(1978~2005)·中学教学卷[M].上海：上海教育出版社,2007：206-209.

② 上海市中小学(幼儿园)课程改革委员会.高级中学课本 语文：一年级第一学期[M].上海：华东师范大学出版社,2007：20.(关于该课文引文均引自此版本,下不注明)

这篇文章和史铁生另一篇文章《秋天的怀念》①可以联系起来阅读。为什么是"秋天"的怀念？仅仅是因为秋天里开菊花吗？或者姐弟俩在秋天里去赏菊花了吗？不完全是。因为文章中，他和妹妹在母亲在世时还不懂得母亲、不懂得生活，而后来母亲去世，两人成熟，才懂得了母亲的良苦用心，"秋天"本身带有象征意义，代表着人的成熟。"秋天的怀念"中，这"秋天"既是季节意义上的，也是心理意义上的。

《合欢树》起笔写他自己孩童时和母亲的赌气、他的争强，但一个心理描写又绕回来说"我承认她聪明，承认她是世界上长得最好看的女的"。然后又是一个细节描写，"她正给自己做一条蓝地白花的裙子"，这句话很有意思，当时的母亲虽然也爱孩子，但是毕竟有自己的追求，只是到后来，当史铁生残疾后，让儿子更舒服一些、幸福一些几乎成为她的唯一追求。这就是我说的母子之间开始的平行关系，他们有各自的追求构成的一种人生均衡，到史铁生残疾后，这种平行式的结构均衡被打破了。

那个时候母亲还年轻，从另一个方面讲，史铁生也没受那么大的打击，所以他母亲还能给自己留出时间和空间。步根海老师在上这堂课时说，作者起笔写母亲的年轻漂亮，实际就是写了在作者眼中，"母亲怎样由一个年轻的、漂亮的、聪明的、充满活力的人，逐渐变成一个苍老的全部心思都在我身上的人"。用《合欢树》中的话来说，就是"她头上开始有了白发""母亲的全副心思却还放在给我治病上"等等。

从一个要漂亮的人到头上有了白发，甚至非常的婆婆妈妈，请大家注意这一点。史铁生的残疾不仅对他来说是一个重大的打击，对他的母亲来说也是一个重大的打击，这种打击是当事人未必能充分体会到的。当事人往往比较注意自己所受到的打击，而忽略了，这对他的亲人、对他的母亲打击更大。古希腊悲剧《美狄亚》就表达了这种复杂的心理感受。美狄亚的丈夫有了外遇以后，她把

---

① 上海市中小学(幼儿园)课程改革委员会.九年义务教育课本　语文：七年级第二学期[M].上
　　海：上海教育出版社，2009：23－24.

与丈夫共同的孩子杀死了,她认为这是对丈夫最大的打击,比直接杀掉丈夫更解气。但是,这个孩子也是她的孩子啊,所以欧里庇得斯在刻画她杀孩子的那一刻时,美狄亚的内心近乎崩溃。她知道杀死孩子可以给亲人带来巨大的伤害,因为她就是这么深深地感受着痛苦的,所以她也能想象她丈夫会有怎样的痛苦。当然,我们觉得这样的复仇很变态,但里面涉及的心理问题,也是学术界一直比较关注的。

史铁生在开始并不怎么理解母亲的痛苦,所以他写自己刚残疾时,强调的不仅仅是自己所受到的打击,更要写这种打击给母亲带来的心灵创伤。在这样的语境下,我们再来看文中的一个对比性描写:

我倒没太害怕,心想死了也好,死了倒痛快。母亲惊惶了几个月,昼夜守着我,一换药就说:"怎么会烫了呢?我还直留神呀!"幸亏伤口好起来,不然她非疯了不可。

这时候"我"的那种一了百了的心态和母亲的心态对比是多么强烈,所以有人说自杀的人是自私的,他们图自己痛快,却不怎么顾及亲人的感受,从亲人的感受来说,可能比自杀的人更痛苦。但作者不仅仅想了自己的可能去世给母亲带来的极度惶恐,还有母亲的去世让自己备尝的痛苦。于是他不得不用近乎独白、近乎对话的方式来如此解释:

"她心里太苦了。上帝看她受不住了,就召她回去。"我的心得到一点安慰,睁开眼睛,看见风正在树林里吹过。

这是一种很无奈的回答,原本他认为自己"死了倒痛快",可是现在母亲先他而去,给他心里带来了痛苦。但恰恰是在这里,他反过来作了理解,因为他的母亲活得太痛苦,所以死比活还是容易一点,这是两种心理比较后得出的结论。在这种比较中,我们可以理解母亲之死对史铁生的打击是怎样的。两个相爱的人中,先走的那个人是比较幸福的,因为他(她)把无穷无尽的痛苦留给了另一个人(美国作家马克·吐温写的日记体小说《夏娃的日记》结尾就是这样写的)。这样,从史铁生作为残疾者而可能的先死与实际的后死,这两种状态带来的心理感受,在对亲人的同样厚重的爱意中得到了贯串。

二、合欢树意味着什么

在母子情感关系探讨的背景下,合欢树见证着情感,见证着希望。

母亲认为树是他们的"好兆头",因为它本来是作为盆栽的含羞草买来的。后来发现竟然是合欢树,且发了芽、长出了树叶,所以母亲认为这是一个"好兆头",把它移出了花盆,栽在院子里。其时,母亲四处奔走,为史铁生找工作,鼓励他写作。但是,当史铁生写作成名了、树开花了,母亲却不在了,只剩下成名的"我"对着开花的树,所以他不忍心去看花。如果史铁生曾经希望成名,那么他认为成名最大的安慰是对母亲的安慰,母亲不在了,这样的成名还有什么意义呢? 只能是一个孤独者对着另一个孤独者。

这就让我们理解了文章看似矛盾的一处描写:搬家后,对于看母亲栽下的那棵合欢树,是"想去"又"不肯去",又说"后悔不去",其实"我"是可以让人把"我"背进去的。他的这种既想看又不看的矛盾心理,在读者看来像是怕麻烦别人,其实,他的这种复杂性是与他生存的感情有关系的,当他看到合欢树的花开了,可能是安慰,也可能是更大的打击,他不愿意面对,睹物思人会把他的很多感情都带出来。

这也让我们理解了,合欢树在文章中的出现,一直延宕到后半部分,而且前文没有任何伏笔、任何铺垫。提及这棵树,像是十分偶然、十分突然。这是在与老邻居的一次闲聊中,邻居们说起的:

"到小院儿去看看吧,你妈种的那棵合欢树今年开花了!"我心里一阵抖,还是推说手摇车进出太不易。

如同作者在文章中对是否要去看母亲栽下的合欢树有一种矛盾心态,他用自己的笔写到这棵合欢树,也显得相当迂回。你可以说相对于母子感情的回忆来说,合欢树比较边缘,也可以说合欢树只是在母亲去世后才开花,所以理应出现在时间序列的后半阶段。但问题的关键在于,作为标题的合欢树,在文章前半部分没有出现任何迹象,而在下半部分,一旦出现,虽然贯串始末,心里魂牵梦绕似的,却始终又与它保持一种空间的距离。为什么呢?我觉得,在这里,生活中的史铁生与写作者史铁生相对于合欢树来说,表现出相似的距离感受。

与他没有正面表现感受相对照的是,他引入了一个陌生小孩的形象,由他来直面合欢树。这就带来一个重要问题:为什么写小孩子?为什么写面对合欢树的小孩?

三、为什么要写小孩子

最习惯的说法,写小孩就是为了写"生命的延续",是死亡和出生的交替。但这样的回答比较教条,不太能切近这一文本的特殊意义,所以我们可以换一个角度来考虑。在步根海老师的课上,有学生认为这是在写生命的体验,这就进了一步,但是我们还要追问,在这一语境中,面对合欢树的小孩子和史铁生有相似的体验吗?显然没有,所以需要把这一答案再精确一步,即"生命的不同体验"。为什么呢?因为小孩子看到的树和"我"曾经看到的树感觉完全不一样,对"我"来说,合欢树有母亲全部的希望、全部的爱以及"我"所经历的全部的痛苦;但是对那个小孩子来说没有那么多意义,他可能以后会回想起来:"哦,我小时候家门口有这么一棵树的。"虽然这棵树也联系着他的亲人对他的爱,但这种感情,也必然是另一种,不同于史铁生的感受。他更不会知道这棵树是怎样种下的。如果我们从广义上来理解符合的话,那么合欢树作为符号的意义,我们可以用一个框架来区分:

$$符号意义\begin{cases}经历意义\begin{cases}被精神所掌握的——（合欢树之于）作者\\生活中所相遇的——（合欢树之于）小孩子\end{cases}\\参照意义（独立于人的生活经历）：例如仅仅从字典上获取的意义。\end{cases}$$

据此，我们可以看到，作者写小孩子，其实是又一次把自己推进一个孤独的世界，尽管小孩子能够看着那棵树长大开花，但他和"我"的理解是完全不一样的，无法理解"我"跟母亲之间的情感。在这里，他提供了一个相对陌生化的视角，来显示他与别人理解的差异性。因此，引入这个小孩子的主要目的不是强调生命的共通性，而是在共通性中来强调内在的经历的不同。因此，我们要把它区分出来，精神理解和生活相遇是两个层面的问题。在精神层面，体现出作者对爱的理解，对生命的理解。这可能是别人未必具备的。因此，在文章的最后，我还是读到了史铁生的一种孤独感，还有他的悲伤。不过这种孤独和悲伤并没有把他压垮，甚至成了他生活的一种支撑，或者用文章中的话来说，成了他的一种享受。由此带来的一个问题是：悲伤何以成了享受？

四、悲伤何以也成享受

作者在结尾提出"悲伤也成享受"：

我摇着车在街上慢慢走，不急着回家。人有时候只想独自静静地待一会。悲伤也成享受。

我们可以把这段文字与此前他成名后，因躲避记者的采访而到树林边沉思后的一段文字加以比较：

我摇车离开那儿，在街上瞎逛，不想回家。

这里，微妙的在于，当他从"在街上瞎逛"变成"慢慢走"时，"不想回家"就变成了"不急着回家"。

如果我们把不回家而在街上走作为他个人的事件来看待的话，逛街与回家之间，我们可以区分出不同的意义来。也就是说，前一次逛街是为了不回家、为了躲避记者，尽管逛街本身并没有自身的目的，而后一次逛街，其"慢慢走"，就有了一点对逛街本身的享受意味。

$$
\text{事件的功能}\begin{cases}\text{享受}\\\text{使用}\end{cases}
$$

享受是主体沉浸在事件本身，带有自恋性，同时感受到一种痛苦的充实、丰富的痛苦；而使用是甩掉依恋的情感，引向事件或一个外在的客观目的，而不让自己沉浸于事件本身，比如在这里具体表现为逃避回家。对当时的史铁生来说，当他说"悲伤也成享受"的时候，当他在街上慢慢走才说出来时，代表了他在内心世界的一种沉浸，感到相对的充实。所以，我觉得史铁生之所以能够一直坚持下去，是因为他与母亲早年的关系也成了他生活充实的动力，不断地写作，不断地在享受——写作就是不断把自己放在这些事件当中，依恋和沉浸。如同他在街上的"慢慢走"而不急于回家，当母亲已经不在家里的时候，他在街上的对母亲的回忆，就成了他生命的独特体验和动力，如果没有这些回忆，他可能早就空虚。从这个意义上，没有亲人的家，与生命的终点是没有区别的，所以对他而言，实在是不需要急于回家的。

细读的辩证法

——评《倪文尖语文课》

一、文本与人本

2022 年,上海人民出版社联合光启书局推出了华东师范大学中文系倪文尖的文学文本细读集《倪文尖语文课》。甫一推出,就在现当代文学界和语文界引起较大反响,并入选"华文好书 2022 年 9 月榜单"。

虽然该大作的出版跟倪文尖在高校长期开设的课程有关,也跟他近年来在 B 站开课讲现当代文学名著有关,但是采用"某某课"这样的书名,却是一个耐人寻味的文化现象。

新时期以来,为打破学术界的文学文本解读与普通读者的壁垒,一些全国性的强势媒体开设的系列讲坛受到过普遍欢迎,而纸媒以"鉴赏辞典"的名义提供给读者的大量出版物,也曾风靡一时。但因过分注重市场效益或者娱乐性,随着时间的推移,使得无论是高端讲坛还是庄严的"辞典",都渐渐失去了迷人的光环,变得有些低俗化或者教条化。于是,让学术名家再以"唐诗课""小说课"乃至"语文课"这样更有课程规范意味的命名出现于大众面前,是希望通过学术性和普及性换一种方式的结合而再造辉煌。

在获赠倪文尖大作前,我已经通过 B 站观看了他总点击量达 700 万的讲课视频,这次拿到纸质书,有些内容已经算是重读,在深受教益的同时,也产生了一些不同想法,提出来向倪文尖讨教。

大作分为两部分。第一部分"文学课堂",精选了他的文本解读的论文和讲课稿,共计 12 篇;第二部分则是他对经典文本作的批注。不知是偶然还是有意,两部分的结尾,各选了外国文学作品,前部分是分析维尔哈伦的诗歌《城市》,后部分是批注了一首外国诗和普鲁斯特《追忆逝水年华》开头一段,即著名的"小玛德兰点心",以显示研究的视野力图超越中国文学的局限。当然,这种超越不是因为象征性选入三篇(节)外国文学作品就显示了一种姿态,更主要在论及现当代作品时,那种敏锐的性别和阶级意识,那种在文本中对语言的深层挖掘,那种清醒的历史感,体现在他剖析《围城》作为性别所围之城以及赵树理《邪不压正》中依托人物言语带出的民众精神觉醒,以及他对丁玲《夜》中蕴含的性别问题、政治问题以及言语与意识的缠绕关系的要言不烦的点评,使他的细读,一定程度上超越了美国新批评的那种文本细读的拘泥与局限,而有了对作家创作的动态历史、对社会发展的革命历史和语言方式的传承历史的把握,这也是北京大学的吴晓东在前言中提及的,"以文本为本",既是文本诗学,也是历史诗学,尤其表现在对文本的语境化阅读的思考,显示了作者细读文本的新探索。① 这种新探索,又可以说有其"旧"的一面,如同清华大学的旷新年在《中华读书报》发表的书评中揭示的,这是把构成了他语文教学研究基础的文本细读置于"如何做一个中国人"和"如何做一个有创造性的人"相结合的高度上来定义,是对中国知识分子长期以来具有的民族使命感、人文传统的延续。② 正因为细读中有人、有人的灵魂在跃动,所以文本与人本,才内化于他细读的辩证法中,也构成我这篇书评的题目,尽管采用这一题目,多少也在呼应倪文尖第一本批评集《欲望的辩证法》的书名。

当然,如果加以苛求的话,我认为恰恰在吴晓东嘉许的"对文本的语境化阅读的思考"中,或者如旷新年所阐释的文本与人本的辩证关系中,还留有一些可推敲的余地。

① 吴晓东.堪用一生回味的文学瞬间——序《倪文尖语文课》[M]//倪文尖.倪文尖语文课.上海:上海人民出版社,2022:5.
② 旷新年.《倪文尖语文课》:把论文写到 B 站上[N].中华读书报,2022-10-19(3).

即以倪文尖最为推重的史铁生《合欢树》一文来说，①从语言入手，指出该文单音节词使用的特殊意义（这一揭示对理解文本特点确实重要），对形成"平易质朴，含蓄内敛"的特点有着显而易见的作用，都是能给人启发的。但是，具体到分析诸如用"抖"字要比"颤抖"的使用更有陌生感和冲击力，其实仍然显得抽象和笼统。② 我始终认为，相对于读者而言的"陌生感"，不应该成为分析《合欢树》的理论术语，因为当史铁生认为最应该读他文章的人（他的母亲）已经去世时，他的写作更像是自我的心灵独白，而不再是需要有目标读者来定位的那种陌生感。尽管这种陌生感也许只是读者的感觉，并非史铁生本人的刻意追求。

在我看来，从用词自身的语境看，"抖"和"颤抖"的比较，是应该把整句"我心里一阵抖"连起来考虑的。即如果"抖"改成"颤抖"，其节奏就发生了重要变化。"我"之后，"心里/一阵/颤抖"，成了稳定的三个双音节，这种稳定感，恰恰是跟作者内心真切的感受不吻合的。所以，在连着两个双音节词语营造出稳定的幻觉后，才以一个"抖"字把此前的稳定节奏破坏掉，让"抖"字孤零零飘荡在句尾，如同"我"字同样孤零零地飘荡在句子开头，才是史铁生内心感受的真切反映。从这个意义上说，倪文尖说的"我心里一阵抖"改成"我心里一阵颤抖"，语义"没有一点变化"的判断也许欠斟酌。因为既然讨论的是抒情文，似乎就不该把作者心里真切的感受隔绝在"语义"外部。

与此同时，当他谈到文中出现的多音节词之少，几乎没有一个成语，只有寥寥几个四音节词，如"东屋倒茶""西屋点烟"等，仅仅从数量比较角度来说明据此对比出多音节词获得的放大效果，似乎也有缺乏语境化阅读、缺乏对人本身

---

① 倪文尖一直认为《合欢树》是作者最好的同类题材作品，超越了《我与地坛》，我是不认同的。这问题讨论起来复杂，这里只能简单说两点，其一，从境界的开阔与深邃来说，史铁生笔下其他的任何一篇散文都是无法与《我与地坛》相提并论的。其二，从情感的绝对价值来说，《合欢树》和《我与地坛》都具有不可替代的独特性，也都把关联到母亲那份情感的复杂与深厚发挥到了极致，也就不存在谁优谁劣的问题了。

② 倪文尖. 倪文尖语文课[M]. 上海：上海人民出版社，2022：133.

关注的嫌疑。① 因为即以"东屋倒茶""西屋点烟"来说,这里不仅仅是构成对单音节词的对比关系,更重要的是,当这些词成对出现时,它成了修辞的互文,而这种互文,恰恰是以抹去东屋和西屋的人的个性化差异为特征的。这样,史铁生自己说的,对付记者的那一套话,或者说的那些套话,也在不知不觉中来形容邻居了。尽管这样的形容并无恶意,但强调周边邻居的客套无法进入其内心世界的共性,也是给人的显而易见的感觉。就此而论,那种口语化的单音节的词,主要成为他自我的心灵流淌,而那种书面化的双音节词或者四音节词,成为沟通读者乃至周旋于世界的客套,只有从这个更本质意义上来对他遣词造句作大致判断,也许才能依稀触及作者的写作的隐秘思路。之所以说只是"大致",是"依稀",因为这样的判断,尚显笼统和机械,没有充分顾及具体的语境,特别是,语言的问题又不能局限于语言本身来讨论。

在该文中,倪文尖一方面专注于文本的语言特点的细读,一方面又对其概括的"言近旨远"有一种无法深入的无力感,在很大程度上,是没有突破语言牢笼而带来的结果。比如,讨论《合欢树》,因为讨论其语言特点,就忽略对合欢树本身的分析,不分析它为何那么晚出现在文本中,为何作者自己始终没去看合欢树开花的状态,却写了一个小孩老是盯着合欢树看,而文本中延宕描写合欢树、生活中自己又回避去看开了花的合欢树,这种同构性描写蕴含着作者怎样的深沉情感特质,类似的这些话题,不进入语言特点的分析中作为问题一并展开,其实是无法真正把史铁生的情感世界分析得更为深入的。就此而论,语言构成的语境,反倒是需要分析者来超越语言的。正是这种超越还不够到位(也许倪文尖为了讨论的题旨集中才这么做),使得他对《合欢树》的分析没能给读者以更多的启发。当然,也许换一个角度看,我上述的讨论意义并不大。因为他在文章的结尾以及后来跟我的个别交流中提到,他本来就打算把我谈及的语言外的问题,写成另一篇专题文章。用他的话来说,这一篇谈"言近",另一篇谈

---

① 倪文尖. 倪文尖语文课[M]. 上海:上海人民出版社,2022:133-134.

"旨远",这才比较周全。① 但我的想法是,所谓的"言近"相对"旨远"来说才有意义,如果隔开在两个专题来分别讨论,也许有点要把一张纸的正反面硬生生切出来的意思了。总之,我更愿意看到他把另一专题讨论的内容结合在这一篇讨论中,从而让我的上述建议彻底失去意义。

二、张力与活力

细读的辩证法往往是对文本辩证法的洞悉,而张力,则是倪文尖细读中始终关注的重点,这不仅仅表现在细读中,细读者借助各种维度把文本的张力多侧面揭示出来,同时也借助细读者自身的构拟,通过把作家不同时期的作品加以组合,或者把作品置于不同的历史背景中来重新审视,将这种张力"表征"出来。借此让他的细读展开,获得了一种持续不断的活力。

该论著的后半部分以"字里行间"为总标题,呈现对文本的批注。批注是倪文尖自己相当看重的文本细读形式。针对入选的 13 篇诗文名作,他除了有 11 则总评外(有 4 篇是合成 2 组),还留下了总计 300 多条细密的批注,其中,《祝福》最多,有 67 条,《哦,香雪》也达到了 60 条,散文《公寓生活记趣》则有 32 条。客观地说,他的批注确实显示出一定功力,既超越了传统评点的纯趣味主义,能够不时地借助评点要言不烦地点出历史背景,但又不同于索隐式评点那样把小说细节与现实生活作简单比附。黄子平在给一本涉及鲁迅作品的细读论著的序中,曾提出文本细读的两个风险:"或者陷入'文字障',死于句下,在封闭的文本内部窒息了诠释的可能;或者无边联想,过度诠释,在意义的无政府状态下随波逐流。"②在我看来,像倪文尖那样对文本蕴含的张力保持敏感,恰恰是可以在一定程度上克服两种风险的明智选择,并显示出文学阅读常能感受到的那种生机和活力。当然,具体而言,其对各篇细读评点所用的心力似乎不太平衡,关于丁玲的《夜》、张爱玲的《公寓生活记趣》和铁凝的《哦,香雪》三篇的点评最为出

---

① 倪文尖. 倪文尖语文课[M]. 上海:上海人民出版社,2022:136.
② 张业松. 鲁迅文学的内面:细读与通讲[M]. 杭州:浙江文艺出版社,2022:6.

彩,评论界点赞甚多。别人已有的论述,我这里不再重复,只想拈出他在点评中特别留意的文本张力问题,阐释与他细读相关的三种呈现方式。

最常见的呈现方式就是他点评所选择的文本本身的复杂性而带来的张力,如同标题《夜》的暧昧带来的复杂,如同通常理解中的公寓生活无趣而标题提示的有趣。

当然,真正的张力是蕴含在文本中的,但标题也能透露点滴信息。就《公寓生活记趣》来说,城市公共空间的"公"的五方杂处、"寓"的暂时性和流动性,以及与隐含的乡野空间之间的差异,日常"生活"的平淡无奇与精细观察、越界想象、联想得来的"记趣",类似的张力,倪文尖在点评中不时提醒着读者。比如他点出了张爱玲写到的现代化的带"电"物品与传统社会的张力,写到了城市社会的大分工与乡野自然生活的张力,也从文体意义上,点出了形式与内容不一致的独特张力,比如用乐此不疲的琐细之笔写一种苦事,用语带夸张的大词小用来写碎碎念的个人经验,都能见出点评的细读功夫。但整体意义上的那种内容与结构的张力,构成那种有意味的、可以整体把握的形式,似乎未能在点评中予以道破。当然,我们可以强调这种整体性的缺乏恰恰是张爱玲散文的特点,可以像倪文尖那样,分析其凌乱和琐碎来说明文章反映的信息量大,整篇文章展开得近乎随心所欲,粗看没有章法可言。不过,倪文尖固然强调了其"散"的特点,但又在点评中提示了段与段的细节联系,是行云流水、自然天成。顺着后一种思路,我们细细品去,有一条关键的脉络贯串始终,似乎把全篇若断若续而又巧妙地整合起来,并完成了内容和形式的有机统一。那就是张爱玲基本从高处(具体为公寓房的上层)着眼观察、想象而构拟的垂直空间变化以及楼层上下间人物发生的交往或者冲突,这恰恰是传统社会中主要生活在平地的人,通过水平空间的延伸、切割、变化较难体会的。或者说,对于传统社会中的人来说,水平空间里的延伸和分割是常态,是生活;而垂直空间只是偶尔用于休闲观景,是非常态。但对于张爱玲来说,她把生活常态并置到垂直空间来表现,也让她的文章,在生活的实在中,有了摆脱地面束缚的幻觉,有了空际翻腾的灵动和诗意。这是空间的开拓,是生活的开拓,是想象的开拓,甚至是现代性的开拓,因为现代城市对有限土地资源的最大化利用,必然有向高空发展的无限趋势。

原文开头写:

> 读到"我欲乘风归去,又恐琼楼玉宇,高处不胜寒"的两句词,公寓房子上层的居民多半要感到毛骨悚然。①

倪文尖在此提示读者:"写现代公寓,为什么要从古典诗词破题?"②这一提问很好,但因为重心落在"现代"与"古典"的张力上,可能读者未必能读出高处站位的引用对于全文的统摄意味,那种形式化的结构意味。从俗套的技法来理解,因为"高处不胜寒"接着是写高处生活的"毛骨悚然",如果认为这里有欲扬先抑的设计,也不能说错。但关键还在于对"高处"立足点的位置设定。比如大家都激赏她用拟人的手法写电车进厂如同小孩回家,这里作者的想象确实神奇,倪文尖也十分推崇。但一般情况下,只有站在高处,让电车在视野中缩小后,有关小孩的联想才获得了心理动力。而有关电梯司机的描写居于文章中间位置,似乎从生活的边缘来到中心,也是因为作者站位公寓高处,使得电梯司机送人上上下下不可或缺,才争取到中心的"合法"位置。而结尾两段楼层上下的公德心描写,也就有了首尾呼应的效果。文体意义的散与不散的张力,固然如倪文尖提醒读者的,体现在段与段的细节脉络或者文气的过渡上。但是,体现在贯串全文的脉络中,如同生命机体一样有鲜活的血液流通全身的那种文气,尽管确确实实存在着,却并没有在倪文尖的笔下得到清晰揭示。没有留一笔来点出作者站位之"高",似乎总让人感觉精彩纷呈的点评,还缺了临门一脚。

另有一种呈现方式是点评者借助不同文本组合而成的张力,如济慈的《秋颂》和郑敏《金黄的稻束》作为一组,何其芳的散文《独语》和诗歌《我为少男少女们歌唱》构成一组。

特别是后一组,那种没有对象的"独语"和直接把对象"少男少女"明示出

---

① 倪文尖. 倪文尖语文课[M]. 上海:上海人民出版社,2022:282.
② 同①.

来的方式,让两篇作品间有了明显的张力。倪文尖从语言入手,从揭示前者的文言、晦涩、文绉绉和后者的平白如话来说明这种张力,是抓住文本要害的;把心境的忧愁和欢乐之间的转换与文风关联起来,也是辩证的。但也许可以在文本与人本的关系中走得更彻底一些,可以从人际交往关系中进一步思考的是,在"独语"面向他人时的含义遮蔽和倾听疏离中,在"歌唱"向少男少女内心寻求停留时,那种对自我孤立的特殊意象与抹去个性的普通意象的比较分析,才更容易发挥点评者自身的用武之地。但倪文尖恰恰在这个门槛边站定了,没有再往前进一步来施展身手,从而留下较多的空白,未免让人觉得有些遗憾。

举例来说,他在《独语》的第3处点评是:

说的是阮籍,上一段说的是歌德笔下的少年维特。得懂那么多知识典故才能明白,岂不"文"乎?①

这里归结到语言特点的"文"当然正确。但也许这里不仅仅是一个知识典故的问题,就像传统社会对阮籍故事耳熟能详者,未必会从"独语"的角度去理解,只有一个确立了现代主体意识的个体,当他从一个传统世界脱离出来时,他才会把古人,以"独"的方式一个个召唤出来,并让他们以彼此隔绝的"语"的方式,并列在一个不能互通的世界里,表现在语言中,就是倪文尖说的"段与段乃至句与句之间的关联,又总是相当弱"。这样,关于他们,都成了一个个特殊个体、特殊的形象,也是特殊的句子。而在《我为少男少女们歌唱》中,这种特殊性荡然无存了。所以当倪文尖点评该诗的第一节,说"早晨""希望"这些意象或词语很直白,并进而说诗句之间的语义关联度强时,也许还应该着重从"早晨""阳光"和"微风"等最普通、最具共享性的意象总体特征中,来揭示其对一切人际交往沟通的便利性,来说明作者走向共同体的诉求。

最后一种方式是评点者把动态的历史境遇和阅读经验带入后形成的张力。

---

① 倪文尖. 倪文尖语文课[M]. 上海:上海人民出版社,2022:262.

可以说，倪文尖所有的评点都或多或少体现出这一点，但在《哦，香雪》中则体现得最明显、最自觉，并使他的评点相较于其他几篇更有特色。让点评者立足于历史经验的反思与文本的诗性张力充分体现，这既是对文本的反思，也是对自我的反思。关于此，吴晓东的序言曾以较多篇幅转引了倪文尖的论述，认为这是把历史视野带入文本视野而形成的那种文本解读历史化的特色，这一特色非常鲜明。吴晓东论述得已经比较充分，此不赘述。这里只引述倪文尖点评的一例：

父亲特意制作的小木盒，独一无二，放到现在可是 DIY 啊！在当时，那也是满满的父爱亲情。可是，为什么和同桌的塑料铅笔盒一比，就"显得那样笨拙、陈旧"呢？——这只是香雪的感觉吗？你觉得叙述者的态度如何。①

注意，DIY 真是"放到现在"才很诱惑人的一个观念。这样的点评，把自己、把小说人物、把隐含的叙述态度一起带入历史的语境中，似乎文本的人物在跟点评者一起成长着、发展着，由此形成的反思力量，就相当强大。尤其是 DIY 相对于曾被视为山村土气、让拥有者香雪自惭形秽的那种强大翻转力，让多少读者曾经为之着迷的作品诗意，在历史眼光的重新审视中，露出了简单粗暴的一面，文本的张力就内化了历史的人本张力，使得细读更为辩证和深刻了。

三、主观与客观

细读的辩证法是跟细读者将文本的客观化连同自身对象化紧密结合在一起的。

倪文尖的多篇分析和评点，如对鲁迅小说、对朱自清散文，都留有把自己的思考对象化、不断地否定自己而持续再解读的历史印迹，给我们读者较大启发。

---

① 倪文尖. 倪文尖语文课[M]. 上海：上海人民出版社，2022：306.

但非客观的思考冲动,偶尔也会在倪文尖的细读中闪现出来。换一种说法是,也许对自身细读能力的自信,偶尔也有因主观性而遮蔽了文本客观性的迹象。

如废名《桥·花红山》的开头是:

花红山简直没有她们的座位。一棵树也没有,一块石头也没有。琴子很想坐一坐。[1]

对此开头三句话,倪文尖点评道:

开头就奇崛。偌大一座山,怎么会没有人坐的地方呢? 哦,原来这是在小说人物琴子的眼里。[2]

原文三句,点评也三句,甚至点评比原文似乎更吸引人。

点评的第一句,用最简洁有力干硬的词语制造悬念;第二句把这一悬念进一步具体化,呈现出一个似乎是反常识的事实;第三句才解除了悬念,用"哦"来表现特定情境中的恍然大悟:原来这里写的是小说人物的主观感受,与反常识无关。

但比照原文仔细一琢磨,发现这个悬念在一定程度上是点评者自己制造出来的。

原文的表达清楚得很,并不是从反常识开始来设计悬念的。因为第一句说的就是"简直没有她们的座位",不是"没有座位",是"简直没有座位",这个"简直"就把主观感受和盘托出了,也不是没有"人"坐的地方,是没有"她们"坐的地方,是在城市、在书斋实验室里待惯了的"她们",不包括男性,更不包括当地生活的人。然后,后面一句就已经解释了为何有这种"简直没有"的感觉,因为没有可以乘凉的一棵树,没有可以坐上去的一块石块。第三句,点出琴子这个人物,关键是她"很想坐一坐",她才生发出如此感叹。但在倪文尖的转述中,漏

---

[1] 倪文尖. 倪文尖语文课[M]. 上海:上海人民出版社,2022:238.
[2] 同[1].

掉了原文开头最具主观性标志的"简直"一词,就有了反常识的悬念,有了假想中的客观向主观的翻转。这样的点评,似乎就不够客观。当然,我此刻下这一判断,也许同样是一种主观。

也许在那么多细密的点评中,这种不精准只是一个偶然,本不值一提。但如果放在整篇评点的格局中,这一可能的小失误却成为点评者自身主观预设的一个征兆。因为倪文尖是把文本的意识流般的主观描写作为难以让人读懂废名作品的要点来揭示的,用他的话来说,这是在把小说当绝句来写。那么在揭示这种主观性之前,就要预设一个习惯能够被大家理解的常识来加以翻转,这样,在点评中,就要无形中把客观与主观的对立或者倪文尖认为的张力加以夸张表达。但文本也许并没有那样黑白分明的主客对立,倒是被评点者无形中强化了,所以他在点评转述时,原文开始很主观的"简直"一词,就从他手指间有意无意地滑脱了。

从细读的辩证法看,倪文尖对文本的版本问题似乎也应该有更多关注。相对来说,研究古典作品的学者,因许多文本曾处在一个长期不稳定的状态,对版本会有更多的关注。尽管倪文尖在解读《面朝大海,春暖花开》时,也提及了文本流传过程中出现的文字细微差别,[1]但这种关注,似乎只是偶一为之,并没有形成自觉意识,从整体看,这方面的关注是阙如的。

比如在点评何其芳的诗歌《我为少男少女们歌唱》时,倪文尖依据的是全集版,跟文集版就有差异。把全集版和文集版的第一节列表对照如下:

全 集 版[2]	文 集 版[3]
我为少男少女们歌唱。 我歌唱早晨, 我歌唱希望, 我歌唱那些属于未来的事物, 我歌唱那些正在生长的力量。	我为少男少女们歌唱。 我歌唱早晨, 我歌唱希望, 我歌唱那些属于未来的事物, 我歌唱正在生长的力量。

① 倪文尖. 倪文尖语文课[M]. 上海:上海人民出版社,2022:40.
② 何其芳. 何其芳全集:第一卷[M]. 石家庄:河北人民出版社,2000:410.
③ 何其芳. 何其芳文集:第一卷[M]. 北京:人民文学出版社,1982:172.

在全集版中,因为最后一句添加了"那些"一词,开头一句总起后,接下来是形成相同长短的两组句子,好像很均衡,但其实未必合适。因为"那些"是远指未来事物,而"正在生长的力量"是当下,我倒觉得,文集版不加"那些"更合适。因为从思维情感的流程看,这里有从当下(据何其芳回忆这首诗就是在早晨一气写下的①)到远指未来再回到当下的波折,句子也因此有了错落有致的节奏变化,这是在"歌唱"中,从语义向声音的转换中,一种现代意义的声音节奏的处理就显得十分重要。而全集版虽然只加了一个词语"那些",但是由此形成两组均衡长短的句子就改变了整节诗的结构,把内在意义变化的那种节奏感弱化了。当然,真正效果如何还有待讨论,但细读中提出这一版本差异问题,还是必要的。

同样,《荷花淀》是以文笔精致著名,但倪文尖依据的文本似乎是中学语文教科书中的文本,这既不是孙犁早年在延安的首发文,②也不是作者自己晚年校订的文集版中的文字。语文教科书中的文字,有许多细微的差异。比如第二段开头原文的"要问白洋淀有多少苇地?不知道。每年出多少苇子?不知道。"③在中学语文教科书中,第二处"不知道"前加了一个副词"也",④这就用语法关系代替了原来反复"不知道"的修辞关系。此外,"也"的添加,把原来响亮音节中洋溢的自豪感给削弱了。类似的文字改动比较多,在点评中一概不提,却又提出了该小说文笔的精致问题,这就难以让精致的判断落到实处。还有倪文尖也提到标点符号在该文中的重要性,比如对水声"哗哗"的标点处理。但恰恰是有一处标点符号,曾经引起过较大范围的持久讨论,有人还把它写进了教科书中,即水生女人对其参军丈夫说的一句话:"你走,我不拦你,家里怎么办?"原文在"我不拦你"后,用逗号,但各种版本的语文教科书都用句号,还传说孙犁因看

① 何其芳. 何其芳全集:第四卷[M]. 石家庄:河北人民出版社,2000:309.
② 当时《解放日报》分几期刊登完全文,首次刊登日期是"民国三十四年五月十五日"。
③ 孙犁. 孙犁文集(补订版):第1卷[M]. 天津:百花文艺出版社,2013:91.
④ 中华人民共和国教育部. 普通高中教科书 语文:选择性必修中册[M]. 北京:人民教育出版社,2020:61.

到逗号而不是句号很生气，认为这是一个严重错误云云。① 但这一传说的真实性很值得怀疑。因为根据我所能查阅到的首发在《解放日报》副刊和后来经孙犁自己审定的"文集"，都是用逗号。② 这一有广泛争议的标点符号的使用，似乎也应该在点评中回应一下，因为这一争议涉及了文本的客观性与读者主观上在怎样的意识背景中来理解人物形象的基本定位，似乎不可轻易放过。

四、余论

顺便一说的是，倪文尖此书中，有一部分是根据讲课录音整理出来的。其实，由讲课稿包括听课笔记整理出书的，著名的如黑格尔的《哲学史讲演录》、索绪尔的《普通语言学教程》或者弗洛伊德的《精神分析引论》等，都成为名著。但相对来说，他们的行文在保持讲课晓畅的特点时，也大概经过了简洁化处理，而且与时下流行的听课录音文字整理稿还是不同。倪文尖的一些录音稿虽然也作了后期加工，但是我个人的感觉还是有些累赘复沓，听讲毕竟和阅读文字有很大区别，如果整理时再凝练一些，也许效果会更好。当然这纯然是我个人的感觉，也许有读者认为这样处理恰到好处也未可知。

总之，虽然我对倪文尖的大作提出了一些未必正确或者需要的建议，但是其给予我整体的阅读启发还是很大的，有多篇的解读和旁批堪称经典。尽管是重读，仍深深吸引了我，使我不能不联想起卡尔维诺关于经典十多条定义中的一条：一部经典作品是一本每次重读都像初读那样带来发现的书。③ 这种经典性，不因为其形式不是系统严密的专著而稍有逊色。应该说，如何把文本细读进行到底，我们大家都还在路上，但倪文尖无疑是我们的一位领路人。

---

① 语文出版社教材研究中心. 普通高中课程标准实验教科书 语文：必修第三册[M]. 北京：语文出版社，2006：80.
② 孙犁. 孙犁文集(补订版)：第 1 卷[M]. 天津：百花文艺出版社，2013：93.
③ 卡尔维诺. 为什么读经典[M]. 黄灿然，李桂蜜，译. 南京：译林出版社，2012：3.

《红楼梦》：为什么多数人拥"黛"抑"钗"

一、《红楼梦》之前没有爱情小说

新京报：《红楼梦》似乎是这样一部书，几乎家喻户晓，但要写相关文章甚至专著，就会不自觉感到压力巨大，原因大概是之前已经太多人写（专门的红学家就人数可观），以致让人觉得已经谈不出新意和深意。你如何看待这种状况？

詹丹：我看到有学者说，写完一本关于《红楼梦》的书就可以跟《红楼梦》告别了，因为写出一本已经不容易，我已经告别了好几回，但一直没有告别成（笑）。这是压力的一面。另一方面是，在自己深入研读的过程中，自以为还是有一些新发现的。其中有几个原因。

第一，《红楼梦》博大精深，可以不断挖掘出新意。就像卡尔维诺说的，经典就是你每读一遍都好像初读一样带来发现的书。第二，研究《红楼梦》的人的确很多，不断有新成果出来，我们会有压力或焦虑，会觉得我想到的别人都已经研究透了，难免产生"我生也晚"的感叹。但另一方面是，成果多，可能错误也多。我写的《红楼梦》文章，有一些是跟人辩论的，包括之前跟白先勇辩论。有人开玩笑说，你怎么写了好几篇文章跟别人辩论啊，你就自己管自己的研究，为什么要去跟别人争呢？我说这就是我写作的动力（笑）。从这个意义上说，这么多研究者进入红学领域，倒不完全意味着把研究领地完全占据了，说不定他们也留下了大量错误，需要我们修补或改进。当然也包括改正我自己的错误。第三，《红楼梦》在传播的过程中有许多改编，另外还有新的理论出现，可以让你对《红楼梦》有新的理解。这可能跟时代的发展有关。

上面是从学术层面来讲的。从大众读者层面来说，会发现有许多热点出现，比如我谈过的"林黛玉体"。有一阵白领非常流行用林黛玉的语气说话，并称之为"林黛玉体"，包括给林黛玉起外号叫"林怼怼"。因为《红楼梦》是经典，有时我们现实生活中的一些热点内容，或者一些比较普遍的（情绪或生活现状），会被有意地和《红楼梦》连接，把它符号化或者标签化，这又让我们获得一个新视角来重新审视当下。

新京报：如果是非研究者，比如一个初中生、高中生，想读《红楼梦》，你会有什么建议？

詹丹：我首先强调的是整体把握，其次是具体深入，第三是主体建构。整体把握，就是先要读下去，像温儒敏先生说的"连滚带爬"，你翻也要翻到结束，甚至把目录从头到尾看一遍也是一个收获，这样获得的是对书的整体了解，会对小说有一个整体观。第二步是具体深入，你毕竟是在读文学作品，一定要有具体体验，就是要深入下去。这意味着一定要有感性的东西，有细节的东西。第三步是主体建构，要从《红楼梦》读出去，也就是既要入乎其内又要出乎其外。读书的根本目的不是为《红楼梦》，关键是要为我而读，要建立起"我"的主体性。我们作为老师，往往担心学生读不进去，但还有一种担心，就是读进去后出不来，整天把自己当林妹妹一样的，这也有问题。

新京报：接下来聊一聊作者曹雪芹。无论某些文学理论如何区隔作者和作品，"知人论世"总有其价值，你如何描述曹雪芹其人其事？

詹丹：西方的新批评派认为文本和作者应该切割，包括符号学，罗兰·巴特还说"作者已死"，但作品毕竟是作者的产物，而且《红楼梦》带有一定的自传色彩，把《红楼梦》和作者的身世联系起来有其合理性。问题在于我们对曹雪芹知道得太少了。我们现在能够说《红楼梦》和曹雪芹的身世有联系，是因为曹雪芹的家族也败落了，和《红楼梦》里的贾府类似。因为这样的大变故，他会了解不同阶层的生活方式，才能从另外的角度审视自己的生活。这是从整体来看的。

另外还有一些细节，也会让我们找到两者之间的契合点，比如《红楼梦》里写了贾宝玉,也写了甄宝玉,有人认为甄宝玉在某种程度上是曹雪芹现实生活的原型,而贾宝玉是进入到创作中的一个对应人物。比如喝酒的细节。《红楼梦》里对醉酒的描写特别多,而且多姿多彩。书里最美的几个画面之一就是史湘云醉卧芍药花下,我看到这个画面就自然联想到曹雪芹是那么喜欢喝酒。还有人问我,为什么书里的嫡庶关系那么紧张?包括宝玉挨打,一定程度上也是贾环挑拨离间的结果,这可能也是对曹雪芹家事的曲折反映。

新京报:下面进入小说文本。《红楼梦》的开篇耐人寻味。女娲补天的弃石、一僧一道的点化、神瑛侍者和绛珠仙草的因缘、太虚幻境等,让小说在开篇时就有超脱日常现实的维度。你如何理解这样的开篇?

詹丹:古代白话小说里的这种开篇还是蛮多的,它们会到神话中寻找现实的某种因果关系,这可能是中国古代社会人们对现实的一种理解方式,希望背后有一个神秘性的东西做主宰,甚至是人格神来操控。《红楼梦》也不例外,但又有它的特殊性。《红楼梦》跟以往的小说不一样的地方,恰恰在于它是写日常而不是传奇。有人认为这个转折是从《金瓶梅》开始的,不像以前的《三国演义》《水浒传》《西游记》,不是写神魔鬼怪就是写英雄传奇,但《金瓶梅》里有别的刺激性的东西,像是色情描写,又让小说带有一点神奇色彩了,《红楼梦》就彻底摆脱了这些。虽然主体内容确实摆脱了,但是它还是给了一个传奇的框架,借助传奇框架又和传统小说进行了一次对话,等于是从传统的传奇到非传奇的日常需要有一个过渡,不能一上来就写日常,这样读者接受不了。

《红楼梦》的特殊性在于它强调的是一块多余的、无用的石头,不再能有什么丰功伟业了,它在神话的框架中写了一个不再能创造神话的东西,打个不太恰当的类比,这是一个被逐出伊甸园的人,所以《红楼梦》一方面写了神话,一方面又抛弃了神话。

通灵宝玉的神话又跟另一个神话联系起来,就是绛珠仙草和神瑛侍者的爱情故事,这样的神话同样给他们的情感注入了一种神秘性,因为林黛玉和贾宝玉的情感是开天辟地、前所未有的。我认为,真正的爱情小说是从《红楼梦》开始的,《红楼梦》之前是没有爱情小说的。杨绛曾说,以前的小说写爱情,不是速成的就是现成的,没有给男女自由见面、慢慢发展情感的机会,所以《红楼梦》写的这种真正的爱情在某种意义上是非现实的,因此要给这非现实注入合理性,合理性从哪里来?从天上来。这是前世注定的,我们就不要再去质疑它了。

二、为什么多数人拥黛抑钗

新京报:开篇过后,第一个出来的人物是甄士隐。甄士隐梦中所见的那副著名对联,"假作真时真亦假,无为有处有还无",大概是整部书的大关键之一。如何理解这里的"真"与"假"?

詹丹:可以从好多层面来理解。书的一开始有个小序或者总评,里面就用"真事隐""假语存"来交代写作缘起,看这段文字我们认为,"真"和"假"是一个创作方法,"真"指书的创作是有依据的,而"假"指艺术虚构,在真实的基础上改换面目进行艺术创作,这是第一层含义。

再往后,特别是贾雨村出来以后,会发现他是一个实体性的人物而不仅仅是一个符号,到后来会发现贾雨村是个非常虚伪的人,既有文化又虚伪,这样一来,"真""假"又变成伦理道德的判断,代表着做人的真性情与否。

还有一层含义,甄士隐最终是跟了一僧一道走掉的,走之前还唱了《好了歌》,作了《好了歌注》,因此还有宗教哲学意味,"假"代表短暂的繁华人生,而"真"代表出世的永恒性。如果结合《红楼梦》本身来说,因为《红楼梦》的一个大命题是"大旨谈情","真"与"假"的问题还是跟情感有关,也就是真性情的问题,即情感的真诚与否或自然与否的问题。

新京报:说到真性情与否,一般认为林黛玉是真性情的,而薛宝钗时有伪饰,这大概也是很多人"拥黛"的原因。不过需要细究的也许是,黛玉的"真"是哪种意义上的"真"?宝钗的"伪"是哪种意义上的"伪"?

詹丹:一般我们认为真和伪的问题,主要是从自然与人工这个层面来区分的。薛宝钗是恪守礼仪的,林黛玉虽然也守礼仪,但是能够不时突破礼仪,表现出她真性情的一面。一个是发自内心,一个是外在强加,这是内与外的区分。还有一个区分是刚才说的,是自然而然的还是后天人为培养起来的。但这样的区分也会引起很大的争议,包括对情感本身的看法也有争论,西方的情感学就分两大派,一派认为情感也是后天建构起来的,但也有人认为情感是先天的。

如果不从抽象层面谈,具体到这两个人物来说,我们只是相比较而言,会觉得林黛玉更接近自然,接近真性情,而薛宝钗的人工建构痕迹更重一点。所以我们要知道林黛玉的内心是比较容易的,要知道薛宝钗的内心有时是困难的,因为她自觉自愿地恪守礼仪。刚开始我们看薛宝钗是不自然的,但修炼到后来的程度,外在的约束也会内化,内化成好像她自觉自愿这样做,到这个地步,会觉得这个人可能不可爱了,完全被异化了,甚至她连自我反思的意识都没有了。

我们现在评价薛宝钗和林黛玉,争议是非常大的,有的人会非常喜欢薛宝钗,当然不喜欢薛宝钗的人更多。从近代的角度看,两个人代表了两种不同的美,不同的是薛宝钗站在传统的立场上,林黛玉代表着近代的(意识),如果硬要这么区分的话。从这个意义上说,林黛玉会更受我们近(现)代的人欢迎。

新京报:如果是在刚才所说意义上的"真",薛蟠是不是也是一个挺"真"的人?

詹丹:对。从这个意义上说,薛蟠比薛宝钗真得多。不过这带来一个问题,到底怎么评价这种情况? 这是从宋代就开始争论的问题,礼仪是对情感的约束,但对于一个粗暴的见人就打的人,礼仪的约束是有好处的。如果对别人没有伤害的话,我们可以说薛蟠表现出了他的真性情,但当伤害到别人时,我们就不把它作为一种好的品质来赞美。

宋代人当时就问了这样一个问题:当没有内在情感时,外在礼仪是不是还要保持? 有人认为不需要保持,如果保持并发展下去,最后会导致人格分裂,制造出一批伪君子。但也有人反驳,理由是人与人之间的维系主要就靠情感和礼仪这两方面,如果内在情感没有了,外在礼仪再没有的话,人与人之间和动物还有区别吗? 所谓衣冠禽兽还是比禽兽要好。这又是一种看法。所以这种抽象讨论我觉得意义不是太大,而是要具体问题具体看待。

三、贾宝玉的叛逆是怎样的叛逆

新京报：前面谈了黛玉和宝钗，下面谈一谈贾宝玉。他可以说是书中最"圆形"的人物，书中的很多内容也是从他的视角来观察的。正因为他的形象过于丰富，我们很容易忽略其中一部分，而选取自己熟知或喜欢的部分来以偏概全。你如何概括其形象和性格？

詹丹：贾宝玉的形象确实很难概括。《红楼梦》里有两个人物难概括，一是王熙凤，一是贾宝玉。贾宝玉还有你刚才说的特殊性，整部小说展开的视角是由他衍生出去的，我们读小说时会不知不觉受到他的视角影响，导致对他的理解缺少反思性。脂砚斋对贾宝玉的评价就是"说不得"，任何一个概念加在他身上，肯定会找到对立面，无法用一个概念把他框起来。在说了"说不得"之后，脂砚斋最后还是给出一个概括，说贾宝玉是"情不情"，通俗的说法就是情种。大家谈到贾宝玉的第一个反应可能就是情种，喜欢讨女孩子欢心。这个概括当然是很不全面的，但确是贾宝玉非常重要的特征。

但就像刚才说的，对贾宝玉提出一个概括，一定会有对立面出现。当我们说他对女孩子特别关心、特别爱护的时候，会发现他好像又是一个不大有担当的男人，他其实还是个男孩子。比如他跟金钏开玩笑，王夫人一个巴掌打在金钏脸上，他的反应是一溜烟跑掉了，他不会跟他母亲说有事冲着我来，不要去打她；包括晴雯被王夫人赶出大观园，他也是敢怒不敢言。晴雯死了以后，他偷偷摸摸地写《芙蓉女儿诔》，都不敢让别人知道。贾宝玉一方面表现出对女孩子的关心，这种关心也会落实在行动上，但这种行动可能并不会给女孩子带来实际的保护，这是贾宝玉非常无奈的地方。这样的定位和他的年龄是有关系的，到八十回他也就十五岁左右。

前几天我在中学里做讲座，谈到这个问题，一个男生问我宝黛的恋爱对他们会有什么启发。我说第一点是要真诚，这是《红楼梦》给我们的最大启发，要有真性情，不要欺骗别人也不要欺骗自己。第二点是三观要相合。第三点非常重要，作为一个男人是要有担当的，担当的前提得是自由身，只有自由的人才会有担当,但自由的前提又是长大,但贾宝玉既不自由,也没长大。

新京报:关于贾宝玉的著名情节很多,其中有一个细节让人难忘,秦可卿出殡时,贵公子贾宝玉遇到乡下的二丫头,想的竟是"恨不得下车跟了他去",这大概是贾宝玉对生命存在的一种直觉式领悟,你怎么看贾宝玉的这样一个冲动反应?

詹丹:这可以从两方面说,一是贾宝玉的立场,一是小说的整体构思。从贾宝玉的立场说,他不时会有一些冲动,《红楼梦》尽管构思严密,但在表现人物的性格时会写一些例外,一些不能完全用理性来解释的东西,包括一些神秘的东西。贾宝玉对女孩子特别好,但人家开门晚了他也会一脚踢过去,这种近乎歇斯底里的爆发,在贾宝玉的人生中不是偶尔出现一次,像看到二丫头突然产生冲动,想跟着她走,这是贾宝玉的天性中一种非理性的冲动。

从小说整体构思来看,这又是符合理性的。曹雪芹本来的构思是让巧姐到农村过自食其力的新生活,这也是曹雪芹了不起的地方,当贵族生活走向没落时,他会通过小说进行一种新的可能性的尝试,这种可能性的尝试在秦可卿出殡时通过贾宝玉的这种冲动表现出来了,二丫头这样一个村姑形象就是曹雪芹后来构思的一个伏笔,二丫头纺线给贾宝玉看,而十二钗的画册里,巧姐也是一个人在荒村野店纺线。

新京报:我们往往认为贾宝玉是传统社会的叛逆者(厌恶经济之道,"最喜在内帏厮混"),但这种说法似乎失之笼统。贾宝玉的叛逆到底是怎样的一种叛逆?

詹丹:贾宝玉说是叛逆,又不是一个彻底的叛逆者,他的叛逆是有所为有所不为。他拒绝走贵族之家的接班人所规定的科举考试这条路,因为到贾宝玉这一辈已经不能再袭爵位,一定要走科举考试这条路,但贾宝玉拒绝了。他的"为"是讨女孩子欢心,真心关爱这些女孩子而不是为了满足个人欲望,按照警幻仙子的说法他是"意淫",在情感上给了许多女孩子安慰。这两点都是正统社会所不认可的。

中国传统社会的男女之间是不承认情感的,费孝通在"男女有别"(《乡土中国》里的一章）里也谈到这个问题，中国传统社会是讲纪律、讲理性的社会，而男女情感会对纪律和理性造成破坏。所以中国传统社会尽管不反对男性和女性交往，但这种交往更多是生理的，比如传宗接代，或是满足个人私欲，或是政治性联姻，心灵上的、情感上的理解和被理解的需求是不被鼓励的，因为这会导致男女之间要讲平等，当一个男性对女性动真情时，就容易对女性讲平等。所以《莺莺传》里的张生就提出了一个想法，我称之为"不动情主义"，男的对女的不动情就可以保证自己能够占上风，一旦动情就赶快逃，这就叫"始乱之，今弃之"，张生就是这样来解释自己的行为的，说自己"不胜情"，不能战胜自己的情感，只能把莺莺给抛弃了。当时的人还赞许他会"善补过"，冯梦龙对此很想不通，他说你战胜不了自己的情感，把她娶过来就可以了，怎么抛弃她才叫改正错误呢？张生认为，把她娶过来照样超越不了情感，还是要让女的占上风，这是传统社会不允许的。关于贾宝玉，何其芳说的是很正确的，说贾宝玉有双重叛逆，不走功名富贵科举道路是其一，另外一个就是爱情的叛逆，情感的叛逆。

新京报：上面在谈到林黛玉、薛宝钗、贾宝玉以及《莺莺传》时，都触及一个核心问题，就是情与礼的冲突，也是原本想单独问的一个问题，关于这一点还有补充吗？

詹丹：《红楼梦》这样一部"大旨谈情"的书，只有放到中国传统的文化背景中理解，特别是放在礼仪文化中，才能充分认识到它的意义和价值。这就回到"真""假"的问题，中国的礼仪文化在发展过程中不断遭到挑战，就是外在礼仪怎么跟内心情感统一。

在先秦时代就讨论这问题，一直到明清，明代的李贽是极力反对只讲外在礼仪而没有内在情感的，他认为这叫"阳为道学，阴为富贵"，因此提出童心说，要重新回到起点，从人的本初之心开始来谈真实的情感，即使讲礼仪也是发自内心的。冯梦龙也非常强调这一点，认为不要把礼作为情感的原则而用情感作为礼的原则。《红楼梦》的意义可能也在这里，它的"大旨谈情"，狭义上指爱情，广义上就是在讲真性情的问题，是要对中国的礼仪文化进行重建，建构出情与礼的和谐相处，而不是分裂。

四、后四十回续书的写作套路

新京报：接下来想谈谈史湘云，湘云是特别可爱的一个女孩，让人印象深刻的是她和丫鬟论阴阳的那一段，也表现出她自己的性格特征，你怎么看她论阴阳这一段？

詹丹：湘云论阴阳和林黛玉论诗、薛宝钗谈做人是一样的，这些抽象的议论是和人物自身结合起来的，湘云论阴阳是因为她的气质和道家的气质非常接近，她有名士风度，自己也说自己是"真名士自风流"。道家追求自然的、行云流水般的生活，处事方式是敢作敢为，这是湘云的性格和处事方式，也最终体现在她对阴阳关系的理解。湘云谈阴阳有一个关键是认为，阴没了就成了阳，阳没了就成了阴，阴阳是自然转化的关系，一切都在自然转换中。回过头来说"真"和"假"、"有"和"无"，也是这样，都是内在的互相转化，随自然一起变动而不是固守一点，这是湘云的人生哲学。

这里有两点非常重要，第一，这表明曹雪芹刻画人物的一个重要方面，他要努力把人物的思想性格、处事方式提升到理论的高度；第二，当湘云跟丫鬟翠缕对话时，会发现理论跟现实之间又有一个转换，讲到最后翠缕突然得出一个结论说姑娘是阳，"我"是阴，把湘云给说笑了，这说明现实是受儒家等级观念深深制约的，阳是刚，是处上的，阴是处下的，所以主子应该统治奴才，阴阳本来没有等级观念，但在翠缕口中转化成儒家的等级观念，这说明现实跟理论之间的互相制约性。翠缕用她的直觉回应了湘云的道家理论，把谈话推到一个荒唐的境地，这才是它深刻的地方。

新京报：讲完道家，接下来谈一个也非常值得重视的现象，书中有好几个人最终都脱离"红尘"，像甄士隐、贾宝玉、柳湘莲、惜春，这种选择往往被认为是对现实的逃避。果真如此吗？

詹丹：这涉及结构化的理解的问题，从整体结构上说这是逃避现实，是所谓"梦醒了无路可走"的无奈之路，但涉及个人的话，可能还有不同的差异。有人认为贾宝玉出家未必完全是逃避，现实世界毁掉了他的情感，他要到另一个世界去坚持他的情感,因为通灵宝玉回到的地方是青埂峰,谐音情根峰。这也是一种理解。还有的人可能也没有遭受特别大的打击,只是为了明哲保身,比如惜春。关于出家这个问题,也是要具体问题具体分析的。

新京报:后四十回续书,是让《红楼梦》成谜的重要原因。你如何评价目前通行的后四十回续书的文本质量?

詹丹:续书有很多,现在用的程高本续书质量是最好的,当然跟前八十回比文笔还是差了一大截,但和其他续书比又高出好多。从思想艺术上说,程高续书基本保持了悲剧性的结局,但文笔上的诗意没有了,有些生动的口语化的东西更偏于书面化或者套话了。我曾经仔细分析过黛玉之死,写了黛玉之死的套路与反套路。

黛玉之死被认为是后四十回写得最精彩的片段之一,很多人觉得很感人,我承认确实蛮感人的,但这种感人一定程度上要归功于前面的写作,另一方面,林黛玉到死都没有跟贾宝玉有清醒的面对,这让我们感到非常遗憾,这么相互喜欢的两个人,到黛玉死的时候都没有清醒地谈一次话。如果贾宝玉没有神志不清,他们见面了,作者怎么写?这是续作者聪明的地方,也是他狡猾的地方,甚至是没有勇气的地方,他回避了最大的困难,通过制造让人很同情的场面回避了一个大挑战,所以我认为这是一个套路。而伟大的作家是反套路的,是老老实实一笔一笔写下来的,但程高续书套路化了,这是我不满意的地方。

后记

　　2023 年 11 月 2 日,我在松江二中听"教—学—评"一致性的主题研讨课时,遇到以前教过的一位学生。她希望有机会来学校继续听我的文本解读课,我觉得她入了职,时间上未必允许。就告诉她,我发表在《语文学习》杂志《重读》栏目的解读文章已经结集,马上要出版了。看看我的文章也可以,不用跑那么远来听课的。她当即表示:"初中卷已经买了好久了,终于等到高中卷啦!"得到这样的回复,我还是有点高兴的。

　　当初写文本解读的文章,是因为自己在阅读过程中发现了问题,感到了困惑,想让这样的写作,成为推动自己思考的方式,然后逐渐回答一些问题,澄清自己的困惑。虽然这并不能完全把那些疑惑都一揽子解决,但是只要自己在思考中有了一些解答,偶尔还有一种豁然开朗的感觉,内心的喜悦是不言而喻的。

　　一方面,我也怀疑,把这样的解读文章发表出来,别人是否需要? 毕竟,我的问题未必就是别人的问题,我的解答,也未必能得到别人的认同;另一方面,当有朋友直截了当地告诉我,文章只需要阅读就可以,对白话文更是如此,多读,自己就明白了,再来做一番解读,是深文周纳,是故弄玄虚,是无事生非,实在没有必要。对这样的观点,我又是不认同的。一个基本事实是,虽然我这位朋友写的就是通畅白话文,似乎无须解读,但是他的文章还是会有被误解或者给人带来困惑的情况,因为我就不止一次看到文章发表后,他不得不又在随后的文章或者追记中解释,他之前的文章到底是什么意思,比如谈到他评价文章的"通顺"和"通畅"等,到底是什么意思,这样的标准对一个写作者来说要求是高了还是低了,等等。他倒没有说:亲爱的读者,您多读几遍我的文章,您就自然明白了。他还是忍不住要自己来解读一番。可见,解读的工作,哪怕对于已是写得相当通畅的白话文来说,有时还是需要的。更何况,即便只是作为一种文字的阅读,学生在语文课程中的阅读与一般人在日常生活中的阅读已经发生了很大区别,一般人的阅读,往往只需要理解文字的意思,而学生在课程学习中的阅读,往往就需要知其然又知其所以然,在理解文字表达的意思之外,还要明白这种意思是怎样准确而又生动地被表达出来的,怎样的一种表达,才能达成效果的最大化,等等。类似的结论,更需要通过教师引导学生的解读,才能得到一个大致清晰的理解。

但这种需要,也会招致另一种误解。

还是曾经发生在我和朋友间的一场关于需不需要文本解读的讨论,突然就有老师插入说,你们的讨论都是有问题的,不管说需要还是不需要,都没有从学生阅读的立场出发,所以这样的讨论本身就有问题。这议论听起来很先进,充分尊重了学生的主体地位,却不知道,当我们在讨论,文本只需阅读还是需要进一步解读时,是就一般意义的读者理解而言的,这样的读者,既包括了教师,也包括了学生,当然更包括了一切把书捧在手里、去试图读懂内容的人。在这样的语境中,突然提出学生主体性的问题,其实是在转移话题偷换概念了。对此,我又不得不感慨,教学中的好多问题之所以没有得到深入讨论,是因为我们有些老师太习惯于转移话题,把别人的话题硬生生塞进自己的固有认识中,然后纵横议论,看似句句真理,其实早已跟别人的话题在两条道上驰骋了。

但我上述的种种论述,并不意味着我写下的解读文章,对大家一定有用。其实,虽然曾经认为自己是一个对社会很有用的人,但是这样的自信,随着岁月流逝,年龄上去,早已淡薄了。或者,那份自信,也只能保留在回望里。

下面,就用我回望我学生时代的老师的一篇短文,来归结我的后记吧。

我喜书生堪一用

热闹的教师节过去了,静下来,想起了已是93岁高龄的钱梦龙老师。

暮色笼罩到老街,一群孩子悄悄来到钱老师家楼下,听他家是否有放电视的声响。如果有，两三个胆大的孩子(也包括我)，悄无声息上楼，推开他家虚掩着的门，蹑手蹑脚站到钱老师夫妇身后，专注地看向电视屏幕。钱老师一回头，看到后面有我们，就笑着拉过几张凳子，招呼大家坐下。在当时的南翔老镇，电视机实在稀缺，虽然才九英寸，黑白的，但是足以让周边邻居家的孩子向往不已。晚餐一结束，会亢奋地聚集到他家楼下，低声交流前一晚看电视的感想，又忐忑不安地嘀咕着，这么连续去他家看电视，真的好吗？

念初中，我坐在了钱老师任教的课堂里，有语文课，也有美术课。他的粉笔字，飘逸漂亮，总会让一些同学去模仿他的板书。于是他干脆在美术课上，把名人诗词抄满了一黑板，让我们看着黑板上的字来临摹。钱老师上课的内容我已大多忘却，只记得自己课上发言有不举手的习惯，被他反复警告过。有一次大概激怒了他，他像老鹰抓小鸡一样把我从座位上拎起来，大声问，让你嘴边派一个岗哨，派哪里去了？

我的随性一直延续了较长时间。大学毕业时正赶上钱老师离开嘉定二中去创办实验中学，我就去那里任教语文，还当班主任。天热，我让班上的学生别出操。做操的口令和音乐声回荡在学校操场时，钱老师发现我班学生不在，追到教室里，听说是班主任吩咐不出操，就无奈地摇头说，尊重你们班主任意见。放学后我被约去喝茶，他聊起我去世的父亲在嘉定二中工作是多么严谨认真，然后话锋一转说，做实习班主任这一环看来真不能省。第二天他进班级先自我检讨，说作为校长草率决定了让一个大学新毕业生直接当班主任，实在不规范。于是宣布，让一位老教师担任正式班主任，我则改为实习班主任。

后来又是做广播操，我让一个做得差的男生留下重做，他马上嚷嚷道：这不是体罚吗？体罚学生显示了老师的无能。我当时愣住了，不知道接下来该显示自己的"无能"，还是就此算了。但带教我的班主任马上严肃地对那个男生说：你不但广播操没做好，认识也糊涂。这哪是体罚？这是锻炼。老师陪你一起锻炼，多难得的机会？我接嘴道，对对对，我们是锻炼。心下感叹，班主任工作还真需要老教师来带。

钱老师当校长，特别鼓励大家搞科研写文章。他一直说有些教师课上得好，但可惜只停留在经验层面。如果教学之余还搞科研，从自己的经验中总结规律成文发表，才能让更多人受益，否则就属于"言而无文，行之不远"。在他鼓励下，我写了平生第一篇教学论文，是讨论语文教材的单元重组问题，收在他主持下油印的《嘉定实验中学教育经验选编》里。看到时下语文界讨论文本的单元组合问题轰轰烈烈，我很想得意扬扬地说，几十年前我就对此开始研究了。又觉得自己的第一篇论文浅陋得很，甚至还谈不上研究，就暗笑自己又有点阿Q了。但做教师要有科研意识，钱老师确实给了我起步的重要影响。

当初在嘉定二中从初中念到高中，出黑板报也从班级出到了学校。国庆节前夕出特刊，还缺稿子，正在当时学校唯一的一栋四层楼下发呆，听到钱老师的笑声从楼上走廊飘下，就仰头大声叫他，希望他口占一篇旧体诗来补白。他沉思了一下说，过会就给。果然没几分钟，楼上飘下一张常用来画素描的铅画纸，好像就是被刚刚的笑声带下的。圆珠笔写就的《国庆书感》至今还保存在我的抽屉里，尾联有掩不住的欢乐情绪："我喜书生堪一用，甘泉和汗育春芳。"

那是1980年代的一个瞬间。那时我们都很兴奋，精神高亢，都觉得自己是社会的有用之人，哪怕是"百无一用"的书生。

图书在版编目（CIP）数据

统编语文教材与文本解读. 高中卷 / 詹丹著. — 上
海：上海教育出版社，2023.12
ISBN 978-7-5720-2414-6

Ⅰ.①统… Ⅱ.①詹… Ⅲ.①中学语文课 – 高中 –
教学参考资料 Ⅳ.①G633.303

中国国家版本馆CIP数据核字(2023)第234201号

责任编辑　陈晓琼
封面设计　周　吉

TONGBIAN YUWEN JIAOCAI YU WENBEN JIEDU（GAOZHONGJUAN）
统编语文教材与文本解读（高中卷）
詹　丹　著

出版发行　上海教育出版社有限公司
官　　网　www.seph.com.cn
地　　址　上海市闵行区号景路159弄C座
邮　　编　201101
印　　刷　上海展强印刷有限公司
开　　本　700×1000　1/16　印张 16.5　插页 1
字　　数　236 千字
版　　次　2024年1月第1版
印　　次　2025年4月第3次印刷
书　　号　ISBN 978-7-5720-2414-6/G·2144
定　　价　49.80 元